Kunst-Reiseführer in der Reihe DuMont Dokumente

In der vorderen Umschlagklappe: Übersichtsplan von Köln

In der hinteren Umschlagklappe: Erläuterungen architektonischer Begriffe

Werner Schäfke

Kölns
romanische Kirchen

Architektur, Ausstattung, Geschichte

Mit Fotos von Wolfgang F. Meier

DuMont Buchverlag Köln

Auf der Umschlagvorderseite: St. Aposteln, Detail
Auf der Innenklappe: St. Maria im Kapitol, Grabstein der Plektrudis (um 1160)
Auf der Umschlagrückseite: St. Pantaleon, Kapitelhaus (um 1230)
Auf Seite 2: Ansicht Kölns von Westen, aus der Koelhoff'schen Chronik, 1499, fol. XLIX r

© 1984 DuMont Buchverlag, Köln
5. Auflage 1985
Alle Rechte vorbehalten
Satz und Druck: Rasch, Bramsche
Buchbinderische Verarbeitung: Boss-Druck, Kleve

Printed in Germany   ISBN 3-7701-1360-8

Inhalt

Vorwort 7

Von der bewundernswürdigen Größe Kölns 8

St. Andreas 24
St. Aposteln 51
St. Caecilien 68
St. Georg 76
St. Gereon 100
St. Kunibert 156
St. Maria im Kapitol 166
St. Maria Lyskirchen 181
Groß St. Martin 209
St. Pantaleon 224
St. Severin 255
St. Ursula 264

Literatur 277
Nachweis der Abbildungen 280
Register 281

Für
Katharina
Bernhard
Georg
Hildegard
Werner

Vorwort

Kölns romanische Kirchen sind mehr als eine Generation nach den Zerstörungen des Zweiten Weltkrieges wiederhergestellt. Die Zeugen der größten Zeit der Stadt Köln, des hohen Mittelalters, erscheinen in neuem Glanz. Das wird mit kunsthistorischen Ausstellungen, architekturhistorischen Untersuchungen und Rückblick auf den Wiederaufbau 1985 ausgiebig gewürdigt. Dies war zugleich Anlaß, die Ergebnisse mancher Diskussionen und Untersuchungen der vergangenen Jahrzehnte zu Geschichte, Architektur und Ausstattung der Kirchen zusammenzufassen. Auch einige neue Überlegungen sollen hier zur Diskussion gestellt werden. All das wäre nicht möglich gewesen ohne Gespräch und Diskussion mit den Kollegen, ohne die Hilfsbereitschaft und Gastfreundschaft der Pfarrer und Küster der Kirchen. Ihnen allen sei gedankt. Besonders aber sei denen gedankt, die in jahrzehntelangen Mühen diese Bauten wiederhergestellt haben. Mit meinen Kindern freut sich schon die nächste Generation an dieser Leistung aus Vergangenheit und Gegenwart. Ihnen ist das Buch gewidmet.

Von der bewunderungswürdigen Größe Kölns

»Colonia est civitas maxima, totius Germaniae metropolis,
conferta mercimoniis, referta sanctorum patrociniis.«
Wilhelm von Malmesbury, Gesta Pontificum Angliae V, 268

Der Kölner Gelehrte Aegidius Gelenius, Stiftsherr an St. Andreas, hat diesen Titel 1645 für eines seiner Bücher, die für uns heute wertvolle Quellen sind, noch ausführlicher gefaßt: ›De admiranda, sacra, et civili magnitudine Coloniae....‹. Er fügt weltliche und geistliche Bedeutung, die gemeinsam Kölns Größe ausmachen, bewußt zusammen. Nur so ist der Glanz Kölns zu seiner Zeit, heute oder im hohen Mittelalter zu verstehen. Aus den Wurzeln des geistlichen und weltlichen Lebens ist der Ruhm Kölns erwachsen, den Aegidius Gelenius schildert und der als ein Zeugnis dieses Glanzes mit den romanischen Kirchen Kölns erhalten ist.

Das sahen, wie der englische Benediktinermönch Wilhelm von Malmesbury oder Bischof Otto von Freising, schon die Zeitgenossen nicht anders. Für Wilhelm von Malmesbury ist Köln die größte Stadt, die Metropole Deutschlands zu Beginn des 12. Jahrhunderts. Seine englische Kirchengeschichte ist etwa um 1125 geschrieben, und er sieht Köln ebenso erfüllt von Heiligen wie von Handelsgütern. Das ist kein Gegensatz. Ohne den Schutz der Heiligen des ›Heiligen Köln‹ ist der Reichtum nicht denkbar, und ohne den gewaltigen Reichtum der Bürger Kölns wäre weder der Ruhm der Heiligen so groß noch ihre Verehrung so glanzvoll.

Diese Entwicklung des Zusammenklangs weltlichen und geistlichen Glanzes setzt mit dem ersten Erzbischof Kölns, Hildebold (um 787–818), ein. In seinen Urkunden Ende des 8. Jahrhunderts wird Köln, Agrippina, erstmals als heilig bezeichnet.

Die Grundlagen hat die Spätantike gelegt. Märtyrergräber, wie sie die Clematius-Inschrift für St. Ursula belegt oder der Gründungsbau von St. Gereon vermuten läßt, und die frühen Kirchen von St. Severin oder St. Kunibert stehen am Anfang. Im spätantiken Köln, in den griechisch-römischen Mischgemeinden des Rheingebietes, hat sich, wie Achim Masser festgestellt hat, unser Wort Kirche gebildet. Das nur kurze Zeit für das Haus des Herrn gebrauchte griechische κυϱικόν wurde hier aufgegriffen. Vom Rhein aus verbreiteten es die Franken in alle germanischen Sprachen. Das läßt die tiefen Wurzeln spüren, aus denen die romanischen Kirchen Kölns erwachsen sind. Erst mit den Namen Solatius und Remedius in den Kölner Bischofslisten zu Beginn des 7. Jahrhunderts klingt der Einfluß dieser romanisierten Bevölkerung aus. Das mindert nicht den Glanz der Stadt am Rande des fränkischen Reiches. Bischof Kunibert (vor 627– nach 648) ist kurz nach ihnen einer der politischen

Berater König Dagoberts I. Und auch als die Stadt kaum noch Stadt zu nennen ist, das Siedlungsschwergewicht sich rings um sie auf fränkische Höfe verlagert, die Bauten und Straßen verfallen: mit den Anfängen des Doms, mit dem andauernden Ruhm St. Gereons, mit der Gründung von St. Maria im Kapitol durch Plektrudis bleibt man sich der Möglichkeiten Kölns bewußt.

Erst Hildebold, wie gesagt, kann sie verwirklichen. Entscheidend ist einmal, daß Köln nicht mehr Grenzstadt am Rande des Reiches ist. Mit der Eroberung Sachsens Ende des 8. Jahrhunderts wird Köln Metropole. Da spielen die politischen Beziehungen über den Rhein hinweg ebenso eine Rolle wie die wirtschaftlichen oder die geistlichen als Zentrum eines weiten Missionsgebietes. Entscheidend ist zum anderen, daß Hildebold der erste Geistliche am Hofe Karls des Großen ist. Das sichert auch seiner Stadt in diesen Anfängen eines neuen Aufschwungs im Reich den notwendigen Rang. Damit ist der Verlust für Köln, den die Verdrängung des Bonifatius auf den Bischofssitz von Mainz bedeutete, wieder wettgemacht. Die Konkurrenz der beiden Erzbistümer, mit Trier als drittem im Bunde, prägt die nächsten Jahrhunderte. Aber ohne Hildebold hätte Köln kaum einen solchen Einflußbereich gewinnen können. Er sammelt eine Bibliothek, die den Grundstock der Dombibliothek bildet. Sein Grab findet er in St. Gereon, nahe den Gräbern der Heiligen, auf deren Fürsprache er baut und für die er einen neuen Chor ihrer Kirche errichtet hat.

Weder die Schwierigkeiten, in die Erzbischof Gunthar (850–70) durch die nicht vom Papst anerkannte Ehescheidung König Lothars II. gerät, noch die in ihren Auswirkungen unterschiedlich eingeschätzten Zerstörungen durch die Normannen im Winter 881/82 vermögen den Aufstieg Kölns zu bremsen. Städtisches Leben entwickelt sich, Handel und Handwerk treten an die Stelle der reinen Selbstversorgung. Die Schiffahrt auf dem Rhein blüht auf. Wein wird exportiert – und sei es teils auch nur für die Liturgie der jungen Kirchen. Gewänder, Bücher, Waffen oder Keramik werden transportiert und gehandelt. Mit Kölner Schwertern verbindet sich der Begriff von sagenhaftem Glanz, die Chansons des Gestes preisen ihre Qualität. Tontöpfe, in denen die Kölner den Rheinwein verkauften, findet man bis nach Skandinavien exportiert.

Mit der wirtschaftlichen Blüte beginnen auch die geistlichen Institutionen für uns erkennbare Konturen zu gewinnen. Eine ruhmreiche Kirche wie St. Gereon wird zwar mehrfach im Laufe der ersten Jahrhunderte nach der Völkerwanderung erwähnt, Bauarbeiten am Chor werden durchgeführt, auch von St. Severin können wir ähnliches aus den Grabungen ablesen, aber erst mit der berühmten Güterumschreibung Erzbischof Gunthars treten die Stifte uns 866 als Institutionen entgegen. Die eigentliche Beschreibung der Güter, deren Besitz den Stiften bestätigt wird, ist verloren. Das ist zwar äußerst bedauerlich, aber die Bestätigung, die König Lothar II. am 15. Januar 866 in Aachen seinem Erzbischof dafür ausstellt, ist erhalten. Neben den Stiften in Xanten und Bonn werden in Köln das Domstift, St. Gereon, St. Severin, St. Kunibert, das Jungfrauenstift, das erst später St. Ursula heißt, und St. Pantaleon erwähnt. St. Pantaleon gehört noch zum Dom, ist noch nicht selbständig. Ungeklärt ist, ob die Stifte damit erstmals nun eigene Güter zur Verwaltung zugewiesen bekommen oder nur ältere Zustände bestätigt werden. Aber an allen wirkten jeweils mehrere

VON DER BEWUNDERUNGSWÜRDIGEN GRÖSSE KÖLNS

Mittelalterlicher Baubetrieb in Köln, Holzschnitt in der Koelhoff'schen Chronik. Köln 1499

Geistliche, um für Bezirke weit über Köln hinaus Seelsorge zu betreiben. Daneben mag es die eine oder andere in der Urkunde nicht erwähnte Eigenkirche gegeben haben. Vielleicht war St. Kolumba ein Beispiel einer solchen Kirche, die von einem großen Herrn erbaut, unterhalten und auch mit einem Geistlichen versehen wurde. Aber, wie Hugo Borger ausführlich diskutiert hat, können wir neben den Stiften keine weitere Kirche als zu dieser Zeit benutzt nachweisen. Das gilt auch für St. Maria im Kapitol. Erst zur Zeit Erzbischof Brunos (953–65) wird sie wieder erwähnt.

Unter seiner Herrschaft über Köln nehmen die Stadt und der Baumarkt einen glänzenden Aufschwung. Bruno ist ein Bruder Kaiser Ottos I., des Großen. Er ist des Kaisers Stütze in den Auseinandersetzungen mit den Stammesherzögen, mit der eigenen Familie und mit dem Nachbarn im Westen, Frankreich. Unter seiner Schulung wachsen die Bischöfe heran, auf deren Treue sich in den nächsten Jahrzehnten das ottonische Reichskirchensystem stützt. Sie stehen dem König oder Kaiser als getreue Diener zur Seite.

Köln ist für mehr als ein Jahrzehnt die Residenz des mächtigsten Mannes im Reich neben dem König und Kaiser selbst. Das Händlerviertel, unterhalb der römischen Stadtmauer gelegen, wird wohl schon kurz vor seiner Zeit mit einer Mauer in die Befestigungen einbezogen. Hier hatte man endgültig den Rheinarm, der der römischen Stadt als Hafen diente, zugeschüttet und den gewonnenen Raum als Marktplatz und Handelssiedlung genutzt. Hier formulierte Bruno mit Groß St. Martin Anfänge kirchlichen Lebens, die sich an den Mauern römischer Lagerhäuser gebildet hatten, neu. Doch das gilt nicht nur hier. Auf seine Veranlassung hin müssen einige Kanoniker, die ihren Dienst an St. Maria im Kapitol versehen, die Kirche verlassen und sich an St. Andreas niederlassen. St. Maria im Kapitol wird Benediktinerinnenkloster. An beiden Stellen wird neu gebaut. St. Pantaleon wird als erstes Benediktinerkloster Kölns Brunos Lieblingsgründung und Grabstätte. Früh gestorben, nach gerade zwölf Jahren Amtszeit, läßt er in seinem Testament weitere Absichten erkennen, die vielleicht wie St. Pantaleon begonnen, aber noch nicht vollendet waren. Er setzt Gelder ein für die Vollendung von St. Severin, St. Maria im Kapitol, St. Caecilien.

Das Heilige Köln formiert sich. So, als SANCTA COLONIA AGRIPPINA, erscheint es seit Anfang des 10. Jahrhunderts auf den Münzen, die in Köln geprägt werden. Der Handel trägt sie bis nach Skandinavien, wo sie sich in den Nibelungenhorten der Normannen zu Tausenden erhalten haben. Auch die Heiligkeit Kölns wird von Bruno gesteigert. Er bringt Stab und Ketten Petri nach Köln, und zahlreich sind die Reliquien von Heiligen, wie Patroklus, Eliphius, Privatus, Christophorus und Pantaleon, die er erwirbt. Die Gebeine des Bischofs von Köln, Eberigisil (Evergislus), meint er gefunden zu haben und gibt sie ins Stift St. Caecilien. Romgleich mit den Petrusreliquien wird der Dom zur Fünfschiffigkeit erweitert. Das Bild seiner Stadt, von dem Bruno offensichtlich geträumt hat, verwirklichen seine Nachfolger.

Für uns ist noch wichtiger, daß mit der kurzen Regierung Brunos das Zeitalter großer Architektur begonnen hat. Aus seinem Impetus des Bauens, des Formens der erwachenden Stadt sind Spuren weltlicher Bauten am Quatermarkt, gegenüber von Alt St. Alban, von Hansgerd Hellenkemper aufgedeckt worden. Bedeutender noch als die Erweiterung des Domes ist der Kirchenbau von St. Pantaleon für Kölns erstes Benediktinerkloster. Es ist ein großartiger Bau, der dabei entsteht. Schon der erste Versuch, bald nach Brunos Amtsantritt in Köln begonnen, zeigt den einschiffigen Saal, die Wände mit Lisenen gegliedert, die durch Rundbögen miteinander verbunden werden. Das erste Westwerk, das vielleicht nicht vollendet wurde, erinnert noch an das karolingische Westwerk der Lorscher Klosterkirche, der Bruno vor seinem Kölner Amtsantritt als Abt vorstand. In seinem Testament setzt er die größte Summe, die überhaupt genannt wird, für die Erweiterung der Kirche ein. Die Apsis

11

VON DER BEWUNDERUNGSWÜRDIGEN GRÖSSE KÖLNS

der Kirche stürzt kurz nach seinem Tode ein und wird in fast gleicher Gestalt wieder aufgebaut. Entscheidender sind die Verlängerung des Saalbaus nach Westen (wobei man zugleich einen erfreulichen Reliquienfund macht) und das neue Westwerk. Kreuzförmig umgeben die Flügelbauten den hohen Schacht des Mittelturmes. Zwei Treppentürme vervollständigen die Dreiturmgruppe. Sie entspricht der frühmittelalterlichen Vorstellung vom Himmlischen Jerusalem.

Noch denkt man dabei an eine feste Stadt; erst im Barock entwickelt sich unsere zartblaue, grenzenlose, mit ein paar Wattewolken bestückte Vorstellung von ›Himmel‹. Der saubergeschnittene Tuff der glatten Wände wird in den Bögen mit Ziegeln als Schmuckelement abgewechselt. Und die Großgliederung der Wände, Pilaster und zierliche Rundbogenfriese ist schon Vorzeichen romanischen Schmuckbedürfnisses. Mit der Weihe des endlich vollendeten Baus im Jahre 980 ist die Grundlage der Blüte romanischer Architektur nicht nur in Köln gelegt.

Dazu kommen die ausdrucksstarken Skulpturen der Westfront des Westwerks, mit denen die Anfänge der Skulptur in Stein gewagt worden sind. Noch klingt das Bild römischer Bildhauerkunst der Rheinprovinz nach, aber welche Wandlung ist schon geschehen. Der Blick des Christuskopfes versucht nicht mehr Gegenwart festzuhalten, er umspannt die neuentdeckte Ewigkeit, auf die das Sinnen und Trachten der Christen gerichtet ist. So, wie es Brunos Biograph Ruotger von seinem verehrten Kölner Erzbischof zu schildern weiß.

Der Einsturz der Apsis beim ersten Bauversuch, die Verlängerung des Baus nach Westen, mitten im Baugeschehen, sind keine ungewöhnlichen Ereignisse. Architektur ist noch ein Abenteuer für Architekten und Bauherrn. In den ersten Jahren des nächsten Jahrhunderts, zu Beginn des neuen Jahrtausends, als Erzbischof Heribert (999–1021) in den Jahren 1002/3 sein Benediktinerkloster in Deutz gründet, stürzt kurz vor der Vollendung die Kirche in sich zusammen. Erst mit der Hilfe erfahrener Architekten, von weit her geholt, gelingt ihm der zweite Anlauf. Der Bau selbst, ein Gegenstück zum spätantiken St. Gereon und zur karolingischen Architektur der Pfalzkapelle in Aachen, ist leider verloren, untergegangen in den Kriegen vor den Mauern Kölns.

Aus der Erfahrung des Einsturzes hatte man gelernt. Der nächste Großbau in Köln, die Kirche des von Erzbischof Pilgrim (1021–36) gegründeten Stiftes St. Aposteln, verzichtet auf wagemutige Kuppelarchitektur. Der Typus der römischen Basilika mit durchgehendem Querschiff im Westen dient als Vorbild. ›Rom des Nordens‹ zu werden war ja mit der Erwerbung der Petrusreliquien ein Programm für Köln, das man schon bei Bruno vermuten muß. Wieder ein anderes Vorbild tritt mit dem Bau von St. Maria im Kapitol in den Vorstellungskreis. Im Westbau wird zwar noch einmal die Aachener Pfalzkapelle zitiert, aber den Bau prägt die Nachfolge der Geburtskirche in Bethlehem. Die Erinnerung an das Geheimnis der Menschwerdung Gottes wird, auf diese Weise übertragen, für Köln in Architektur festgehalten. So variationsreich sind die Absichten und Vorstellungen, die mit Architektur verbunden werden können. Bauherr war neben seiner Schwester, Äbtissin Ida, auch Erzbischof Hermann II. (1036–56), der auch St. Severin mit einem großzügigen Neubau versieht. Sie erleben noch, daß Papst Leo IX. im Jahre 1049 den Kreuzaltar der Kirche St. Maria im

Die Kirche als Himmlisches Jerusalem, Teil eines Elfenbeinreliquiars, Köln, Ende 12. Jh. Darmstadt. Hessisches Landesmuseum

Kapitol weiht, aber nicht mehr die Weihe der vollendeten Kirche. Diese vollzieht 1065 Erzbischof Anno II. (1056–75).

Anno, Kirchenfürst und Kirchenreformer, unbequem und herrschsüchtig, von manchmal zorniger Frömmigkeit, ist der letzte große bischöfliche Bauherr Kölns. Er gründet schon 1057 das Stift St. Maria ad Gradus vor dem Chor des Domes, spurlos untergegangen zu Beginn des 19. Jahrhunderts. Um 1059 folgt in der südlichen Vorstadt Kölns das Stift St. Georg. Außerdem baut er einen neuen Chor für St. Gereon, nachdem ihn die dort ruhenden Märtyrer handgreiflich im Traum bedroht hatten. Und als sich der heilige Eliphius ebenfalls im Traum bei ihm beklagt, daß er vernachlässigt werde, wird auch seine Kirche, Groß St. Martin, mit zwei Türmen geschmückt. Am Chor erbaut (wie auch der annonische Langchor für St. Gereon zwei Flankentürme besaß), kann man an ihnen die Grundstruktur der Kölner Chorfassade erkennen.

Damit endet die erste große Baukonjunktur in Köln. An die Stelle einer verfallenen, ausgeplünderten römischen Stadt, voller Ruinen, dazwischen das eine oder andere kleine Kirchlein, mehr Weideland als Kulturzentrum, an die Stelle dieses traurigen Bildes ist eine Kirchenburg getreten. So hat Hugo Borger kennzeichnend den neuen Zustand der Stadt beschrieben.

Die römischen Mauern sind wieder gepflegt. Die Rheinvorstadt, aufblühendes Zentrum bürgerlichen Reichtums, ist durch neue Mauerzüge in die Befestigungen einbezogen. Ringsum sind die Kirchen neu gebaut oder renoviert. Ihre Türme beherrschen die Silhouette

VON DER BEWUNDERUNGSWÜRDIGEN GRÖSSE KÖLNS

der Stadt für jeden, der sich der schönsten Burg näherte, die in deutschem Land je wurde, wie es wenig später im Annolied heißt.

Das ist die Stadt, die Otto von Freising und Wilhelm von Malmesbury preisen. Reich an Architektur und Kapital, an Reliquien und Handelsgütern.

Das hat Folgen, von denen Erzbischof Anno im Jahre 1074 überrascht wird. Wie die Bürger ringsum in Europa entdecken auch die reichen Kölner ihr Selbstbewußtsein und ihre Macht. Ein erster Aufstand wird geprobt und mißlingt. Anno ist nur auf einem Schleichweg durch die römische Stadtmauer dem Zorn der Kölner entkommen. Er sammelt seine Vasallen und hält ein für mittelalterliche Verhältnisse mildes Strafgericht. Man spürt im Bericht Lamperts von Hersfeld das Unbehagen der Landbewohner gegenüber der neuen Lebensweise der Stadt. Plötzlich ist hier ein bisher unvorstellbarer Reichtum entstanden. 600 der reichen Kaufleute fliehen, die Bleibenden werden zu hohen Geldstrafen verurteilt, die Rädelsführer geblendet. Aber den Geflohenen verzeiht Anno bald, ertragreiches Leben kehrt schnell in die Mauern Kölns zurück. Das haben die Kölner wieder einem Traum zu verdanken. Darin betritt Anno einen mit Gold und Edelsteinen geschmückten Saal, den Himmel, in dem Bischöfe, Annos Vorgänger und andere Bekannte, zu Tische sitzen. Anno möchte sich auf einen freien Platz dazusetzen. Das wird ihm, wegen eines Flecks auf seinem Gewand – heute würde man auf der Weste sagen – verweigert. Damit ist sein Strafgericht über die Kölner gemeint. Vom Traum erwacht, verzeiht er ihnen und sichert sich so seinen Platz im Himmel. Sehr eindringlich hatte Anno damit eine Situation kennengelernt, die einigen seiner Amtsbrüder in Europa in diesen Jahren und Jahrzehnten sogar das Leben kostete.

Die mittelalterliche Welt hatte ihren ersten epochalen Wandel durchgemacht. Die fast untergegangenen Städte, die manchmal nur noch aus Ruinen, belebt mit Ziegen oder Schafen, und einem kümmerlichen bischöflichen Hof bestanden, waren wieder erwacht. Handel und Handwerk, Warenexport und Kapitalanhäufung, Arbeitsteilung und Reichtum hatten die neue und mächtige Gesellschaftsschicht der Patrizier entstehen lassen. Aber ihre reale Macht hatte noch keine legale Form gefunden. In Verschwörungen und blutigen Aufständen, neben denen sich der Kölner Aufstand des Jahres 1074 harmlos ausnimmt, wird ein neues gesellschaftliches Gleichgewicht gesucht. Langsam entsteht die Selbstverwaltung der Städte. In Köln herrscht nach dem Fehlschlag des Jahres 1074 erst einmal Ruhe. Man lernt aus seinen Fehlern. Dem nahenden Heer des Erzbischofs wären die aufblühenden Vororte im Westen, Süden und Norden der Stadt, vor römischen Mauern, wehrlos ausgeliefert gewesen. Das war das erste, was geändert werden mußte.

Die Gelegenheit bot sich Köln 1105/06 in den Auseinandersetzungen zwischen Kaiser Heinrich IV. und seinem Sohn Heinrich V. Die jugendlichen Hitzköpfe des Jahres 1074 waren inzwischen zu den Honoratioren der Stadt herangereift und unterstützten den Vater, während Erzbischof Friedrich I. (1100–31) zur Partei des Sohnes zählte. Die Bürger schworen dem alten Kaiser, ihm die Stadt zu sichern. Mit Wall und Graben wurden rasch die Vorstädte befestigt, und einen Monat lang konnte man erfolgreich der Belagerung durch Heinrich V. trotzen. Erst nach dem Tode Heinrichs IV. unterwarfen sich die Bürger seinem Sohn und erkauften seine Gnade mit 5000 Mark Silber. Mit dieser Aktion, die im ganzen

Reich Beachtung fand, hatten die Bürger endgültig ihre Selbständigkeit neben dem Stadtherrn errungen. In den Jahren danach entstanden die Richerzeche und das erste Siegel der Stadt. Die Honoratiorenschicht der Bürger erhielt willig oder widerwillig aus der Hand des Erzbischofs die Formalisierung ihrer Macht. Mit diesen Zugeständnissen (und vielen, die später noch folgen werden) gelang es den Kölner Erzbischöfen, sich noch bis weit ins 13. Jahrhundert als Stadtherren zu behaupten. Aber ihre Macht wurde ständig weiter eingeschränkt. An der Spitze der Richerzeche standen jeweils für ein Jahr zwei Bürgermeister. Sie waren die Leiter der Bruderschaft der reichen Bürger, die sich als die eigentlichen Bürger Kölns betrachteten. Zumindest waren sie es, die etwas zu sagen hatten.

Das Stadtsiegel zeigt den Apostel Petrus im Gehäuse der Türme und Mauern der Stadt mit der Umschrift: »Sancta Colonia Dei gratia Romanae ecclesiae fidelis filia« – Heiliges Köln aus Gottes Gnade der römischen Kirche getreue Tochter. Bei der Formulierung der Umschrift haben sicher gelehrte Geistliche ihre Hand im Spiele gehabt. Den Bürgern wurden die Pflichten als Einwohner des Heiligen Köln präzise vor Augen geführt. Aber schon in der Größe des Siegels zeigen sie sich als neureich. Mit 10,4 cm Durchmesser ist es merklich größer als das Siegel des Erzbischofs von 9 cm Durchmesser oder das Kaiser Heinrichs V. von gleichem Maß.

Das Stadtbild auf dem zwischen 1114 und 1119 angefertigten Siegel ist Abbild des Heiligen Köln und mit dem darin thronenden Apostel Petrus zugleich Abbild des Himmlischen Jerusalem. Das hört sich so fromm an, daß man es kaum zu glauben wagt und sich leise Zweifel regen, ob es den Eigentümern des Siegels damit wirklich ernst war.

Aber man muß sich eines anderen belehren lassen. Es war ihnen ernst damit, so ernst, daß sie es sich teures Geld kosten ließen, ihre Vorstellungen zu verwirklichen. Schon die erste Stadtmauer, 1106 begonnen, die in diesen Jahren wohl ihrer Vollendung entgegenging, besaß zwölf Tore wie das Himmlische Jerusalem. Eventuell ist später ein weiteres hinzugekommen. Noch deutlicher wird diese Absicht bei der großen Stadterweiterung und Stadtmauer, mit der man 1179 beginnt, die aber schon seit der Mitte des Jahrhunderts im Gespräch ist. Bewußt wird die neue halbkreisförmige landseitige Stadtmauer mit zwölf Toren versehen. Sie erinnert damit an die großen Radleuchter, wie z.B. den Barbarossa-Leuchter in Aachen, mit denen das Himmlische Jerusalem repräsentiert wurde. Udo Mainzer hat zuletzt darauf aufmerksam gemacht, daß einige der Tore, wie das Gereonstor, von Beginn an reine Dekoration waren. Andere, wie die Ulrepforte, das Kahlenhausener Tor oder das Pantaleonstor, wurden später geschlossen oder sogar abgerissen. Hier hatte man sich offensichtlich die Bedeutung der Torzahl Geld kosten lassen. Kruzifixe in den Tordurchfahrten, von denen mehrfach berichtet wird, oder die berühmte *Madonna vom Friesentor,* die heute zu den Schätzen des Schnütgen-Museums in St. Caecilien zählt, betonen den Frömmigkeitsaspekt der Befestigung. Wie bei anderen Stadtbefestigungen auch wird es mehr an Skulpturen gegeben haben. Sie waren Schutz und zugleich Bewohner des dargestellten Himmlischen Jerusalem.

Bewohner des Himmlischen Jerusalem zu werden, war auch das Ziel der Bürger Kölns. Dem widerspricht nicht, daß wir gerade in diesen Jahren und Jahrzehnten von Erfolgen der

VON DER BEWUNDERUNGSWÜRDIGEN GRÖSSE KÖLNS

Ketzer in Köln hören. Es sind Katharer, die durch ihr vorbildliches, asketisches Leben und den bewußten Gebrauch der Volkssprache Zulauf haben. Aus ihrer Selbstbezeichnung, die ›die Reinen‹ bedeutet, hat sich unser Wort Ketzer entwickelt. Sie predigen vom Kampf des Bösen und Guten in der Welt, das gleichberechtigt nebeneinander bestehe und in dem man seine Seele durch eigenes Tun, und sei es auch erst auf dem Totenbett, retten könne. Sie preisen die Ehelosigkeit für alle, lehnen die Sakramente ab, verurteilen den Genuß von Fleisch, von tierischen Produkten überhaupt. Ihre Strenge hatte Erfolg. In fast schon höchster Not rief man die hl. Hildegard von Bingen, um mit ihrem Wort die Bevölkerung wieder zu erreichen. Kurz nach 1160 ist sie in Köln gewesen und hat der Bevölkerung und noch mehr dem Klerus ins Gewissen geredet. Ihr Brief an den Dekan des Domkapitels, den späteren Erzbischof Philipp von Heinsberg, und an den Klerus von Köln geißelt das Wohlleben der Geistlichkeit als eine der Ursachen des Erfolgs der Katharer. Er wiederholt anscheinend Teile ihrer Predigt. Ihre flammenden Worte, Verfolgung der Katharer durch die weltliche Gewalt und die Auseinandersetzungen mit ihren Lehren haben auf Dauer Erfolg, und zu einer ernsthaften Bedrohung, wie im Süden Frankreichs, sind die Katharer in Köln nie geworden. Die große Mehrzahl der Kölner folgt den Lehren der Kirche, sieht hier den Weg ins Himmlische Jerusalem. Die Bürger treten im Bemühen, von Mönchen und Nonnen, von Stiftsherren und Stiftsdamen Fürbitte für ihr Seelenheil zu erlangen, nun nachweislich neben Adel und hohe Geistlichkeit. Sie erscheinen mit kleinen und größeren Stiftungen in den Memorialbüchern der Klöster und Stifte. In diesen wird kalendarisch zum jeweiligen Tagesdatum Name und meist auch die Gabe des Stifters notiert, dessen im Gebet des Tages zu gedenken ist. Dabei beschränken sich die Kölner nicht auf Kölner Empfänger. Ihre Gaben gehen an viele Stellen, z. B. nach Hirsau im Schwarzwald oder ins Kloster Nonnenwerth, wo auch manche Kölner Tochter untergebracht wird. Der Kölner Goldschmied Albertus kann es sich Ende des 12. Jahrhunderts leisten, Kreuzgang und Klostergebäude für Knechtsteden zu stiften.

Der Reichtum der Kölner ist so weit gewachsen, daß der reiche Hermann vom Neumarkt in den vierziger Jahren des 12. Jahrhunderts einen Neubau der Pfarrkirche St. Mauritius stiften und zugleich dort ein Kloster einrichten kann. Ein erstaunlicher Vorgang, den Wolfgang Peters jüngst untersucht hat. Man hatte Geld, war aber nicht immer guten Gewissens. Caesarius von Heisterbach hatte als Novizenmeister seines Klosters, für Gewissensschulung zuständig und intimer Kölnkenner, hier einen vorzüglichen Einblick. So erzählt er, allerdings als Wundergeschichte, von zwei Kölner Kaufleuten, die ihrem Pfarrer in Verzweiflung beichten, Verkauf sei nur als Betrug des Kunden möglich. Der Pfarrer verpflichtet sie zur Ehrlichkeit, und die Geschäfte scheitern mit Hilfe des Teufels. Als die beiden auch nach der nächsten Beichte im folgenden Jahr fortfahren, ehrliche Geschäfte zu tätigen, gelingt ihnen nun alles, und sie werden reich. Nicht alle werden dieses Erfolgserlebnis gehabt haben. Um so dringlicher empfanden sie die Notwendigkeit von Fürbitte der Heiligen, der Mönche und Nonnen, der Stiftsherren und Stiftsdamen. Ähnliches wie die beiden Kaufleute mag den reichen Zolleinnehmer Karl, der zu den reichsten Kölnern des 12. Jahrhunderts gehört, bewogen haben, eine ganze Schiffsladung Steine für die Fundamente des Neubaus von St.

16

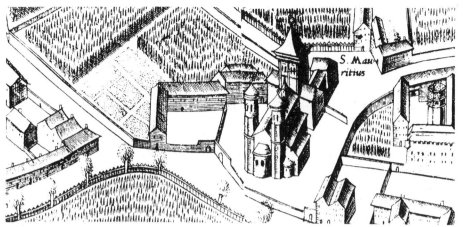

St. Mauritius, Ausschnitt aus dem Vogelschaustadtplan des Arnold Mercator von 1571. Kupferstich

Aposteln zu stiften. Das sind Werte, die sich sehen lassen können. Als Ergänzung des Gesagten mag jedem ein Blick auf die romanischen Glasfenster in St. Kunibert genügen, wo immer wieder Kölner Bürger flehend die Hände erheben; es sind die Stifter, die so die Aufmerksamkeit der dargestellten Heiligen erwarten und fordern.

Trotzdem sind und werden Stifte und Klöster nicht Teil der Stadt. Es sind die Reichen, die sich als Bürger bezeichnen und zur Bürgergemeinde zusammentreten, um die Geschicke der Stadt zu bestimmen. Nur wenige Männer aus den vornehmsten Familien haben Zutritt zu diesem Kreis. Die Stadt besteht aus wenigen Personen. Das gleiche gilt für die Stifte und Klöster. An der Immunitätsgrenze endet der Einfluß der Bürger. Ihre Steuern werden jenseits nicht erhoben, ihre Rechtsprechung hat keinen Zugriff ohne Absprache mit Dekan oder Abt. Ähnlich, als Körperschaft eigenen Rechts, steht ja auch später die Universität da. So lebt man innerhalb einer Stadtmauer miteinander, teilt oft das gleiche Schicksal, aber behält sein eigenes, an die Person gebundenes Recht unabhängig nebeneinander.

Der Reichtum des hohen Mittelalters macht sich in der Architektur bemerkbar. Während des großen Jahrhunderts der Kölner Kirchenbaukunst, von der Mitte des 12. bis zur Mitte des 13. Jahrhunderts, wird nicht, wie in den Generationen zuvor, hier oder da eine Kirche gebaut. Man baut fast gleichzeitig an allen Kirchen, und das sind neben den zwölf, die im Vordergrund unserer Betrachtungen stehen, noch einige mehr. Hans Vogts hat einmal achtundzwanzig kirchliche Neubauten, zwei Erweiterungen, vier durchgreifende Umbauten gezählt. Daneben wissen wir von einem guten Hundert prunkvoller Privathäuser der Reichen, in Stein und in den gleichen anspruchsvollen Architekturformen wie die Kirchen erbaut. Einziger, letzter Zeuge ist das Overstolzenhaus in der Rheingasse. Vom Aussehen des Rathauses, des ältesten in Deutschland, das in den Quellen als Haus der Reichen bezeichnet wird, wissen wir nichts. War seine Architektur der Anlaß dafür, daß sich Erzbi-

VON DER BEWUNDERUNGSWÜRDIGEN GRÖSSE KÖLNS

schof Rainald von Dassel um 1164 verpflichtet fühlte, einen neuen erzbischöflichen Palast südlich des Domes zu errichten? Dazu gab der Bau der zweiten Stadtmauer, der größten nördlich der Alpen mit fast 8 km Länge, ständige Belebung des Baumarktes. Das Bild der Stadt wandelte sich ein zweites Mal. Und diesmal wurde ein Stadtbild geschaffen, an dem sich bis ins 18. Jahrhundert nichts Wesentliches mehr ändern sollte. Nur der gotische Dom gibt ihm noch einen neuen Akzent.

Der Wandel des Erscheinungsbildes gilt auch für Straßen und Plätze. Man beginnt, sie zu pflastern. In der Bezeichnung Steinweg ist das an der einen oder anderen Stelle noch heute abzulesen. Die Abwasserbeseitigung wird zumindest teilweise durch Rinnen, in der Mitte der Straßen, mit Steinplatten abgedeckt, erleichtert. Diese Aduchte, abgeleitet vom lateinischen Aquaeduct, leiteten ihre Inhalte in den Rhein. War das Gelände nicht so günstig, wurde der flüssige Unrat an einer Stelle zusammengeführt. Aber sonst kann von Müllabfuhr noch keine Rede sein. Schweine durchwühlen alles auf der Suche nach Nahrung. Erst im 19. Jahrhundert verschwinden sie aus dem Kölner Straßenverkehr. Wasser wird aus den Brunnen, oft nah dem nächsten Plumpsklosett, im Hinterhof geholt. Offenes Herdfeuer füllt das Haus mit Rauch. Kamine gehören noch zum Luxus, und die großen Festsäle der reichen Patrizier sind nur bei warmem Wetter zu benutzen. Verglasung für Fenster beginnt erst langsam den Markt zu erobern. Noch zählt Glas zum höchsten Luxus, zum Schmuck der Kirchenbauten. Und neben dem guten Hundert Steinbauten der Patrizier stehen die Tausende der Fachwerkhäuser, niedrig, schäbig, meist mit Stroh gedeckt. Eine äußerst feuergefährliche Angelegenheit, die manche Chance für den Neubau von Kirchen ermöglichte.

Die Fülle von Kirchenbauten, die in kurzer Zeit entstehen, nacheinander und nebeneinander begonnen und hochgeführt werden, gibt Bauherren und Architekten die Freiheit, verschiedenste Lösungen architektonischer Probleme vorzustellen. Denn diese Blüte ist nicht auf Köln allein beschränkt. Der Sitz des Erzbischofs ist Mittelpunkt einer riesigen Diözese, die von hier aus ihre Impulse auch auf architektonischem Gebiet erfährt. Das reicht, wie das von Hans Erich Kubach und Albert Verbeek so beeindruckend vorgestellt worden ist, vom Mittelrhein mit z. B. St. Kastor in Koblenz als südlichem Beispiel bis Limburg im Osten, im Norden bis weit an den Niederrhein, im Westen bis tief nach Holland und Belgien hinein. Es ist ein weites Gebiet an Rhein und Maas, das durch kirchliche und politische Organisation, durch architektonische Formen und Details der Dekoration zusammengefaßt wird. Köln mit seinem Reichtum an Bauten und geistlichem Leben können wir als Mittelpunkt in Anspruch nehmen. Hier wird in den Jahren, als auch am Chor der Kathedrale von Speyer eine Apsis mit Flankentürmen gebaut wird, unter Erzbischof Anno (1056–75) an St. Martin und an St. Gereon die Kölner Chorfassade formuliert. Mit den Bauten von St. Kunibert, St. Maria Lyskirchen und dem Neubau von St. Gereon erhält sie die späte, reiche Ausformung, zuletzt an St. Severin erneut verwirklicht. Wie in Speyer ist die Kölner Chorfassade durch die Lage der Stadt am Rhein bedingt. Hier, am Rhein, liegt das Herz der Stadt. Ihm wenden die Kirchen ihre Schaufassade zu, deshalb wird die Apsis zu solcher Pracht der Gliederung entwickelt, gesteigert zu den Kleeblattchören von St. Maria im Kapitol, Groß St. Martin und St. Aposteln.

Die Westseite der Bauten hat deshalb nur bei St. Aposteln, westwärts vor dem Stadtkern gelegen, ebenfalls reiches Gewicht. Die alte Dreiturmgruppe wird reduziert und zu gewaltiger Höhe geführt. Als neue Form entwickelt man mit St. Ursula, St. Andreas und St. Kunibert oder St. Aposteln eine Westchorhalle, wirksamer als Innenraum, weniger wirksam in die Stadt hinein.

In den Details der Architektur erscheint mit der Mitte des 12. Jahrhunderts ein neuer Formenreichtum. Säulen werden häufiger zum Rahmen gestufter Fenstergewände gebraucht. Die Fensterformen geraten mit Drei-, Vier-, Fünf- und Sechspaß bis zum Fächerfenster in Bewegung. Dienste werden mit Schaftringen in die Wand gebunden.

Die bisher straffe, glatte Wand, sparsam von Öffnungen durchbrochen, nur flach gegliedert, wird in Bewegung gebracht. Dienste und Vorlagen nehmen Volumen an. Triforien gliedern, begehbar und nicht begehbar, die Hochschiffswand. Emporen bereichern den Raum. Und an der Apsis, Zentrum der Aufmerksamkeit, beginnt man die Mauer in Schalen zu zerlegen. Die Zwerggalerie, im niederrheinischen Raum mit ringförmig geführtem Tonnengewölbe, mit Brüstung, meist mit Plattenfries geschmückt, ist der erste Schritt dazu. Ein weiterer Laufgang entwickelt sich in der oberen Fensterzone der Apsiden. Er erleichtert die Arbeit beim Bau und die Kontrolle nach der Vollendung. Im Untergeschoß darunter bringen Nischen, zu Beginn steil und eng, wie in den Apsiden von Groß St. Martin oder St. Gereon, später weit und flach, wie in St. Aposteln oder St. Kunibert, die Wand des Innenraums in Bewegung. Ihren Höhepunkt erreicht die Gestaltung der Wände mit dem Einfügen der Gewölbe. Lange hat man noch die flache Holzdecke bewahrt. Ende des 12. Jahrhunderts werden die ersten großen Gewölbe im Chor von St. Gereon eingefügt, es folgt das Mittelschiff von St. Aposteln und der Höhepunkt mit der Einwölbung von St. Kunibert einerseits und der Vollendung des Dekagons von St. Gereon andererseits. Nun ist der gesamte Raum von einer Hand des Architekten gestaltet. Langsam nur verliert der Architekt in Holz seine Stellung. Die Dachreiter des 12. Jahrhunderts auf St. Caecilien, Groß St. Martin oder St. Aposteln legen Zeugnis ab von der Größe ihrer Kunst.

Neben dem Reichtum und der Formenfreude der Architektur, die in den Künsten des Goldschmiedes – z.B. im Schrein der Hl. Drei Könige im Dom (Farbt. 1) – und der Maler, der Glasmaler ihre Ergänzung findet, ist ein Mangel zu verzeichnen. Eine kurze Blütezeit der Bildhauerei, zu Anfang der zweiten Hälfte des 12. Jahrhunderts, hat an Bauzier gerade zwei Tympana hinterlassen. Eines davon für St. Caecilien bestimmt, das andere aus St. Pantaleon, beide im Schnütgen-Museum bewahrt. Einige Portallöwen bestätigen diesen Mangel mehr als daß sie ihm widersprechen. Zu Anfang des 13. Jahrhunderts bricht sich die Formenfreude der Bildhauer noch einmal in St. Andreas Bahn, einige noch qualitätvollere Fragmente bewahrt St. Pantaleon. Es ist, als ließe der Formenreichtum der Architektur keinen Raum für die Kunst des Bildhauers. Erst mit dem Wachsen des Domes beginnt dessen Siegeszug auch in den Kölner Kirchen der Romanik. Sie werden zu einer Schatzkammer gotischer Skulpturen.

Das späte Durchsetzen der Wölbung und das lange Durchhalten romanischer Architekturformen lassen es verführerisch erscheinen, die niederrheinische Romanik mit ihrem Kölner Zentrum, mit ihrer Blütezeit bis in die Mitte des 13. Jahrhunderts gegenüber der franzö-

VON DER BEWUNDERUNGSWÜRDIGEN GRÖSSE KÖLNS

sischen Gotik als rückständig zu erklären; diese Vorstellung ist so simpel wie falsch. Verfolgt man, wie Jean Bony es gerade getan hat, die Entwicklung und Ausbreitung der Gotik Frankreichs im 12. und 13. Jahrhundert, ist die Entwicklung am Niederrhein so normal wie sie in ihren Ergebnissen – den Bauten – von hervorragender Qualität ist. Verfolgt man die Ausbreitung gotischer Architekturformen auf den Karten, die Bony seinem Buch beigegeben hat, erweist sich die niederrheinische Entwicklung als eine europäische Selbstverständlichkeit. Überall dringen um 1210 gotische Einzelformen vor, wie z. B. bei St. Gereon, überall setzt sich in den vierziger Jahren des 13. Jahrhunderts das gesamte gotische Architektursystem erstmals durch. Die Kölner Kirchen sind zwar vom Bauvolumen her keine Kathedralen – Erzbischof Engelberts II. Überlegungen zu einem Neubau des Domes zu Beginn des 13. Jahrhunderts gingen leider mit seiner Ermordung 1225 unter –, aber neben den großen Abteien, ohne Finanzierung durch König oder Kaiser, können sich die Kölner Kirchen durchaus sehen lassen. Sie sind mehr als zeitgemäß.

Wie auch sonst in Europa wissen wir von den Architekten der Kölner Kirchen eigentlich nichts. Am Bau von St. Gereon läßt sich erahnen, daß der Architekt die großen Baustellen in der Ile-de-France gesehen hat. Nirgendwo wird einmal ein Name erwähnt. Manche Nachricht hat man, bei Vogelo in St. Kunibert, bei Albero in St. Aposteln, für einen Hinweis auf einen Architekten halten wollen. Aber davon berichten diese Notizen nicht. Dabei waren diese Architekten durchaus von sich überzeugt. In Neuss, im vornehmen Damenstift St. Quirin, wird der Grundstein für die spätromanische Vollendung des Kirchenbaus im Jahre 1209 vom Architekten, Magister Wolbero, gelegt. Die Äbtissin Sophia und Erzbischof Adolf von Köln werden nur als Zuschauer erwähnt. Man stelle sich das heute bei der entsprechenden Gelegenheit vor! Aber das ist eine einzige Inschrift, nicht einmal aus Köln, die allerdings ein bezeichnendes Licht auf die Verhältnisse wirft. Und da sie dem Selbstgefühl und den Ansprüchen der Architekten zur gleichen Zeit in Europa ringsum durchaus entspricht, können wir auch für Wolberos Kollegen in Köln ähnliches Auftreten vermuten. Nur von einem unter ihnen wird zufällig einmal der Name überliefert. Als zwischen 1206 und 1211 an Abt Simon von Groß St. Martin ein Haus im Immunitätsbereich vermietet wird, findet ein »Theodericus magister artis cementarie« Erwähnung. Der Architekt Theoderich ist offensichtlich gerade gestorben, und nun wird das Haus zur Miete weiter an seine Söhne gegeben. Es ist verführerisch, zu behaupten, Theoderich sei der Baumeister des Trikonchos von Groß St. Martin gewesen – aber hätte der Architekt dann nicht mietfreies Wohnen ausgehandelt? So wissen wir nicht, wo Theoderich gebaut hat.

Daß wir so wenig Kenntnisse von den Architekten besitzen, wundert weniger, wenn man sieht, daß selbst die Geistlichen, die die Baukasse verwalteten und den Fortgang des Bauens überwachten, ihre Rolle nicht für erwähnenswert hielten. Diesen Vertreter des Bauherrn kennen wir nur für St. Kunibert. Und auch hier wird er nur deshalb erwähnt, weil er durch reiche Stiftungen im Memorialbuch des Stiftes eingetragen wird. In St. Gereon haben während des kostenträchtigen Umbaus des Dekagons der Dekan und ein Priester die Verwaltung der Baukasse übernommen – auch das wird nur zufällig festgehalten, als man die problematisch gewordene Finanzierung auf neue Füße stellt. Um so weniger können wir erwarten,

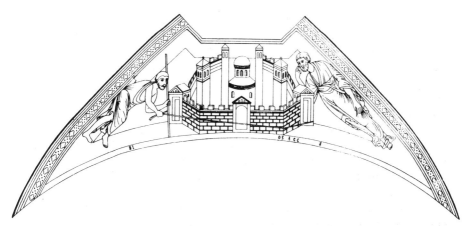

Der Baumeister des Tempels in der Vision des Ezechiel mit Maßstab und Schnur. Malerei im Gewölbe der Unterkirche von Schwarz-Rheindorf

daß einfaches Personal, Steinmetze, Zimmerleute, Schmiede für das Werkzeug oder Hilfsarbeiter erwähnt werden. Herebrat, der seinen Namen auf einem Kapitell in der Krypta von St. Georg hinterlassen hat, wird einer der gutbezahlten Steinmetze gewesen sein. Und völlig unklar ist die Rolle, die der Klosterbruder Rudengerus, der »getreulich am Bau unserer Kirche gearbeitet hat«, für Groß St. Martin spielt. Er stiftet zwischen 1206 und 1211 Geld für Steine und einen Kelch. War er Verwalter der Baukasse oder hat er mit Hand angelegt? Man hielt einfach alle diese Tätigkeiten in den geistlichen Kreisen, aus denen Notizen für die Nachwelt auf uns kamen, nicht für erwähnenswert.

Die große Baubegeisterung läßt Mitte des 13. Jahrhunderts nach. An St. Ursula wird noch Ende des 13. Jahrhunderts ein gotischer Chor angefügt und etwas später ein gotisches Gewölbe eingezogen. Ähnliches geschieht im 15. Jahrhundert an St. Andreas und St. Severin. Mit der Minoritenkirche der Franziskaner oder dem Kloster der Dominikaner kommt es neben dem Großprojekt des Domes auch zu gotischen Neubauten. Aber all das ist mit der Begeisterung des großen Jahrhunderts der Kölner Kirchenbaukunst zwischen 1150 und 1250 nicht zu vergleichen. Die Verhältnisse haben sich geändert. Fromme Begeisterung geht neue Wege. Die jungen Orden der Prämonstratenser oder Zisterzienser sitzen nicht in Köln, die Dominikaner und Franziskaner lenken die Aufmerksamkeit fort von den altgewohnten Stiften und Klöstern. Das ungeheure Unterfangen des gotischen Doms zieht manche Spende auf sich. Und schließlich haben Stifte und Klöster auch an Attraktivität verloren. Man stiftet, investiert sein mühsam angesammeltes Kapital, um für sein Seelenheil beten zu lassen. Und dafür – den Eindruck muß mancher Kölner gehabt haben – wurde an anderer Stelle eifriger gesorgt als in den großen Stiften und Klöstern. Immer noch sah man es gerne, wenn die Söhne und Töchter der Stadt hier unterkamen, soweit nicht, wie in St. Caecilien oder St. Ursula und in St. Gereon, die Pfründen für Frauen und Männer freiherrlicher

VON DER BEWUNDERUNGSWÜRDIGEN GRÖSSE KÖLNS

Herkunft reserviert waren. Daneben hatten dort Bürgerliche nur als Priesterkanoniker Zutritt. Denn die meisten Kanoniker auch der anderen Stifte nahmen nur noch die Weihen als Subdiakon oder Diakon entgegen. Man wollte ein freieres Leben führen können. Das gemeinsame Leben mit gemeinsamem Schlafsaal und Speisesaal hatte man teils schon Ende des 12. Jahrhunderts aufgegeben. Jeder lebte für sich in einem der Kanonikerhäuser, und man war auch längst nicht mehr regelmäßig anwesend. Gründe für Urlaub gab es genug, beliebt und regelmäßig war der Studienaufenthalt in Paris. So waren auch die Kanoniker mehr an der Vergrößerung ihrer Einkünfte interessiert als an repräsentativen Baumaßnahmen. In den Klöstern sah es wenig besser aus; die Mönche bemühten sich, ihren Lebenswandel dem der Kanoniker anzugleichen. Man verfügte über eigene Einkünfte. Manche der Mönche zogen aufs Land, um die Höfe im Besitz des Klosters zu verwalten oder Pfarrstellen wahrzunehmen.

Das heißt nicht, daß die Frömmigkeit abgenommen hätte. Sie hat neue Wege gefunden. Selbst aus den Stiften und Klöstern zieht es Mitglieder des Kapitels in die neuen Orden. Caesarius von Heisterbach berichtet von einer ganzen Reihe von Mitbrüdern, die früher z. B. an St. Andreas waren. Die Bettelorden haben einen unglaublichen Zulauf. Im Bürgertum bilden sich mit den Beginen und Begarden auf privater Ebene neue Gemeinschaften heraus, die in Hausgemeinschaft leben. Man fühlt seine Frömmigkeit in den Stiften und alten Klöstern nicht mehr repräsentiert, das macht sich im Rückgang der Stiftungen bemerkbar, der die Klöster etwas weniger trifft. Dazu gehen, im Vergleich zu den Einkünften aus Handwerk und Handel, die Einkünfte aus Landbesitz zurück. Die gewohnten Erträge sind weniger wert, das Bauen wird teurer. All diesen Faktoren haben wir es zu verdanken, daß die romanischen Bauten erhalten blieben. Auch im baufreudigen Barock reicht das Geld meist nur für neue Inneneinrichtungen, nicht für Neubauten. Diese wieder gehen im 19. Jahrhundert unter, weichen den neuromanischen Vorstellungen, wie eine Kirche eigentlich ausgesehen haben müßte. Und hier wieder hinterläßt der Zweite Weltkrieg ein Trümmerfeld.

Über das Schicksal der Ruinen ist nach dem Krieg heiß diskutiert worden. Eine ganze Vortragsreihe ›Kirchen in Trümmern‹ hat sich im Winter 1946/47 damit auseinandergesetzt, ob und wie man die Kirchen wieder aufbauen könne. Die Diskussion bietet eine faszinierende Lektüre heute, da nach mehr als einer Generation die Wiederherstellung dem Ende entgegengeht. Mit einem solchen langen Zeitraum rechnete man schon damals. Über den Weg dahin war man sich nicht einig. Auch heute ist ein Ende noch nicht abzusehen; denn die Innenausstattungen, die letztlich das Erscheinungsbild bestimmen, sind noch in keiner Weise abgeschlossen.

Nach Wettbewerben, wie sie Ulrich Krings für Maria im Kapitol publiziert hat, die mit den alten Mauern neue Gedanken verbinden wollten, erwies sich bald die Kraft der romanischen Formen. Sie wurden, mußten erneuert werden. Kein Weg führte daran vorbei. Das widerspricht auch nicht dem Wesen von Architektur. Anders als in anderen Bereichen von Kunst, in Malerei, Skulptur oder Kunsthandwerk, ist es nicht die Hand des Künstlers selbst, die die Gestaltung ausführt. Es sind Handwerker, die dem Plan folgen, den der Architekt entwarf. Dieser Vorgang ist wiederholbar. Natürlich fehlt dann dem einzelnen Stein die

Aura des Alters. Das neue Mauerwerk zeigt nicht mehr die Spuren einer langen Bauge-schichte, aber die einst gedachte Form erscheint, lebt wieder.

Das heißt nicht, daß man sklavisch den Vorkriegszustand wiederhergestellt hat. Man hat die Gewölbe in St. Pantaleon, in St. Maria im Kapitol und in St. Ursula, die das 17. und das 13. und 14. Jahrhundert in ältere Bauten einfügten, nicht erneuert. Eigene Entwürfe traten an ihre Stelle. Das gilt auch im Kleinen, in manchen Details. An anderen Stellen wurden ältere Zustände als die der Vorkriegszeit rekonstruiert. Schon vor dem Krieg war nur an wenigen Stellen die alte Außenhaut der Bauten erhalten. Zuviel war schon im 19. Jahrhun-dert erneuert worden, hatte erneuert werden müssen. Das mag für den Bauhistoriker zu bedauern sein. Ihm fehlen seine Urkunden. Aber es fehlt auch die einst gestaltende farbige Fassung, die die Bauten leuchten ließ. Heute wäre sie zugleich Schutz vor den Gefahren der Luftverschmutzung. Das ist, wie die Gestaltung der Inneneinrichtung, ein Problem der neuen Generation.

Dankbar sind wir denen, die Köln die wenigen Zeugen seiner großen Vergangenheit retteten, sie wiederherstellten. Sie bewahrten im sich immer wieder wandelnden Gesicht der Stadt die Bezugspunkte. Ganz einfach gesagt: Nur wer seine Vergangenheit erhält, hat die Grundlagen in Besitz, um Zukunft gestalten zu können, sich nicht im reißenden Strom der Zeit zu verlieren.

St. Andreas

Abb. 1–6, 8

Aus dem Reichtum der Kirchenfamilie rings um den Dom ist St. Andreas einer der wenigen erhaltenen Zeugen, nach der Aufhebung des Stiftes im Jahre 1802 in eine Pfarrkirche verwandelt. Was heute geschäftige Innenstadt ist, war einst Stadtrand: St. Andreas liegt außerhalb der römischen Stadtmauer. Ein Blick auf den Überrest des römischen Nordtores vor dem Dom oder auf das Bruchstück der römischen Mauer auf der anderen Seite der Komödienstraße bestätigt das. Wann hier, in der Vorstadt entlang der Römerstraße nach Norden, erstmals eine Kirche oder Kapelle erbaut wurde, ist ungewiß. Glaubt man der Legende, so hat Kölns erster Bischof Maternus die erste Kirche begründet. Traut man nur konkreter historischer Überlieferung, findet man den ersten sicheren Hinweis zur Zeit Erzbischof Brunos (953–65). Er bedenkt die Kirche und ihre Kanoniker in seinem Testament, und Ruotger berichtet in seiner Biographie Brunos, daß die Versetzung der Kanoniker von St. Maria im Kapitol nach St. Andreas, um in St. Maria im Kapitol ein Benediktinerinnenkloster einrichten zu können, manche Bedenken erregt habe.

Ungewiß bleibt, ob eine Kirche St. Andreas, die in Urkunden aus den Jahren 817 und 875 erwähnt wird, die unsere ist. Ebenso ungewiß ist, ob es eine Kirche St. Matthäus in fossa, im Graben, die Aegidius Gelenius im 17. Jahrhundert erstmals erwähnt, je gegeben hat. Er berichtet, Erzbischof Willibert (870–89) habe sie erbaut (als Neubau an der Stelle der Gründung des Maternus), und im 18. Jahrhundert wird der Bericht noch ergänzt. Williberts Nachfolger Hermann I. (889–924) habe 923 die Kirche verschönert und dem nur an dieser Stelle erwähnten Nonnenkonvent den Zehnt zu Bacharach geschenkt. Als Beleg für die mögliche Existenz von St. Matthäus in fossa wird meist die mehrfach überlieferte Weihinschrift des Altars benutzt, die an erster Stelle Reliquien des Apostels Matthäus erwähnt. Sind es nicht eher diese Reliquien, die Gelenius auf den Gedanken einer solchen Kirche überhaupt kommen ließen?

Die Inschrift hält die Erinnerung an die Altarweihe durch Erzbischof Gero im Jahre 974 fest. Sie rühmt auch ausdrücklich Bruno, der sie zu gründen gelobt habe zu Ehren des Apostels Andreas. Es bleibt also bei Erzbischof Bruno als Gründer des Stiftes. Auch die Grabungen bis in die Nachkriegszeit hinein haben keinen Aufschluß zu diesen Fragen geben können. Man fand Spuren römischer Bauten und mit der nun wieder zugänglichen Krypta eine Bauphase, von der die Quellen nichts berichteten.

Über den ottonischen Bau können wir nämlich nur Vermutungen anstellen. Wahrscheinlich nimmt die niedrig angesetzte Vierungskuppel mit ihrem achtseitigen Klostergewölbe noch Rücksicht auf die Höhe des flachgedeckten ottonischen Schiffs, sicher auch auf seine Breite. Aber das müssen Ausgrabungen im Mittelschiff dereinst klären können. Auch das gedrungen kurze Schiff des romanischen Baus wird durch den Vorgänger und seine Umgebung bestimmt gewesen sein.

Gegen Mitte des 11. Jahrhunderts wurden Chor und Krypta erneuert. Beide hatten bis 1414 Bestand, als man mit der Errichtung des gotischen Chores begann. Man trug den Chor ab und füllte mit dem Schutt die Krypta wieder auf, deren Gewölbe man zerschlagen hatte. Um eine würdige Ruhestätte für die Reliquien des heiligen Albertus Magnus zu finden, mit dem wir uns gleich noch intensiver befassen werden, entschloß man sich 1953, die Krypta zu ergraben. Man wußte aus den Berichten der Quellen von ihrer Existenz. Schon am 25. November 1954 konnten die Reliquien in einen bei St. Ursula gefundenen römischen Sarkophag in der erweiterten Krypta übertragen werden. Karl Band hatte die wiedergefundene Krypta nach Westen erweitert und die Spuren im Osten mit fragilen Betonstützen und einer Betondecke mit kleinen Kuppelschalen wieder in Benutzung genommen.

Die langgestreckte Krypta mit zwei runden und dazwischen einer rechteckigen Nische in der Ostapsis entspricht einem geläufigen Typ der Mitte des 11. Jahrhunderts. Ähnliches bietet Köln mit der Westkrypta von St. Aposteln oder das Reich von Bamberg über Goslar bis Metz. Ebensowenig ungewöhnlich ist der polygonale Schluß der Apsis darüber, fünf Seiten eines Zehnecks. Er wird sogar in spätstaufischer Zeit, wie z. B. an St. Severin, wieder populär. Die Gestaltung des Langchores darüber muß immerhin so eindrucksvoll gewesen sein – im Bereich der Vierung hat man sogar Spuren der farbigen Fassung gefunden –, daß man ihn in die Planungen für den romanischen Neubau einbezog und stehen ließ.

Daher war das Eisbärenfell, von dessen wundersamem Erwerb als Fußwärmer vor dem Altar des Apostels Caesarius von Heisterbach berichtet, noch für diesen salischen Chor bestimmt. Caesarius, später Prior des Zisterzienserklosters Heisterbach, hat seine ersten

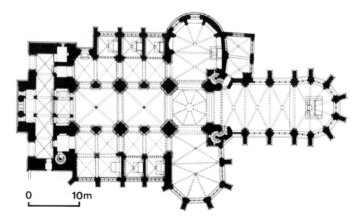

St. Andreas, Grundriß   0   10m

ST. ANDREAS

theologischen Kenntnisse an der Stiftsschule von St. Andreas gewonnen und manche zusätzliche Nachricht überliefert, festgehalten als Wundergeschichte, die man in Predigten als Beispiel verwenden könne. In diesem Fall ist der Kanoniker, der zwei jungen Kölner Kaufleuten 5 solidi zum Kauf eines Eisbärenfells nach Norwegen mitgab, später sogar in Heisterbach ins Kloster eingetreten. Die beiden Kaufleute hatten mitsamt Fell schon die Rückreise zu Schiff angetreten, als sich ein fürchterlicher Sturm erhob. Niemand glaubte noch an Rettung. Da fiel den beiden das Eisbärenfell ein, sie hoben es hoch, um den Apostel an sein vom Verlust bedrohtes Eigentum zu erinnern, und Ruhe breitete sich aus. Wen wundert es, daß die beiden, zurück in Köln, das Eisbärenfell stifteten und die 5 solidi zurückerstatteten! Man lebte noch inmitten der Wunder. Aufschlußreich ist auch, daß man so Kirchen ausstatten konnte und offensichtlich auch damals kalte Füße in ungeheizten Kirchen nicht besonders schätzte.

Zur Zeit Caesarius' von Heisterbach hat man den romanischen Neubau begonnen. Schon vor seiner Schulzeit in der Stiftsschule wies Dekan Ensfried (1176–93) die Besucher der Kirche auf die Notwendigkeit von Stiftungen für den Bau hin; das war er seiner Stellung als Bauverwalter schuldig – heiligmäßig ergänzte er diese Aufforderung aber mit dem Hinweis, daß die Almosen in der Hand von Armen noch besser untergebracht wären. So wurde es Caesarius später geschildert. Ein genaues Datum bietet Caesarius nicht, da er sich leider für Architekturgeschichte in keiner Weise interessierte. Aber einem als seltsam und wunderbar empfundenen Blitzschlag in den Turm am 23. Februar 1221, den er notiert, verdanken wir das Wissen, daß der Vierungsturm wohl vollendet war. Dem Turm, der das Vorbild des Klosters Knechtsteden aufnimmt, dessen nächste Verwandtschaft über den Dächern der Stiftskirche von Gerresheim oder des Bonner Münsters zu finden ist, scheint der Brand kaum geschadet zu haben.

Um seine Last nach Osten, am alten ottonischen Chor, abzustützen, wird dort ein massiver Bogen errichtet und mit zwei Treppentürmen verstärkt. Sie sind heute nur noch innen zu sehen. Der untere Eingang öffnet jeweils die Krypta, und je ein Zugang vom Chor aus führt in die Höhe. Dort verbinden zwei tonnengewölbte Gänge übereinander die Treppenspindeln und stützen die Turmkonstruktion zusätzlich. Vor dem Bau des gotischen Chores werden die beiden Türmchen, ähnlich wie in Knechtsteden, den Vierungsturm außen zur Dreiturmgruppe ergänzt haben.

Mit Knechtsteden waren die Verbindungen eng. Das dortige Prämonstratenserkloster war eine Gründung des Kölner Domdekans Hugo, aber der erste Propst war zuvor Kanoniker an St. Andreas gewesen. Und der Bau der Klosterkirche entstand unter der Leitung Christians, der zuvor Schatzmeister des Stiftes St. Andreas war. Das mag bei den Überlegungen für die Bauplanung eine Rolle gespielt haben. Aber der zeitliche Abstand macht sich bemerkbar. Mitte des 12. Jahrhunderts waren die vergleichbaren Bauteile in Knechtsteden vollendet. In St. Andreas scheint man erst Ende des 12. Jahrhunderts begonnen zu haben. Für die nordöstliche Vorhalle mit ihrem Löwenportal, die heute vermauert als Sakristei dient, ist die Nachricht von der Stiftung eines Kanonikers Wilhelm überliefert, der erst 1211 sein Amt antrat.

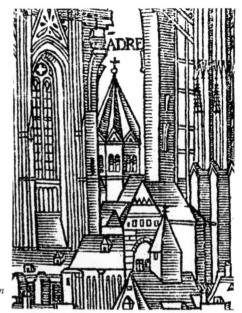

St. Andreas, Ausschnitt aus dem Holzschnitt von Anton Woensam 1531

Die Vierung ist über Pendentifs (Zwickel, mit denen vom Quadrat der Vierung zum Achteck übergeleitet wird) mit einem achtseitigen Klostergewölbe geschlossen, mit untergelegten Wulstrippen geschmückt. Das entspricht, wie die reiche Gliederung der Pfeiler und die meisterhafte Bildhauerarbeit der Kapitellzone und des Gesimses, dem plastischen Bedürfnis des frühen 13. Jahrhunderts (Abb. 4). Ähnliche Qualität findet man wieder in Bonn oder Andernach, immer im Umkreis der Werkstatt des Samson-Meisters, der seinen Namen nach einer Samson-Figur in Maria Laach trägt.

Zum Abstützen der Vierung mußten zumindest das Pfeilerpaar und die Arkaden des ersten Jochs mit erbaut werden. Das bestätigt auch die Wahl des Baumaterials. Nur hier, im ersten Joch und in der Vierung, beobachtet man den reizvollen Wechsel zwischen hellem Trachyt und dunklem Andesit. Weiter nach Westen findet sich nur noch Trachyt, das gewohnte Kölner Baumaterial. Spuren im Dachbereich belegen einen Planwechsel. Zuerst hat man Emporen statt des nur leicht ausgenischten Triforiums unter der gestaffelten Dreifenstergruppe geplant. Der beengte Bauplatz mag zu diesem Gedanken geführt haben, der das Raumangebot erweitert hätte.

Nach Westen wird der Bau mit einem zweiten Joch weitergeführt. Den Jochen des Schiffs entsprechen, getreu dem gebundenen System, je zwei Joche der Seitenschiffe. Der Anbau von Kapellen an die Seitenschiffe Ende des 13. und zu Beginn des 14. Jahrhunderts hat das Erscheinungsbild hier wesentlich verändert, dem Raum eine zuerst nicht vorgesehene Breitenwirkung gegeben. Nur im Nordwesten ist ein Abschnitt der alten Seitenschiffswand

ST. ANDREAS

St. Andreas, Zeichnung von Vincenz Statz 1840. Kölnisches Stadtmuseum

erhalten, ausgenischt wie z. B. in St. Kunibert. Die westliche Doppelkapelle auf der Nordseite ist erst nach 1539 errichtet worden. Der Dekan des Stiftes, Hermann Keutenbreuer, 1539 verstorben, hatte in seinem Testament das Geld dafür ausgesetzt. 1542 konnte der Altar geweiht werden.

Aber damit haben wir schon vorgegriffen. Der Westbau, einst eingebunden in Kreuzgang und Stiftsbauten, ist spätestens 1244/45 vollendet, als ein Michaelsaltar im ›neuen‹ Chor erwähnt wird. Damit ist das Obergeschoß des Westbaus gemeint, das, wie die westlichen Querhäuser an St. Aposteln oder St. Kunibert, den gleichen Raum bietet wie das Mittelschiff. Bei St. Andreas war der Architekt gezwungen, den Ostflügel des Kreuzgangs mit in den Westbau einzubeziehen. Sonst hätte ihm noch weniger Raum zur Verfügung gestanden. Die großen Eingänge des Westbaus waren daher ursprünglich die Mündungen des nördlichen und südlichen Flügels des Kreuzgangs, Zugang für die Kanoniker des Stiftes. Der Zugang für Laien in die Kirche führte durch die offenen Vorhallen zu beiden Seiten des Chores, die heute entweder als Sakristei vermauert oder abgerissen sind.

Der Rest des Kreuzgangs, an den sich der Mitteltrakt der Westfassade kapellenartig anschließt, wirkt heute wie eine Vorhalle. Seine faszinierendste Bauzier sind die Gurtbögen. Ausgezackt wie ein frei in der Luft schwebender Rundbogenfries wiederholen sie ein Architekturmotiv Nordspaniens. Entlang der Pilgerstraße nach Santiago de Compostela, z. B. in San Isidoro in Leon, begegnet diese Belebung der Architektur mehrfach. Auf diese Weise spürt man selbst in Details den weiten europäischen Rahmen des lateinischen Mittelalters.

Erst nach der Vollendung des Westbaus hat man das Schiff eingewölbt. Hier ergibt sich zur Vierung eine weite Fläche freier Wand über dem Vierungsbogen. Er bringt bis heute die Höhe des ottonischen Schiffs und des salischen Chores in Erinnerung. Die Triforien der Hochschiffswand und die Fenster hat man erst zu Ende des 19. Jahrhunderts rekonstruiert, als man die barocken Veränderungen wieder rückgängig machte.

Bisher haben wir die Querhäuser fast außer acht gelassen. Das kann nicht so bleiben, bieten sie doch einen der interessanten Aspekte des Baus. Das nördliche Querhaus hat nach den Spuren, die bei den Grabungen nach dem Kriege gesichert wurden, schon zu ottonischer oder salischer Zeit einen apsidialen Schluß gehabt. Diese Rundung hat man, nachdem zuerst die Vierung eingefügt worden war, um 1200 erneuert. Die Konzeption erinnert weniger an die Kleeblattchöre, wie St. Aposteln oder Groß St. Martin, als an den Grundriß des Bonner Münsters mit einem breiten Vorjoch vor dem Halbrund der Apsis des Querhauses. Trotz des spätgotischen Umbaus sind der Laufgang im Obergeschoß und die spätromanische Gliederung und Ausnischung der Wand noch gut zu erkennen. Gegenüber hat man das südliche Querhaus Ende des 15. Jahrhunderts völlig gotisch ersetzt.

Schon vor diesen Arbeiten hatte man um 1414 begonnen, den salischen Chor durch einen gotischen zu ersetzen. Gerade neben dem Dom ist der Chorbau von St. Andreas eine große Leistung gotischer Architektur. Hat man auf die Erfahrungen und Kenntnisse der Dombauhütte zurückgegriffen? Die elegante Lösung spricht wohl dafür. Das Vorbild steht etwas entfernt in Aachen. Dort war gerade 1414 der 1355 begonnene gotische Choranbau vollendet worden. Wie dort wird auch hier an die Joche des Langchors eine mehr als einen halben

ST. ANDREAS

St. Andreas, Ausschnitt aus dem Vogelschaustadtplan des Arnold Mercator von 1571. Kupferstich

Kreis umfassende Apsis angesetzt. In Aachen sind es neun Teile eines 14teiligen Kreises, an St. Andreas sieben eines 10teiligen Kreises. Im Grundriß gibt das einen Effekt wie ein Schlüsselloch.

Das Ziel ist eine raffinierte Konzentration des Blicks auf den Hauptaltar. Das Auge folgt beim Schauen in den Chor automatisch den Wänden. Am Ansatz der Apsis treten aber nun die Wände so weit zurück, daß man sie nicht mehr sehen kann. Der Blick wird damit fast selbstverständlich vom Altar festgehalten. Und auch ohne diesen fast psychologischen Hintergrund wirkt die Architektur als großartiger Rahmen für den (im 19. Jahrhundert erworbenen) spätgotischen Holzschrein mit einigen Reliquien des heiligen Albertus Magnus und den Flügelaltar des frühen 16. Jahrhunderts vom Kölner Meister Barthel Bruyn dem Jüngeren, Ausklang der Kölner Malerschule.

Die Architektur ist bei allem Reichtum des Schmucks bewußt einfach konzipiert. Nur eine Etage hoher, mit kräftigem Maßwerk versehener Fenster erhebt sich über dem Sockelgeschoß, das das Chorgestühl aufnimmt. Rippen und Gurtbögen des Gewölbes sammeln sich ohne Kapitellzone in Dienstbündeln und ruhen oberhalb des Chorgestühls auf reich skulptierten Konsolen. Engel und Propheten tragen die Last. Das reich geschnitzte Chorgestühl wird bald nach der Vollendung des Chores im zweiten Viertel des 15. Jahrhunderts entstanden sein. Mit prunkvollem Maßwerk, Aposteln, Propheten, Kölner Heiligen und manchen Drolerien ist es bis auf den Baldachin, der die Sitze rahmte, gut erhalten.

Die Fenster des Chores haben allerdings dem barocken Drang zum Licht weichen müssen und sind erst um 1900 historisierend ersetzt worden. Nach Westen werden sie durch moderne Fenster von Vinzenz Pieper ergänzt.

St. Andreas besitzt noch immer einen erstaunlichen Reichtum an alter Ausstattung. Fragmentarisch sind in einigen der gotischen Kapellenanbauten Wandmalereien erhalten. Die

St. Andreas 1946

ST. ANDREAS

wertvollste ist die Darstellung des Marienlebens in der westlichen Kapelle der Nordseite, Mitte des 14. Jahrhunderts entstanden, in vier Ebenen. Unterhalb der *Marienkrönung*, die das ganze Geschehen abschließt, beginnt die Schilderung mit *Verkündigung*, *Heimsuchung* und *Geburt*. Ausführlich wird darunter die *Anbetung der Heiligen Drei Könige* mit Gefolge ausgebreitet. Die unterste Zone zeigt die *Kreuzigung*, Maria im Anblick des Gekreuzigten, gehalten von Johannes. Heilige, teils nur als Köpfe auf einer Zuschauertribüne, rahmen dieses Zentrum. Man erkennt die heilige Ursula und den Apostel Petrus und einen Ritter, wohl aus der Thebäischen Legion. Zu Füßen des Gekreuzigten knien die beiden Stifter. Mit Mühe ist in der gleichen Kapelle unterhalb des Fensters noch ein *heiliger Georg* zu erkennen, den Drachen tötend, und auf der Wand gegenüber dem Marienleben ein riesenhafter *Christophorus* (Abb. 8). Ihm begegnet man als Skulptur noch ein zweites Mal im Kirchenschiff, nahe dem Eingang, wieder überlebensgroß. Nach mittelalterlicher Überzeugung sollte ein Gebet zum heiligen Christophorus verhindern, daß man an diesem Tage ›unversehens‹, ohne die Gnadenmittel der Kirche, sterbe. So wird er zum Schutzpatron der Reisenden, die von dieser plötzlichen Begegnung mit Tod und wenigstens Fegefeuer am ehesten bedroht waren.

Aus derselben Zeit wie diese Aufmerksamkeit heischende Figur stammt auch die liebreizende *Madonna* und ihr elegantes Gegenüber am Vierungspfeiler, der *Erzengel Michael* (Abb. 5). Er entstand nach einem Kupferstich des Meisters ES von 1467 wohl um 1470 in der Werkstatt des Kölner Bildhauers Tilman van der Burch wie auch das mahnende *Jüngste Gericht* am zweiten nördlichen Mittelschiffspfeiler. Ein Jahrhundert älter ist die *Pietà* in der Westnische des nördlichen Seitenschiffs, Maria voll Trauer mit ihrem toten Sohn.

Als Altarbild hängt in der großen Kapelle der Südseite der kurz nach 1500 entstandene *Flügelaltar der Kölner Rosenkranzbruderschaft von 1474*. In den Nöten der Belagerung von Neuss durch Karl den Kühnen, nach deren Gelingen wohl bald auch Köln in seine Hände gefallen wäre, hat man sie gegründet. 1475 wird sie mit vornehmsten Mitgliedern, wie dem Kaiser Friedrich III. und seinem Sohn Maximilian, die zur Linken Mariens knien, zum öffentlichen Ereignis. Mitglieder finden sich aus allen Bereichen und Gegenden des Reichs. Schon 1479 rechnet man mit 50000 Mitgliedern, drei Jahre später mit über 100000 Brüdern und Schwestern, die das Rosenkranzgebet pflegen. Maria erscheint mit Rosenkränzen gekrönt, zu ihrer Rechten hält der heilige Dominikus ihren Mantel schützend über die geistlichen Mitglieder der Bruderschaft. Ihm hatte nach den Visionen des Alanus de Rupe die Muttergottes den ersten Rosenkranz überreicht. Zur Linken Marias hält der Märtyrer aus dem Dominikanerorden, Petrus Martyr, den Mantel für die weltlichen Mitglieder. Außen stehen die Heiligen Dorothea und Caecilia. Als Ersatz für ein Altarbild von 1475 entstand dieses kurz nach 1500 in der Werkstatt des Meisters von St. Severin. Ein immer noch leuchtendes Zeugnis spätmittelalterlicher Frömmigkeit.

Begründer der Kölner Rosenkranzbruderschaft war der Dominikaner *Jakob Sprenger*, der wohl ganz im Vordergrund der Geistlichkeit zu erkennen ist. Er verkörpert zugleich auch die dunkle Seite des späten Mittelalters, der sich dann mit abergläubischer Freude die

1 St. Andreas Vorhalle

3 St. Andreas Südliches Seitenschiff nach Osten

◁ 2 St. Andreas Westbau   4 St. Andreas Kapitellzone des nordwestlichen Vierungspfeilers ▷

5 St. Andreas   Erzengel Michael, Ende 15. Jh.

6 St. Andreas   Vierungsturm und südliches Querhaus

7 St. Aposteln Romanisches Stiftssiegel

8 St. Andreas   St. Christophorus, Ende 15. Jh.

9 ST. APOSTELN Kleeblattchor von Nordosten

10 St. Aposteln Obergaden

11 St. Aposteln Schiff nach Westen

12 St. Aposteln von Osten

13 ST. CAECILIEN Westportal mit der Darstellung des Todes von Harald Naegeli

14 St. Caecilien Chor von Osten

15   St. Caecilien   Schiff nach Osten

16 St. Caecilien von Nordosten. Im Hintergrund der Turm von St. Peter

18 St. Georg   Löwe vom Südportal ▷

17 St. Caecilien   Tympanon des Nordportals

Neuzeit verschreibt, denn er ist zugleich einer der beiden Verfasser des unheilvollen Hexenhammers, der zum Handbuch der Hexenverfolgungen in den nächsten Jahrhunderten wurde.

Eine ganz andere Gestalt gegenüber Jakob Sprenger ist *Albertus Magnus*, einer der großen Heiligen und Gelehrten des Dominikanerordens. Sein Grab in der nach Westen erweiterten Krypta lohnt einen Augenblick der Besinnung. Als er weit über achtzig Jahre alt am 15. November 1280 in Köln stirbt, hat Albertus Magnus ein Leben hinter sich, dessen Leistungen heute kaum glaubhaft erscheinen. Spät in den Orden eingetreten, ist er über fünfzig, als er in Paris die Würde des Magisters erhält. In Köln leitet er dann das Generalstudium des Ordens, verfaßt theologische Schriften und beginnt, mit einer Fülle philosophischer und naturwissenschaftlicher Abhandlungen, die Kenntnisse der Antike, wie sie besonders die Schriften des Aristoteles festhielten, in die Wissenschaften des christlichen Mittelalters zu integrieren.

Zwei Beispiele mögen genügen. Er kennt und beweist die Kugelgestalt der Erde. Und er wagt es – Grundlage unserer Naturwissenschaft –, das eigene Erfahrungswissen und das Experiment gegen die überlieferten Kenntnisse der Antike zu setzen. Es ist der Geist dieses Wagemutes, der die letzten großen romanischen Bauten Kölns begleitet. Und neben diesen geistigen Leistungen wäre noch von seiner Tätigkeit als Kreuzzugsprediger, als Bischof in Regensburg, als Schlichter in manchem politischen Streit, auch zwischen den Kölnern und ihrem Erzbischof und Stadtherrn, zu berichten.

Hier ist nicht der Ort dazu, aber in einem solchen Leben wird ebenso der Geist des Mittelalters wieder sichtbar wie in den Bauten der Zeit. Die Reliquien des erst 1931 heiliggesprochenen Dominikaners sind nach der Säkularisierung nach St. Andreas übertragen worden. Er hatte sein Grab im Dominikanerkloster gefunden, das dort stand, wo heute Kölns Hauptpost steht. Seit der Nachkriegszeit betreuen wieder Dominikaner sein Grab.

Aus dem Benediktinerinnenkloster zu den Hl. Makkabäern am Eigelstein stammen zwei weitere Kostbarkeiten. In der Vorhalle steht der *Blutbrunnen*. Er stand der Legende nach im Benediktinerinnenkloster an der Stelle, wo das Blut der heiligen Ursula und ihrer Gefährtinnen in einen Brunnen geflossen war. Das steinerne *Reliquiar*, als Brunnenfassung mit Deckel gestaltet, hat der Beichtvater der Benediktinerinnen Helias Mertz zu Beginn des 16. Jahrhunderts in Auftrag gegeben. Nach der Säkularisation gelangte es nach St. Andreas und bald danach auch der kostbare Makkabäerschrein, den ebenfalls Helias Mertz in Auftrag gab. Er hatte 1520 dem Goldschmied Peter vor der Pfaffenpforte den Auftrag dafür erteilt. 1527 war er vollendet. Im Rahmen spätgotischer Architektur werden Szenen aus dem Martyrium der Makkabäer zur Passion Christi in Parallele gesetzt.

Wie bei den Gewölbemalereien in St. Maria Lyskirchen werden die Ereignisse des Neuen Testamentes in den Ereignissen des Alten Testamentes, in der Passion der jüdischen Märtyrer, schon angedeutet. In den vier Evangelisten entdeckt man die Selbstdarstellung des

◁ 19 St. Georg Südseite von Westen

ST. ANDREAS

Humanisten der Renaissance. Mit der historischen Wahrheit nahm man es trotzdem nicht zu genau, denn Makkabäerreliquien verehrte man im Kloster längst, bevor sie Erzbischof Rainald von Dassel gleichzeitig mit den Heiligen Drei Königen nach Köln gebracht haben soll. So meint jedenfalls die Inschrift am Schrein, der, da er ›nur‹ aus vergoldetem Kupfer besteht, die Säkularisation überstanden hat, ein spätgotisches Prunkstück in der langen Geschichte der Kölner Heiligenschreine.

St. Aposteln
Farbt. 2–4; Abb. 7, 9–12

Am 18. Oktober des Jahres 965 nähert sich von Westen, von Reims herkommend, ein Trauerzug der Stadt Köln. Man führt den Leichnam des Kölner Erzbischofs Bruno, zugleich Herzog von Lothringen und schließlich Bruder des Kaisers, mit sich. Für den feierlichen Leichenzug durch die Stadt zum Dom mußte die Begleitung die Gewänder wechseln, und auch der Tote wurde mit den Abzeichen seiner Würde ausgestattet. Dafür wurde er kurzfristig vor der Stadtmauer in einer kleinen Kirche aufgebahrt, in die man die harrende Menge des Volkes gar nicht erst einließ. Ruotger, der pflichtgetreue Biograph Brunos, kommt nicht umhin, die Kirche zu erwähnen: »als Bauwerk und in der künstlerischen Ausstattung zwar unansehnlich, ausgezeichnet aber durch den Namen der Apostel, deren Verehrung sie geweiht ist«.

Diese eigentlich widerwillige Erwähnung ist das älteste Zeugnis für St. Aposteln. Daß die Kirche, deren Spuren noch nicht gefunden wurden, dem Kollegium der Apostel geweiht ist, erhebt sie in einen besonderen Rang, stellt sie neben bedeutende Bauten der Spätantike in Rom, Mailand oder Konstantinopel. Aber das löst nicht die Frage, wann die Kirche gegründet wurde und wer unter den Kölner Bischöfen oder Erzbischöfen hier sein Köln den großen Vorbildern jenseits der Alpen angleichen wollte. Vielleicht hilft zur Lösung dieser Fragen einmal eine Grabung im Mittelschiff des heutigen Baus weiter, denn die bisherigen Untersuchungen im Westen und Osten des Bauwerks waren ergebnislos.

Ausgestattet mit dürftigen Einkünften in Junkersdorf, heute Stadtteil Kölns, und in der Vorstadt rings um die Kirche, wird St. Aposteln im Jahre 980 von Erzbischof Warin dem Stift St. Ursula übertragen. Die Einkünfte sollen nun den frommen Damen zufließen, deren Chorgebet die Fürbitte für die Vorgänger des Erzbischofs aufnehmen soll. Warin kann der kleinen Kirche hier nicht viel Bedeutung beigemessen haben. Das ändert sich erst unter Erzbischof Pilgrim (1021–36).

Zumindest aller Wahrscheinlichkeit nach. Der zu seiner Zeit bedeutende Mann, der in Köln Königin Gisela, die Gemahlin Konrads II., krönt und den Kölner Erzbischöfen das Recht auf die Königskrönung in Aachen sichert, Erzkanzler des Reichs für Italien, wird bald nach seinem Tode von seinem Vorgänger in den Schatten gestellt. Dieser nämlich, Erzbischof Heribert (999–1021), wird zum Heiligen, und so ziehen ihn spätere Geschichtsschreiber als Gründer des Stiftes vor. Heribert hatte ein Benediktinerkloster in Deutz, Köln

ST. APOSTELN

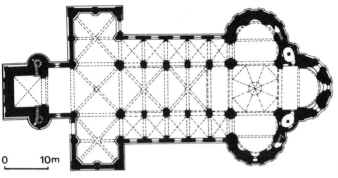

St. Aposteln, Grundriß

gegenüber, gegründet, das bald seinen Namen trägt. Hier hatte er seine Kraft, sein Vermögen investiert und sein Grab gefunden. Das Grab Pilgrims hat man im 17. Jahrhundert und noch einmal 1956 inmitten der westlichen Vierung von St. Aposteln entdeckt. Sein Sarkophag aus rotem Sandstein steht heute vor der Südkonche des Kleeblattchores. Seine Gebeine, die man schon 1643 erhoben hatte, sind seit 1907 in einem neuen Sarkophag aus hellem Marmor in der Nordkonche untergebracht. Bei ihnen müßte auch noch die runde Bleischeibe liegen, die Pilgrim als Fundator, Gründer der Kirche, bezeichnet. Ihre sorglose Schreibweise und fehlerhafte Datierung würde diesem Freund der mathematischen und musikalischen Theorie sicher keine Freude bereitet haben. Mit Vergnügen prüft er das Wissen der Schüler der Domschule, deren Leiter Ragimbold mit seinem Kollegen in Lüttich einen Briefwechsel über geometrische Fragen führt. Pilgrim gibt bei Abt Berno von der Reichenau einen ›Tonarius‹ in Auftrag. Dieser rühmt sein Bemühen, mathematische Spekulation und die Wiedergabe himmlischer Harmonie im Lobe Gottes im Gesang zu verbinden. Solche Überlegungen sind auch immer wieder auf Architektur übertragen worden. An Pilgrims Bau von St. Aposteln, der noch die Grundmaße der heutigen Kirche bestimmt, spürt man dies noch immer. Nachweisen läßt es sich für den Grundriß, der das Quadrat der Vierung als Grundeinheit nimmt. Auf welche Art »himmlische Harmonie« in der weiteren Konzeption und Ausführung des Baus zu spüren war, läßt sich vielleicht einmal feststellen, wenn die Rekonstruktion des pilgrimschen Baus noch weiter präzisiert worden ist.

Das Schiff des salischen Baus ist mit den Seitenschiffen unter der spätromanischen Überformung des frühen 13. Jahrhunderts noch gut zu erkennen. Sieht man ein wenig genauer hin, entdeckt man, daß vor die Pfeiler des Schiffs eine zweite Mauerschicht gelegt worden ist. Sie nimmt die Wandgliederung auf, die dann – nach den Chorgewölben von St. Gereon – die erste große Einwölbung eines Kirchenschiffs in Köln trägt. Im Schiff wechseln, Vorspiel zur spätromanischen jochweisen Zusammenfassung, kreuzförmige Hauptpfeiler mit einfachen rechteckigen Stützen. Da aber schon die Fensterreihe des Obergadens darüber keine Rücksicht auf diese Gliederung nimmt, wurde keine Zusammenfassung in räumliche Einheiten wie im 13. Jahrhundert erreicht. Die gleichmäßige, unabhängige Reihung der Fenster ist außen auf der Südseite noch gut zu erkennen.

Die Wände des Schiffs haben etwa die gleiche Höhe erreicht wie heute. Nach St. Pantaleon und dem noch größeren Dom errichtete Pilgrim an der Stelle des erwähnten kleinen und bescheidenen Kirchleins den drittgrößten Bau Kölns mit einer Länge von 64 m. Doppelchörig – zu dieser Zeit nichts Ungewöhnliches – mit dem Hauptchor im Westen. Damit folgte er wie mit dem durchgehenden Querhaus dem Vorbild von Alt-St. Peter in Rom.

Über dem Ansatz der staufischen Gewölbe ist sogar noch ein Teil des Mäanderfrieses, in leuchtenden Farben gehalten, zu sehen gewesen. Er bildete den Abschluß der Wand unter der hölzernen Flachdecke, über deren Gestaltung wir nichts wissen. Aber der Raum muß einen klareren, steileren Eindruck als heute gemacht haben. Ähnliches spürt man heute noch in der Ruine des Klosters Limburg an der Hardt, des Hausklosters der salischen Dynastie, obwohl dort die Form der Säulenbasilika gewählt wurde. Pilgrims St. Aposteln wendet sich dagegen in anderer Weise mehr noch als Limburg an der Hardt spätantiken, frühchristlichen Vorbildern zu. Wie bei Alt-St. Peter in Rom errichtete man ein durchlaufendes westliches Querhaus, ohne durch einen Mauerbogen die Vierung abzugrenzen. In ihr wurde – wie in St. Peter das Grab des Apostelfürsten – das Grab Pilgrims angelegt. Nach Westen schloß gegenüber der Vierung, ähnlich dem heutigen Erscheinungsbild, ein quadratischer Chor an. Bei den Grabungen nach dem letzten Krieg hat man mit den Spuren der spätromanischen Krypta auch die Ostwand der salischen Krypta wieder freigelegt. Die Zugänge lagen zur salischen Zeit allerdings anders. Links und rechts neben dem Westchor waren Chorwinkelräume errichtet. Ein Durchgang bot zugleich einen seitlichen Abstieg in die Krypta auf beiden Seiten. Über diesen Durchgängen öffnete sich eine hohe Arkade in den Chorwinkelbau. Auf der Nordseite hat man bei Restaurierungsarbeiten 1982 diese Öffnung im Mauerwerk angedeutet.

Den östlichen Abschluß des Pilgrimbaus hat man erst vor wenigen Jahren präzisieren können. Ohne großen Aufwand hatte man das Schiff mit einem Rechteckchor geschlossen. Diese Linie zieht jetzt das kleine Mäuerchen nach, das den Altarraum abgrenzt. Über die äußere Gestalt des Pilgrimbaus wissen wir wenig. Trugen die Chorwinkelbauten Türme?

St. Aposteln, Siegel mit Darstellung der Kirche vor 1172

ST. APOSTELN

Das ältere Siegel des Stiftes St. Aposteln, das noch bis 1200 in Gebrauch war, deutet zwei Türme an. Außerdem ist ein reich gegliederter Dachreiter, Architektur in Holz, zu sehen. Vergleichbare Aufbauten besaßen auch St. Caecilien und der Vorgängerbau von Groß St. Martin.

Aber zu der Zeit, in der das Siegel im Gebrauch nachgewiesen ist, erstmals 1173, wird schon längst der neue Westturm errichtet. Er ist der erste einschneidende Eingriff in den salischen Baubestand. Die letzten Eingriffe erfolgten im späten 19. Jahrhundert. Damals erhielt das außen noch fast unveränderte westliche Querhaus im Untergeschoß eine saubere Verblendung mit weitgespannten Bögen über schmalen Mauerwerkstreifen. Auch die Giebel der Querhäuser wurden damals aufgeführt. Das Erscheinungsbild wurde bereinigt, die Spuren einer großen Vergangenheit gingen unter.

Mit dem Bau des großen, fast 67 m hohen Westturms beginnen die Umgestaltungsarbeiten, die sich fast bis in die Mitte des 13. Jahrhunderts hinziehen werden. Zwar ist das Stift, das lange vor den Toren der Stadt Zentrum eines kleinen Vorortes war, seit 1106 nun in die Stadtbefestigung einbezogen, aber immer noch betont man zuerst die architektonische Wirkung nach Westen. Und noch heute, wenn man wie vor Jahrhunderten über die Aachener Straße, asphaltierte Nachfolge römischer Straßenbaukunst, ins Stadtzentrum fährt, ist der Turm von St. Aposteln ein weithin wirkendes Merkzeichen. Das war Absicht.

Den Westchor des Pilgrimbaus reißt man zu zwei Dritteln ab. Auch die Chorwinkelbauten verschwinden. Die Türen und Arkaden darüber werden vermauert. Der neue Turm, über einer neuen nach Osten verlängerten Krypta, setzt mit einem kleinen Zwischenjoch an das Westquerhaus an. Im Untergeschoß hat man offensichtlich teils aus dem Abbruch stammendes Bruchsteinmauerwerk wiederverwandt. Nur die Rundbogengliederung über dem hohen, abgestuften Sockel ist aus Trachyt errichtet. Dicht unter dem Gesims des ersten Geschosses ist der Abguß einer Skulptur des Apostels Paulus angebracht, deren Original heute in der Aula auf der Südseite der Kirche aufgestellt ist. In den Händen trägt sie eine Tafel mit der Inschrift: S(anctus) PAUL(us) AP(ostolus). Mit den dichten, flachen Falten des Gewandes und mit der trotz des breitbeinigen Sitzens schlanken Gestalt gehört die Skulptur in die fruchtbare Zeit der Kölner Bildhauerei um 1160/80. Das dürfte auch ein guter Hinweis auf die Bauzeit des Turmes sein.

Erst im dritten Geschoß werden die beiden halbrunden Treppentürme mit einem halben Kegeldach abgeschlossen. Hier wirkt noch immer das karolingische Vorbild der Westwerkanlagen nach. Die Gliederung der jeweils mit einem kräftigen Gesims gegeneinander abgesetzten Geschosse wird erst mit dem letzten Geschoß und den Giebeln reicher. Allerdings ist der offene Sechspaß in der Spitze der Giebel erst von Heinrich Nagelschmidt Ende des 19. Jahrhunderts an die Stelle einer flachen, kreisförmigen Eintiefung gesetzt worden. Das Giebelgeschoß tritt, durch einen Rundbogenfries getragen, über das darunterliegende Geschoß hervor. Das heute flache Rautendach, mit Schiefer statt des ursprünglichen Bleis gedeckt, war bis zum Beginn des 19. Jahrhunderts gefaltet. In dieser Lebendigkeit, mit kupfervergoldeten Kugeln auf den Giebelspitzen, entsprach es in seiner Bewegtheit den Faltdächern der Flankentürme des Kleeblattchores.

*St. Aposteln,
Ausschnitt aus dem
Holzschnitt von Anton
Woensam 1531*

Diese Feststellungen haben immer vermuten lassen, daß das letzte Geschoß erst nachträglich aufgesetzt worden ist. Zumindest ist es in seiner ursprünglichen reicheren Gestalt – die hoffentlich wiederhergestellt wird – im Blick von Osten, im Zusammenklang mit dem Kleeblattchor dessen perfekte Ergänzung. Entweder hatte man beim Bau des Turmes schon an einen neuen Chor gedacht, oder man hat beim Bau des Kleeblattchores bald gesehen, daß am Westturm eine Ergänzung notwendig war.

Wenn man Ende des 12. Jahrhunderts schon an einen Neubau des Ostchores gedacht hatte, dann hatte diese Nachricht den Zisterziensermönch Caesarius von Heisterbach noch nicht erreicht. Es erregte seine deutlich ausgesprochene Verwunderung, daß bei einem Brand, der weite Teile Kölns erfaßte, sich die Schar der Apostel auf Fürbitte der Besitzerin

ST. APOSTELN

mehr um die Erhaltung eines Brauhauses sorgte als um den Bestand der ihnen geweihten Kirche. Zumindest die nach den Löscharbeiten sicherlich durstigen Kölner werden die Sachlage anders beurteilt haben. Auch der Architekturhistoriker hat da mehr Verständnis für die Einstellung der Apostel. Der Brand, der sich zufolge einer Fülle widersprüchlicher Quellen, die von ihm berichten, nicht genau datieren läßt, ist eine der Ursachen für den Neubau des bis dahin bescheidenen Ostchores der doppelchörigen Anlage Pilgrims. Der Kleeblattchor, der nun entsteht, ist eine der großen Leistungen der romanischen Architektur in Köln.

Damit wurde der Entwicklung der Stadt Rechnung getragen. Die schon im 10. Jahrhundert nachweisbare Vorstadt vor der Römermauer war 1106 in die Kölner Befestigung einbezogen worden. Nun begann man seit 1180 die große romanische Stadtmauer zu errichten, und die römische Stadtmauer wurde endgültig zur Immunitätsgrenze degradiert. Der Neumarkt, mit einer hohen Windmühle im Zentrum, war zu einem zweiten Handelszentrum geworden, das sich neben Alter Markt und Rheinufer durchsetzte. Außerdem hatte sich die Liturgie gewandelt. Ein Westchor, nach dem Vorbild von Alt-St. Peter, war nicht mehr gefragt. In Deutschland ist der Mainzer Dom als das einzige gewichtige Beispiel für einen westlichen Hauptchor bis heute erhalten geblieben. An vielen anderen Stellen folgte man irgendwann den neuen Modetrends der Liturgie.

Daß der Brand nur noch das letzte auslösende Moment war, belegt auch die schöne Anekdote vom reichen Zolleinnehmer Karl, die ebenfalls von Caesarius von Heisterbach notiert worden ist. Um beim Abwiegen seiner Sündenlast beim Jüngsten Gericht ein solides Gegengewicht ins Feld führen zu können, schenkte er dem Stift St. Aposteln eine ganze Ladung Ankersteine. Sein erst einmal vor der Kirche abgeladenes Geschenk begründet er damit: »Aliqua die renovanda est ecclesia ista«, daß die Kirche doch irgendwann erneuert werden müsse. Und auch Caesarius ist der Meinung, daß die Steine dann bei der Erweiterung der Kirche in die Fundamente gewandert seien. Das sind dann wohl die Bruchstücke von Basaltsäulen, die man in den Fundamenten des Kleeblattchores festgestellt hat.

Der Entschluß zum Neubau des Chores scheint rasch gefaßt gewesen zu sein. Wilhelm Ewald hat noch teils die gleichen Steinmetzzeichen am Westturm wie am Trikonchos feststellen können. Man behielt also offensichtlich die gleichen Arbeitskräfte bei. Und was nun entsteht, als dritte der Trikonchos-Anlagen in Köln nach St. Maria im Kapitol und nach Groß St. Martin, ist vom Neumarkt aus, auch heute noch, eine der schönsten Architekturansichten, die ich kenne.

Die Datierung und Reihenfolge der Kleeblattchöre von Groß St. Martin und St. Aposteln ist lange umstritten gewesen. Erst die Zerstörungen des letzten Krieges haben hier die eingehenden und klärenden Bauuntersuchungen möglich gemacht, die Walther Zimmermann und Karl Heinz Esser publizierten. Ähnlich haben später die Untersuchungen und Grabungen Leo Schäfers und Albrecht Manns die Geschichte des Pilgrimbaus im Westen geklärt. Seit diesen Untersuchungen, die durch die eindringliche Architekturanalyse Werner Meyer-Barkhausens noch gestützt wurde, gilt Groß St. Martin als Vorgänger und Vorbild für die Kleeblattchoranlage von St. Aposteln.

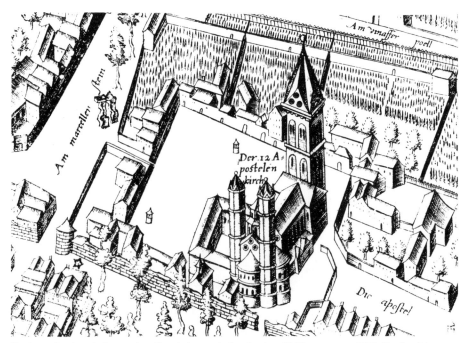

St. Aposteln, Ausschnitt aus dem Vogelschaustadtplan des Arnold Mercator von 1571. Kupferstich

Ganz so einfach ist die Sachlage für die Zeitgenossen sicher nicht gewesen. Hans Vogts hat für das staufische Köln achtundzwanzig Neubauten von Kirchen, vier durchgreifende Umbauten und zwei Erweiterungen gezählt. Dazu kommt eine Fülle von Stifts- und Klostergebäuden, die entsprechend aufwendigen Bauten der Bürger und schließlich das immense Bauprogramm der Stadtmauer mit ihren großen Toranlagen. Und meist werden es Kölner Architekten sein, die ringsum im Rheinland, in Neuss oder in Bonn, am Mittelrhein oder am Niederrhein, die neuen Kirchenbauten aufführen. Die Diskussion unter den Fachleuten und auch unter den Bauherren kann nie an Stoffmangel gelitten haben. Jeder hatte dabei einen aufmerksamen Blick auf das, was die Kollegen planten oder in Auftrag gaben.

Mit einem Marienaltar als Zentrum des neuen Trikonchos bleibt das Thema des ältesten Kölner Vorbildes, St. Maria im Kapitol, in Erinnerung. Hier hatte man bewußt auf das architektonische Vorbild der Geburtskirche in Bethlehem zurückgegriffen. Mit der aufblühenden Marienverehrung des hohen Mittelalters mag diese Bedeutung des Vorbildes auch den Kanonikern von St. Aposteln vor Augen gestanden haben.

Die geradezu klassische Ausgewogenheit der Architektur des Kleeblattchores, die vom Neumarkt aus immer wieder beeindruckt, ist sicher mit bedingt durch die vom Pilgrimbau übernommenen Grundmaße. Sie ist aber auch Zeichen einer ausgereiften Architektur. Jahr-

ST. APOSTELN

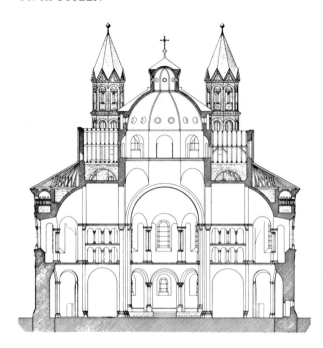

St. Aposteln, Schnitt durch den Kleeblattchor, Zeichnung von Gustav Krause 1907. Kölnisches Stadtmuseum

zehnte an Entwicklung gingen voraus. Wohl nach einem Brand des Jahres 1150 hatte man den Kleeblattchor von Groß St. Martin begonnen. 1172 wird er geweiht. In den gleichen Jahren ist auch die neue Ostapsis des Langchores von St. Gereon im Bau. Sie stellt eine Zwischenstufe dar.

Das Problem des Architekten beim Entwurf einer Apsis beginnt in dem Moment, wo er versucht, zwischen Innen und Außen eine Beziehung der Gliederung herzustellen. Der innere Radius der Apsis ist – je nach Stärke des Mauerwerks – wesentlich kleiner als der äußere. Somit steht innen erheblich weniger Mauerfläche zur Verfügung als außen. Das macht sich schon im Untergeschoß bemerkbar. Die sieben mit Rundbögen verbundenen Lisenen des Untergeschosses sind an Groß St. Martin oder St. Aposteln eine ausgewogene äußere Gliederung. Im Inneren von Groß St. Martin – ähnlich in der Apsis von St. Gereon – folgen den äußeren Gliederungen sieben tiefe, schmale Nischen. So entsprechen sich zwar Innen und Außen, was bei keiner früheren Apsis erscheint, aber der optische Eindruck ist ein völlig anderer. In St. Aposteln treten drei weit ausschwingende Nischen an die Stelle von sieben Nischen in Groß St. Martin – ruhiges Gleichmaß statt steiler Reihung. Im Obergeschoß ist das Phänomen der unterschiedlichen Wandflächen, die dem Architekten zur Verfügung stehen, noch ausgeprägter. Hier wird sein Raum durch die Flächen der Fenster, die innen und außen gleich sind, auf der Innenseite noch mehr beschnitten. Das hat in Groß St. Martin, wo der Architekt die gleiche Zahl von Bogenstellungen beibehalten wollte, zu einem reizvollen Rhythmus enger und weiter Bögen innen geführt.

Schon bei St. Gereon hat man sich etwas Geschickteres einfallen lassen: Außen wird eine etwa gleiche Breite der Fensterrahmungen und der Bögen, die die glatte Wandfläche rahmen, durch Abstufung des Fenstergewändes mit eingestellten Säulen erreicht. Sie wirken dadurch erheblich breiter als die eigentliche Fensterfläche, die allein innen in Erscheinung tritt. Sie ist hier aber trotz dieser Hilfsmittel immer noch merklich breiter als die von Säulen gerahmten Nischen, die mit ihren Fresken von Märtyrerheiligen hier die Zwischenräume füllen. Dem Auge fällt das aber kaum noch auf. Die Verschleierungstaktik des Architekten ist gelungen.

Diese Überlegungen machte sich der Architekt von St. Aposteln für seine Apsidenlösung am Trikonchos zunutze. Er konnte bei einem so weiten Raum weder aus technischen noch aus ästhetischen Gründen auf einen Laufgang vor den Fenstern im Obergeschoß verzichten. Dieser macht eine leichte Kontrolle des Bauzustandes möglich und gibt dem Raum einen wesentlichen Teil seiner Lebendigkeit mit wechselnden Überschneidungen und Durchblikken. Außen wiederholt der Architekt die Lösung von St. Gereon: ein mehrfach gestuftes Gewände, teils mit eingestellten Säulen. Innen verzichtet er auf die zahlengleiche Wiederholung der äußeren Gliederung. Statt dessen wird im Untergeschoß wie im Obergeschoß mit seinem Laufgang die Tiefe der Wand mit je drei Nischen geöffnet. Die Wand, schon dreifach im Trikonchos gerundet, wird noch einmal dreifach in Rundungen bewegt, denen die kräftigen Vertikalen der Vierungspfeiler und der Wände der Tonnengewölbe zwischen den Apsiden gegenüberstehen.

Vor dem Laufgang im Obergeschoß werden nun die Säulen, die in Groß St. Martin noch mit engen Abständen nebeneinander gestellt werden, paarweise mit einem Pfeiler verbunden. Dieser dient als Begrenzung der Fensternische und tritt deutlich als Wandstück der zweiten Wandschale der immer wieder zitierten Zweischaligkeit auf. Daß man hier zwei kleine Säulen an den Pfeiler setzt, ist das letzte Zeichen, die letzte Spur der aufgegebenen Konzeption, innere und äußere Gliederung der Apsiden zur Übereinstimmung zu bringen. Eine Säule, die dann auch größer hätte sein können, wäre vielleicht eine noch eindrucksvollere Lösung gewesen.

Auch der Anschluß des Trikonchos an das Schiff zeigt offensichtliches Experimentieren. Oberhalb der Öffnungen vom Trikonchos zu den Seitenschiffen sind unterhalb des Ansatzes der Tonnengewölbe je zwei Laufgänge eingeschaltet. Auf der Nordseite werden die beiden Laufgänge mit drei hohen Arkaden unten und fünf niedrigen oben versehen. Auf der Südseite wird der Höhenunterschied der beiden Geschosse geringer, und am unteren Laufgang treten bereits vier den fünf Arkaden oben gegenüber. Erst im Osten, wo jeweils zwei Konchen aneinanderstoßen, wird die endgültige Lösung erreicht. Bei gleicher Höhe der beiden Laufgänge mit je vier Arkaden werden unten die Bögen von kantigen Pfeilern getragen. Oben treten je zwei Doppelsäulen dazwischen. Damit wird das ausgewogene Gleichmaß erreicht, das die Konzeption des Trikonchos von St. Aposteln auch sonst auszeichnet. Die Vierungspfeiler und die weiten Triumphbögen leiten zur zentralen Kuppel mit ihrem achtseitigen Klostergewölbe über. Zwischen den Bögen sind Trompen (trichterförmige Gewölbekappen) eingeschoben, um vom Viereck zum Achteck überzuleiten. Über einem

ST. APOSTELN

kräftigen Gesims werden noch einmal Fenster geöffnet, und eine kleine Laterne gibt Licht für diesen zentralen Raum des so gestaffelten Kleeblattchores. Innen wirkt er wie außen fast als Zentralbau, ein Bild, das man immer als ausgewogen und klassisch empfunden hat. Auf seine Weise mag auch hier der Einfluß der Antike, den man besonders in der Plastik um 1200 immer wieder spüren kann, Ausdruck gefunden haben.

Details betonen die Geschlossenheit des Entwurfs. Die beiden östlichen Treppentürme werden, mehr queroval als rund, im Bereich der Konchen mit Wandgliederung, Plattenfries und Zwerggalerie in das Schwingen der Apsiden einbezogen. Die Giebel über den Apsiden, mit gestaffelten Nischen wohl für längst verlorene Skulpturen, werden in den kleinen Giebeln der Türmchen aufgegriffen. Dem Achteck der Türmchen in ihren oberen drei Geschossen entspricht wieder das Achteck des Vierungsturmes und der zierlichen Laterne. Von Osten her gesehen betont der weit entfernt stehende Westturm, den Kleeblattchor weit überragend, noch zusätzlich den Eindruck des Zentralbaus. So ausgewogen der Kleeblattchor auch wirkt – konstruktiv und statisch reicht das reine Mauerwerk nicht zur Sicherung des Bestandes aus. Das Gewölbe über der Vierung übt einen solchen Druck aus, daß bereits der mittelalterliche Architekt mit einem hölzernen Ringanker im Boden der Zwerggalerie des Vierungsturms arbeitete. Hilfsmittel, die in Stahl heute wieder aufgegriffen werden.

Außen ist auf der östlichen Konche neben einer Nische mit dem Abguß einer gotischen Marienfigur eine sauber vermauerte Tür zu erkennen. Dahinter führt eine kurze Treppe zum Laufgang hinter den Fenstern des Obergeschosses nach innen. Die Legende möchte gerne, daß sie entweder von Pilgrim oder von Heribert benutzt worden sei, um über die römische Mauer zum nächtlichen Gebet in die Kirche zu gelangen. Daß dem schon die Baugeschichte widerspricht, bringt uns einer Lösung der Frage, wozu die Tür dann diente, keinen Schritt näher. Immerhin hilft sie den Archäologen, die überzeugt sind, daß man die Tür von der nahe gelegenen Römermauer aus benutzte. Sie bestimmen mit der Schwellenhöhe der Tür die Höhe der römischen Stadtmauer (um 1200) auf 7,80 m, wovon heute gut zwei Meter unter dem Straßenniveau liegen.

Nach dem Neubau von Westturm und Kleeblattchor waren Schiff und westliches Querhaus immer noch in den Formen des frühen 11. Jahrhunderts stehengeblieben. Das ließ die Stiftskanoniker und offensichtlich auch fromme Stifter nicht ruhen. Ihrem Eifer verdanken wir den einzigen Anhalt für eine Datierung all dieser Bauarbeiten. Vor dem ganzen Trubel, den die Arbeiten am Schiff nun mit sich bringen würden, sollten die an verschiedenen Stellen in der Kirche untergebrachten und verehrten Reliquien sicher verwahrt werden. Eine kleine Urkunde, heute im Historischen Archiv, berichtet davon, daß Reliquien der 11 000 Jungfrauen zusammen mit anderen nun im Schrein untergebracht würden. Das geschieht zu der Zeit, im März 1219, als die Kirche eingewölbt wird, »Alberone laico viro religioso cum multa solicitudine hoc procurante«. Die Urkunde trägt das Siegel des Dechanten Gottfried von Binsfeld, der sich so etwas distanziert lobend darüber ausläßt, daß der fromme Laie Albero mit viel Mühe dafür sorgt. Wofür? Hier beginnen sich bereits die Meinungen zu trennen. Für die Einwölbung oder für die Unterbringung der Reliquien, um die es in der Urkunde doch geht? Hat Albero den Schrein gestiftet oder gemacht, hat er die Gewölbe

St. Aposteln, aquarellierte Zeichnung von C. Pronk 1729. Kölnisches Stadtmuseum

finanziert, oder sollte er der Architekt gewesen sein? Aber dann hätte Albero wohl auf dem Titel eines Magisters bestanden, wie ihn zu dieser Zeit z. B. Wolbero in Neuss in Anspruch nimmt. Günther Binding hat wahrscheinlich gemacht, daß Albero als Bauverwalter des Stifts tätig war. Wir haben damit einen Anhaltspunkt für die Datierung der Arbeiten an der Einwölbung des Schiffes. Vor diesen Arbeiten bringt man die Reliquien in Sicherheit. Das Schiff hatte noch die Gestalt des 11. Jahrhunderts, flach gedeckt und mit einer gleichmäßigen Reihe von Fenstern im Obergaden, die nicht auf die Pfeiler im Schiff ausgerichtet waren. Auf der Südseite des Schiffes sind die Fensterlaibungen des 11. Jahrhunderts noch gut sichtbar. An ihnen erkennt man auch, wie die neuen Fenster des frühen 13. Jahrhunderts durch die Joche nun paarweise zusammengefaßt werden. Dabei griff man die Vorgaben des alten Mauerwerks auf. Vor die alten Pfeiler wurde eine dünne zusätzliche Mauerschicht gesetzt, die nicht die alte Arkade nachzieht, sondern erst etwas höher ihren Bogen schlägt. Eine etwas seltsame Stufe entsteht dadurch. Aber das ist auch die einzige Ungeschicklichkeit. Ein kleinteiliger Rundbogenfries trägt darüber ein Gesims, auf dem sich ein Blendtriforium schon der neuen Gliederung in Joche unter den sechsteiligen Gewölben anpaßt.

Mit allerdings geänderter Konzeption werden – wohl nach einer Erholungspause für die Baukasse und mit einem neuen Baumeister – die Arbeiten im westlichen Querhaus fortge-

ST. APOSTELN

St. Aposteln 1948

setzt. Auch hier handelt es sich nur um eine Umgestaltung des salischen Baus, der schon durch den Bau des Westturms verändert worden war. Als vereinheitlichendes Gliederungselement wird das von einem Rundbogenfries getragene Gesims des Schiffes durchgezogen. Spitz gebrochene Bögen und eine reiche Gliederung der Wände, die den siebenteiligen Gewölben der Querhausquadrate entsprechen, formen den Raum. Im Untergeschoß werden die Blendbögen dreifach gestuft. Im Obergeschoß wird auf das Blendtriforium, wie es im Schiff erscheint, verzichtet. Das macht es dem Architekten möglich, die Fenster zu verbreitern und tiefer herabzuziehen. Ihre abgeschrägte Sohlbank setzt tief unter der Zone der Kapitelle an, auf denen die Rippen ruhen. An einer größeren Fülle von Licht spürt man noch heute den Erfolg der neuen Planung. Hier, in der westlichen Vierung, lag immer noch das Grab des Gründers, des Erzbischofs Pilgrim. Die hohen Ansätze der Basen der Vierungspfeiler zeigen noch heute an, daß das Bodenniveau der Vierung bis ins 17. Jahrhundert höher lag. Der Kölner Gelehrte Aegidius Gelenius, dem wir manche wichtige Nachricht über die Kölner Kirchen verdanken, war selbst bei den Abbrucharbeiten dabei. Man hatte die Anlage rings um das Monument für Pilgrim mit Mauern und Mäuerchen, Altären und Kapellchen, die im Laufe der Jahrhunderte gewachsen war, als eng, dunkel und störend empfunden. Die Enttäuschung war groß, als man das Monument öffnete und es leer fand. Erst in Mannestiefe darunter stieß man auf den eigentlichen Sarkophag Pilgrims und öffnete ihn. In einem neuen, barocken Monument wurden seine Gebeine danach untergebracht. Heute stehen sie in einem Marmorsarkophag der Jahrhundertwende in der Nordkonche, und der alte Sarkophag aus rotem Sandstein steht – wie gesagt – außen vor der Südkonche.

Bei diesen Arbeiten 1643/44 beseitigte man damit rings um das Monument für den Gründer Pilgrim den Apostelchor, schlug die Kryptagewölbe ein und schüttete den Raum zu, um in die Westwand des Turmes einen Doppeleingang einbrechen zu können. Statt der zwei Zentren in den beiden Chören entstand nun eine nach Osten ausgerichtete Längsachse. Dazu weißte man den Innenraum und baute neue Altäre ein. Trotz dieses brutalen Vorgehens können wir wiederum froh sein, daß kein Geld für einen völlig neuen Bau vorhanden war. Auch diese barocke Umgestaltung hatte keinen Bestand. Ende des 18. Jahrhunderts wurden neue Altäre errichtet. Vom Hochaltar, der bis zum Beginn unseres Jahrhunderts erhalten blieb, sind noch einige Apostelfiguren zu sehen.

Die große Verwandlung der romanischen Kirchen, die wir sonst gerne den Folgen der Säkularisation, der Aufhebung der Klöster und Stifte im Jahre 1802, zuschreiben, setzt hier schon vorher ein. Das Wirken der Aufklärung, dank dessen die Säkularisation so widerspruchslos zu vollziehen war, hatte an St. Aposteln schon vorher Spuren hinterlassen. 1786 wurde an der Nordseite des Schiffes der fast quadratische Saal abgebrochen, den die Pfarrgemeinde lange für den Wortgottesdienst benutzt hatte. Nun wurde der gesamte Gottesdienst vor dem Katharinenaltar in der Nordkonche gefeiert. Das allein wäre noch nichts Ungewöhnliches gewesen. Östlich der Halle lag der Friedhof der Gemeinde, der uns nachher in der Geschichte von Richmodis von Aducht wieder begegnen wird. Er wurde zum Neumarkt hin durch die römische Stadtmauer begrenzt. Mit Halle und Friedhof war die Zufahrt von der Apostelnstraße zum Neumarkt blockiert. Fuhrwerke mußten einen weiten Umweg

63

ST. APOSTELN

fahren. Jetzt entschloß man sich, den Friedhof aufzuheben, den Saal durch eine kleine Vorhalle zu ersetzen und erstmals seit Jahrhunderten eine neue Straße anzulegen. Kommende Zeiten zeichneten sich ab.

Mit dem Friedhof verschwand auch der Schauplatz einer der berühmtesten Kölner Sagen. Hier hatte Richmodis von Aducht ihr Grab gefunden. Plötzlichen Todes während einer Epidemie gestorben, war sie schleunigst begraben worden, und man hatte übersehen, daß die junge Frau nur scheintot war. Der Totengräber aber hatte ihren Schmuck, den man ihr mitgegeben hatte, nicht übersehen. Nachts kehrt er zurück. Als er den Sarg öffnet, richtet sich die Tote auf – der unfreiwillige Retter ergreift die Flucht. Richmodis eilt nach Hause und klopft – es waren unsichere Zeiten wie heute – an das verschlossene Tor. Als man ihrem Gemahl die Nachricht bringt, zu nächtlicher Stunde sicher etwas zitternd, seine Frau bäte um Einlaß, ruft er aus: »Eher laufen meine beiden Pferde die Treppe hoch in den Turm, als daß meine Frau da draußen steht!« – und hört zu seiner Freude (oder seinem Schrecken?) die Pferde die Treppe hinauftraben. Die so Gerettete soll ihrem Gemahl noch drei Söhne geboren haben, die allesamt Geistliche wurden. Zwei Pferdeköpfe an einem Treppenturm in der Richmodstraße am Neumarkt erinnern angeblich an diese Geschichte. Sie sind als Wappenzeichen der Familie Hackeney, deren fast fürstlicher Sitz dieser Hof am Neumarkt war.

In den zwanziger Jahren des 19. Jahrhunderts verschwanden die neue Vorhalle und die viel besuchte Nothelferkapelle. Ein Jahrzehnt später gingen Kreuzgang und Kapitelsaal unter, die Sakristei auf der Südseite des Kleeblattchores wurde abgerissen und mit ihr der letzte Rest der römischen Stadtmauer im Bereich von St. Aposteln. Nur die Kirche selbst blieb. Aber sie blieb nicht unverändert. Bis heute ist eine Fülle von Restaurierungsarbeiten über den Bau hinweggegangen. Mehrfach sind die Eingänge verlegt worden. Ende des 19. Jahrhunderts hat man die Gewölbe, die zu Beginn des 19. Jahrhunderts in Holz ersetzt worden waren, in Stein erneuert. Im gleichen Durchgang hat man einen großen Teil der alten Außenhaut des Mauerwerks ersetzt und dabei auch das westliche Querhaus, das ursprünglich fast glatte Wände aufwies, im Streben nach Harmonie mit Lisenen und Rundbögen versehen.

Den eigentlichen Triumph des Historismus in seiner letzten Phase aber erlebte das Innere. Unter Pfarrer August Savels (1888–1915) entstand eine Ausstattung mit Mosaiken in den Gewölben und auf den Wänden, die an Reichtum weithin ihresgleichen suchte. Aber nur auf der Nordseite des Westquerschiffs ist ein Mosaikfeld mit der Darstellung des Guten Hirten erhalten. Pfarrer Savels hatte es von seiner Gemeinde als Stiftung zum goldenen Priesterjubiläum erhalten. Alles andere (und vieles wäre noch zu retten gewesen) hat man bei der günstigen Gelegenheit des Wiederaufbaus nach dem letzten Krieg untergehen lassen. Es ist immer das Geschick von Ausstattungen, daß sie der jeweils nächsten Generation mißfallen und dann meist auch zum Opfer fallen. Das belebt die Wirtschaft, und den nachfolgenden Kunsthistorikergenerationen werden so ständig neue ergiebige Dissertationsthemen geliefert.

Richmodis-Sage, Kupferstich des 17. Jh.

Heute steht man fast ratlos vor den Problemen einer neuen Ausstattung. Ein erster Versuch ist im Kleeblattchor unternommen worden. Der Kölner Bildhauer Sepp Hürten hat den Altarbereich neu gestaltet. Es entstand ein zierlicher Altar unter Verwendung romanischer Säulchen. Darüber greift ein Leuchter mit eucharistischer Taube mittelalterliche Vorbilder auf. Der Versuch wird durch die Ausmalung des Gewölbes nach Entwürfen von Willy Weyres und Manfred Ott ergänzt. Im westlichen Querhaus sind zur Zeit weitere Versuche zu sehen.

Von den Ausstattungen vergangener Jahrhunderte blieben nur Einzelstücke erhalten. Manche sind von hoher Qualität. Zum Kirchenschatz gehört dabei ein *Kelch* des frühen 13. Jahrhunderts, aus der Blüte der staufischen Bauzeit, der mit einer gravierten Reihe der Apostel auf der Kuppa den Titel der Kirche aufgreift (Farbt. 4). Die gestanzten Medaillons auf dem Fuß mit den Szenen von Verkündigung, Geburt, Kreuzigung und den Frauen am Grabe sind von noch weiteren Exemplaren an anderen Kelchen bekannt. Ein Beispiel für die ›ars multiplicata‹ des hohen Mittelalters. Das elegante Filigran des Nodus erinnert an die Knäufe des Anno-Schreins in Siegburg. Zum Kelch gehört die Patene mit der Darstellung Christi als Richter des Jüngsten Gerichtes. Aus derselben Zeit stammt auch das erhaltene *Typar des Stiftssiegels*. Spitzoval zeigt es Maria inmitten der zwölf Apostel (Abb. 7).

ST. APOSTELN

St. Aposteln, Nordansicht. Kupferstich 1801.
Kölnisches Stadtmuseum

Später, um 1330, sind die *Skulpturen der zwölf Apostel* entstanden. Man spürt noch die Verwandtschaft mit den Steinskulpturen des Domchores, auch wenn mehr als eine Generation Abstand dazwischen liegt. Ohne Spuren der einstigen farbigen Fassung verraten sie auch nicht mehr ihre ursprüngliche Bestimmung. Für den Schmuck eines Chorgestühls erscheinen sie fast zu zierlich. Eher könnte man sie sich als Teil eines Flügelaltares, wie des Klarenaltares im Dom, vorstellen.

Spätmittelalterlich sind die Skulpturen *Christi als Schmerzensmann* (um 1450) und des höfisch-eleganten St. Georg, dem die Überwindung des Bösen mit der gleichen Leichtigkeit gelingt wie seinem etwas älteren Gegenstück, einem Erzengel Michael, in St. Andreas (um 1480).

Von sehr unterschiedlicher Qualität sind die *Vierzehn Nothelfer* aus der untergegangenen Nothelferkapelle. 16. bis 18. Jahrhundert versammeln sich zu einem bunten Reigen.

Vom Stolz der Pfarrgemeinde, die manches Mal um ihren Platz in der Stiftskirche kämpfen mußte, kündet noch das riesige Gemälde mit dem *Martyrium der Heiligen Katharina von Alexandria*. Der Kölner Maler Johann Wilhelm Pottgießer hatte den Auftrag für 100

Reichstaler übernommen. Der ursprüngliche Standort des Katharinenaltars war die nördliche Konche des Kleeblattchores. Ein Pfarraltar wird zwar erstmals 1251 als »altare civium« – Altar der Bürger – erwähnt, aber die Seelsorge im neuentstandenen Vorort vor den Mauern des römischen Köln war ja der Anlaß gewesen für den Bau der ersten kleinen Kapelle und schließlich die Gründung des Stiftes. Die Organisation der Stiftsherren hatte längst Eigenleben entwickelt. Mit Chorgebet, Gottesdienst und Verwaltung ihrer Güter waren sie voll ausgelastet. Nur noch einer unter ihnen nahm die Aufgaben des Pfarrers wahr. Für den Wortgottesdienst der Pfarre hatte man schließlich die Halle an der Nordseite erbaut. Nur noch für das eigentliche Meßopfer zog die Gemeinde zum Kreuzaltar in der Mitte des Schiffs. Auch das scheint die Stiftsherren belästigt zu haben. Ende des 15. Jahrhunderts muß der Pfarrgottesdienst wegen Bauarbeiten zum Katharinenaltar in die Nordkonche verlegt werden. Anschließend verweigert das Kapitel der Gemeinde die Rückkehr an die gewohnte Stelle. Ein Prozeß geht für die Gemeinde verloren. Sie zieht sich endgültig an den Katharinenaltar zurück und darf die Nordkonche 1582 sogar mit einem eisernen Gitter abtrennen.

Der Katharinenaltar war als Gegenstück zum Laurentiusaltar in der Südkonche entstanden. Hierfür hatte der Freiherr Johann Adolph von Wolff-Metternich 1643, im Rahmen der großen barocken Erneuerung, ein Altarbild mit der *Himmelfahrt Mariens* von der Hand Johann Hülsmanns gestiftet. Sein Thema ist dem Bild zum Schicksal geworden. Es ist heute als Leihgabe Teil des rekonstruierten Hauptaltars in St. Mariae Himmelfahrt, dessen ursprüngliche Ausstattung im letzten Krieg untergegangen ist.

Im Untergeschoß des Turmes hängt ein Gemälde mit einer vorzüglichen Darstellung des Erzengels Michael (Farbt. 3). Es ist 1838/39 vom Kölner Maler Otto Mengelberg geschaffen worden und wurde sofort für die Kirche St. Aposteln erworben. Das Bild ist eine der schönsten Kölner Arbeiten im Geiste der Nazarener.

St. Caecilien

Farbt. 5, 20, 22; Abb. 13–17

Idyllisch gelegen, bietet St. Caecilien zusammen mit der Pfarrkirche St. Peter das letzte Beispiel des in Köln einst fast selbstverständlichen Nebeneinanders von Stiftskirche und Pfarrkirche. Seit 1956 dient die schlichte Kirche als Behausung des Schnütgen-Museums, der großen Kölner Sammlung mittelalterlicher und späterer kirchlicher Kunst neben dem Diözesan-Museum. Der kirchliche Charakter geht dabei nicht verloren. Zweimal im Jahr, am Fest der Namenspatronin und zu Weihnachten, da einst die Kölner Erzbischöfe hier zelebrierten, wird noch Messe gefeiert. Karl Band hat im Nordwesten einen Eingangs- und Verwaltungsbau zurückhaltend angefügt. Eine gepflegte Grünanlage rahmt das Ensemble.

Die Idylle täuscht freilich. Heftige Kämpfe und Auseinandersetzungen haben sich rings um St. Peter und St. Caecilien abgespielt. Damit ist weniger der Aufruhr gemeint, mit dem die Pfarrgemeinde reagierte, als die Äbtissin 1667 einen nicht genehmen Pfarrer einsetzen wollte; man rottete sich in der Stiftskirche zusammen und gab der Empörung deutlichen Ausdruck. Viel dramatischer waren die Auseinandersetzungen im späten 15. Jahrhundert um die Besetzung des Stiftes und andererseits die wissenschaftlichen Auseinandersetzungen um die Lage des Alten Doms.

Nach einer mittelalterlichen Fassung der Maternus-Legende, die das Leben und Wirken des ersten Kölner Bischofs schildert, wurde nämlich hier der erste Dom gegründet. Das Patrozinium der Pfarrkirche St. Peter erinnerte an den Dom, und die Gründung des Stiftes St. Caecilien gerade in den Jahren um 870, als durch Erzbischof Willibert (870–89) der neue Dom geweiht wurde, sah nach einer Ersatzlösung zur Nutzung des Alten Domes aus. Man hat darüber lange spekuliert. Doch die Grabungen unter dem Dom nach dem Kriege haben gezeigt, daß dort schon vor Willibert und vor der karolingischen Zeit die Kölner Kathedrale stand. Und die Grabungen in St. Peter und St. Caecilien gaben zwar Aufschlüsse über den römischen Thermenbezirk in diesem südwestlichen Bereich des römischen Köln, ließen aber keine konkreten Spuren von Kirchenbauten vorkarolingischer Zeit erkennen. St. Peter – schon die berühmte *Kreuzigung Petri* von Peter Paul Rubens ist den Besuch wert – beginnt seine Laufbahn im 10./11. Jahrhundert als Pfarrkirche des älteren Damenstiftes.

Der Zeitraum der Gründung des Stiftes läßt sich eingrenzen. St. Caecilien wird gegenüber dem von Erzbischof Bruno (953–65) neu begründeten Benediktinerinnenkloster St. Maria im Kapitol mehrfach im 10. und 11. Jahrhundert als das ›alte Kloster‹ bezeichnet. In der

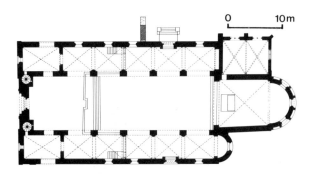

St. Caecilien, Grundriß

berühmten Güterumschreibung Erzbischof Gunthars aus dem Jahre 866, in der die Stifte ein festgelegtes Eigentum zugesichert erhalten, wird St. Caecilien aber noch nicht erwähnt. Vielleicht hat Erzbischof Willibert es bald danach gegründet. Denn als man 881 aus Köln vor den Normannen flüchtet, werden neben den Geistlichen auch Nonnen erwähnt. Seit dem Ende des 15. Jahrhunderts rechnet man mit einem Gründungsjahr 888.

Vielleicht stammt aus dieser Gründungszeit die sogenannte *Glocke des heiligen Kunibert*, die heute im Kölnischen Stadtmuseum hängt. Sie ist einst in St. Caecilien bei Gewitter, zum Tode eines Stiftsmitgliedes und am Tag des heiligen Kunibert geläutet worden. Die Legende berichtet, daß sie von Schweinen aus dem Morast gewühlt und dann von Bischof Kunibert für St. Caecilien neu geweiht wurde. Wie eine Kuhglocke – nur erheblich größer – ist sie aus Eisenplatten zusammengenietet. Ähnliche Glocken kennt man aus dem frühen Irland, eine andere hat man vor kurzer Zeit aus dem Hafen der Handelsstadt Haithabu bei Schleswig geborgen.

Den ersten Erwähnungen von St. Caecilien mag ein einschiffiger Kirchenbau entsprechen, den die von Elisabeth Maria Spiegel publizierten Grabungen mit rechteckigem Chor, in dessen Mitte ein aufgegebener Brunnenschacht lag, nachgewiesen haben. Gebaut wurde eifrig wieder um die Mitte des 10. Jahrhunderts. Erzbischof Wichfried (924–53) stattete das Stift der vornehmen Damen im Jahre 941 reich aus. Er schickte Abgesandte zu ihnen, die sie beim Gottesdienst in ihrem neuen, sehr prächtig wiederhergestellten Bau beobachteten. Beeindruckt von der Frömmigkeit, aber auch beeindruckt von den Klagen, daß die Erträge der Güter nicht für die Ernährung während eines ganzen Jahres ausreichten, kehrten sie an den Hof des Erzbischofs zurück. Noch in der Urkunde, die mit reichen Gaben dem Mißstand abhilft, finden die tränenerstickten Stimmen der adligen Frauen ausdrücklich Erwähnung. Die reiche Schenkung scheint die Baulust des Stiftes erneut belebt zu haben. In Erzbischof Brunos Testament im Jahre 965 werden die Damen wieder reich bedacht, darunter mit 50 Pfund Silber für die Vollendung des Stiftes. Dabei mag auch eine Rolle gespielt haben, daß Bruno ihnen die Reliquien des hl. Evergislus übergeben hatte. Bruno war des Glaubens, in Termogne die Reliquien seines Vorgängers aus dem späten 6. Jahrhundert entdeckt zu haben. Diese kostbare Gabe, mit der die Heiligen des Heiligen Köln wieder an Zahl und Gewicht zunahmen, mag den Anlaß zu erneutem Bauen gegeben haben.

ST. CAECILIEN

St. Caecilien, Dachreiter vor 1786. Ausschnitt aus dem Holzschnitt von Anton Woensam 1531

Der ergrabene Grundriß der Kirche dieser Zeit zeichnet bereits die dreischiffige Grundform des heutigen Baues vor. Der Rechteckchor bleibt; im Westen wird eine Krypta eingebaut. War sie für Evergislus bestimmt? Die Ostteile der heutigen Krypta gehören noch zu diesem Bau, während die Westteile im 11. oder 12. Jahrhundert überarbeitet wurden. Noch ungewöhnlicher ist als Überrest der Architektur des Stiftes Mitte des 10. Jahrhunderts der sogenannte Fränkische Bogen. Er bildet heute neben dem verschlossenen Nordportal den Durchgang zum Museumseingang. Kräftig ergänzt und restauriert, ist er ein stolzes Zeichen. Bis 1851 waren noch insgesamt vier solcher Bögen in einer Reihe erhalten. Die Grabungen haben die Fundamente zu einem Innenhof ergänzen können, der etwa 14 × 17 m groß war. Davon bildete unser Bogen einen Teil der Ostseite. Das Material des Bogens, Tuff mit dekorativem Ziegeldurchschuß, erinnert an die Gestaltung des Westwerks von St. Pantaleon. So großzügig, wie dieser Bogen es erahnen läßt, ist an St. Caecilien nie wieder gebaut worden.

Aber schon in der Lebensbeschreibung Erzbischof Annos (1056–75), die in den ersten Jahren des 12. Jahrhunderts vollendet wird, spricht man von den Bauten des Stiftes als »antiquae structurae«, altertümlichen Bauten. Mitte des 12. Jahrhunderts entsteht, ohne daß uns Baunachrichten überliefert wären, der heutige Bau. Es ist eine schlichte dreischiffige Pfeilerbasilika ohne Querhaus, auch ursprünglich flach gedeckt, die nun entsteht. Nur der

Westteil der Nordwand der Kirche wird teilweise vom alten Bau übernommen. Beide Seitenschiffe waren mit kleinen Apsiden geschlossen. Auf der Nordseite hat man die Apsis Ende des 15. Jahrhunderts durch eine Sakristei ersetzt. Aber damit greifen wir schon den dramatischen Ereignissen am Ende des Mittelalters vor.

Gegenüber dem Vorgängerbau des 10. Jahrhunderts mit seinem kleinen Rechteckchor ist das große Chorjoch, eingewölbt und ganz schlicht in der Wandgliederung, mit der runden Apsis der wesentliche Fortschritt. Die gewandelte Liturgie der Zeit forderte Raum für die Kanoniker des Stiftes, während den Damen die Empore im Westen über der Krypta vorbehalten war. Hier wurde eine zierliche Säulenstellung vor die übernommene Krypta vorgeschaltet, und der kleine Vorbau trug wohl den Altar des Stiftschores. Damit war fast der heutige Zustand erreicht. Allerdings sah die Westfassade, die in den Bereich der westlich vorgelagerten Stiftsgebäude einbezogen war, lebendiger aus. Der Breite des Mittelschiffs entsprechend war das Mittelschiff nach Westen, als niedriger Westchor ausgebaut, mit einem großen Portal versehen. Als der Kölner Stadtbaumeister Johann Peter Weyer die Kirche in sein neuerbautes Bürgerhospital einbezog, wurden Stiftsgebäude und Westchor der Kirche abgebrochen. Er entwarf – frühe Neuromantik – eine neue Westfassade. Ihr modern vermauertes Portal lohnt trotzdem einen Blick, besonders seit der ›Sprayer von Zürich‹, Harald Naegeli, 1980 hier seine Darstellung des *Todes* hinterließ (Abb. 13). Mit einer das Portal sprengenden Geste greift seine Figur eines der vorherrschenden Themen des Schnütgen-Museums auf. Anton Legner, Direktor des Museums, hat die Bedeutung des Bildes sofort erkannt – es ist wohl die einzige dieser Arbeiten in Köln, die nicht beseitigt, sondern inzwischen sogar konservatorisch gesichert worden ist.

Aber zurück zum romanischen Bau des 12. Jahrhunderts. Schlicht kreuzgratgewölbt sind die Seitenschiffe und der Chor. Die rechteckig geschnittenen Pfeiler trennt nur eine schmale Deckplatte mit Wulst, Kehle und Platte von den ausgewogenen Bögen der Arkaden. Das gleiche Profil wiederholt das Gesims über den Arkaden. Glatte Wand darüber und im Chor wird freigehalten für Wandmalereien. Der Chorbereich wird durch Stufen, einen hochangesetzten Triumphbogen und über den Chorfenstern verlaufendes Gesims deutlich vom Mittelschiff abgesetzt. Nur die Apsis ist reicher gegliedert. Eine kleine Muldennische im Scheitel der Apsis war mit einem Okulus nach Osten geöffnet. Innen vermauert, ist das Rund des Okulus außen erhalten. Das gleiche Fenstermotiv findet sich etwa zur selben Zeit an der Palastkapelle der unter Kaiser Barbarossa erneuerten Pfalz von Nymwegen.

Über einem glatten Untergeschoß, in dem der Okulus, mit Kehle und Wulst gerahmt, die Straffung der Wand noch betont, steht die Gliederung des Obergeschosses auf einem Gesims. Sieben von Säulen getragene Arkaden umfassen Fenster und Wandflächen. Darüber trägt ein kräftiger Rundbogenfries das massige Traufgesims. Der Giebel des Chorjochs ist erst nach dem Krieg erneuert worden. Ihm fehlt die gliedernde Nische in der Mitte. Dagegen gehören die seitlichen Strebepfeiler, die die Apsis rahmen, zum ursprünglichen Zustand. Nur an der Apsis zeigt sich gegenüber der kargen Architektur der Kirche, in der vielleicht noch der Charakter des Vorgängerbaus nachklingt, der erwachende Reichtum kölnischer Romanik. Ein Bauteil, der noch lebhafter davon sprach, ist erst 1787 verlorengegangen: ein

ST. CAECILIEN

wohl hölzerner Dachreiter, von steinernen Sprengbögen über dem Schiff getragen, ist schon auf Anton Woensams Holzschnitt zu sehen. Als kleiner Zentralbau erinnert er an ähnliche Konstruktionen, die auf den Bauten von Groß St. Martin oder St. Aposteln thronten. Diese sind schon viel früher, beim Bau der heutigen Kirchen, zerstört worden. Aber Verwandte dieser seltsamen Holzarchitekturen entdeckt man ebenso in der Buchmalerei oder dem Kunstgewerbe der Zeit. Der barockisierende Dachreiter von 1787 war wenigstens ein optischer Ersatz. Heute fehlt dem Dach jegliche Belebung.

Für die entscheidende Bauphase von St. Caecilien haben wir keine Nachrichten. So können nur die Vergleiche z. B. mit St. Pantaleon die Datierung in die Mitte des 12. Jahrhunderts erbringen. Am Abschluß der Arbeiten stand wohl das Anbringen des *Tympanons im Nordportal* (Abb. 17). Bis ins frühe 19. Jahrhundert war es geschützt durch die davor angebaute Maternuskapelle, in der man den legendären Gründer des ersten Doms an dieser Stelle zur Erhöhung des eigenen Ansehens verehrte.

Zeichnungen aus der Zeit vor dem Abbruch der Kapelle belegen, daß das Tympanon schon immer so ungeschickt hier angebracht war. Eine genaue Untersuchung hat ergeben, daß es mit der Darstellung der hl. Caecilia eigentlich für einen im Radius 8 cm weiteren Rahmen gedacht war. Das ist nicht viel, aber es verhilft der Heiligen zum ungeschickten Versinken in der Bodenzone, auf der ihr Gemahl Valerian und dessen Bruder Tiburtius knien. Rekonstruiert man den um 8 cm weiteren Radius, kann auch Caecilia auf der Sockelzone angesetzt werden und reicht dann mit ihrem Kopf zur gleichen Höhe auf. Alle drei tragen – in Blei – die Palme des Märtyrers, und der Engel reichte Caecilia einst den Märtyrerkranz.

Inzwischen hat man über dem Nordportal einen Abguß angebracht und das Original in der Kirche aufgestellt. Neben dem etwa gleichzeitigen Tympanon des Nordportals aus St. Pantaleon, das ebenfalls im Schnütgen-Museum zu sehen ist, tritt es durch seine erhaltenen Köpfe in den Vordergrund. Die eingesetzten Glasflüsse als Augen, die einen Hauch von Lebendigkeit einfügen, sind allerdings ergänzt. Man kann aber so auch die Rückseite der einzelnen Platten besichtigen und feststellen, daß der hl. Tiburtius einst für den freigelassenen Marcus Fabius Cerialis als Grabstein diente. Zusammen z. B. mit der *Siegburger Madonna*, ebenfalls im Schnütgen-Museum, oder den *Gustorfer Chorschranken* im Bonner Landesmuseum oder der älteren *Plektrudis-Grabplatte* in St. Maria im Kapitol haben wir in diesem Tympanon eines der wenigen Zeugnisse Kölner Plastik um 1160 vor uns.

Der hl. Valerian war von seiner Braut Caecilia in der Hochzeitsnacht vom christlichen Ideal der Jungfräulichkeit überzeugt worden und hatte sich taufen lassen. Seinen Bruder Tiburtius gewann er ebenfalls für das Christentum. Alle drei erlitten das Martyrium. Die Umschrift hält den Stiftsdamen ausdrücklich dieses Ideal der Jungfräulichkeit vor: »VOS QUI SPECTATIS HEC P(RAE)MIA VIRGINITATIS – EXSPECTATE PARI PARITER VIRTUTE BEARI« – Ihr, die ihr diesen Lohn der Jungfräulichkeit erblickt, hofft durch gleiche Tugend gleichfalls selig zu werden. Das scheint nie sehr viele Damen überzeugt zu haben. Andere Stifte in Köln, wie St. Maria im Kapitol oder St. Ursula, scheinen reicher und attraktiver gewesen zu sein.

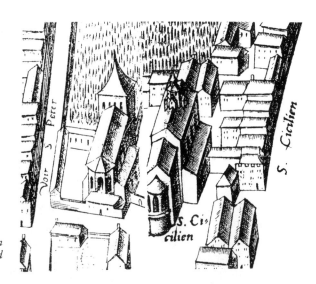

St. Caecilien, Ausschnitt aus dem Vogelschaustadtplan des Arnold Mercator von 1571. Kupferstich

Im 13. Jahrhundert gibt es noch einmal einen kurzen Aufschwung. Nachdem man zu Beginn des Jahrhunderts in der Kirche die Reliquien eines Märtyrers Paulinus entdeckt hat, haben Äbtissin und Konvent mit dem Bau einer prunkvollen Kapelle begonnen. So zumindest schildert Erzbischof Konrad von Hochstaden in der Urkunde von 1261 den Stand der Dinge, als er für die Vollendung der Kapelle einen Ablaß erteilt. Ob er damit Erfolg hatte, wissen wir nicht. Der Ablaß bietet so zwar eine Baunachricht und offenbart die Finanzschwäche der Stiftsdamen, aber es weist nichts mehr auf den Bau selbst hin. Es zeichnet sich das klassische Dilemma der Bauforschung ab, daß wir einen Bau des 12. Jahrhunderts ohne Baunachrichten vor uns haben und dazu Baunachrichten des 13. Jahrhunderts ohne einen dazugehörigen Bau.

Spuren der Aktivitäten des 13. Jahrhunderts zeigen sich nur noch in den *Wandmalereien des Chorjochs*. Schon im 19. Jahrhundert stark restauriert, entschlüsseln sie sich heute nur noch schemenhaft. Auf der Südseite des Chores wird das Leben Christi geschildert, auf der Nordseite wird die Legende der hl. Caecilia erzählt. Der Aufwand für den Kapellenbau und die Fresken wird die Finanzsituation des Stiftes und seine Schuldenlast noch verschärft haben.

Nur aus solchen Schwierigkeiten ist zu erklären, daß sich Ende des 15. Jahrhunderts keine adligen Fräulein mehr bereit erklären, hier einzutreten. Es ist eine stolze Frau, Elisabeth von Reichenstein, die zum Schluß allein als Äbtissin das Regiment führt. Sie ist jung eingetreten. Auf dem berühmten Bild Stefan Lochners im Diözesan-Museum, der *Madonna mit dem Veilchen*, erscheint sie als Stifterin noch als einfache Stiftsdame, ohne die Zeichen ihres späteren Amtes. Mit Entsetzen muß sie erlebt haben, wie manche ihrer Kolleginnen das Stift für bessere Pfründen in anderen Stiften verließen, andere starben; schließlich, 1474, lebt sie

ST. CAECILIEN

St. Caecilien 1946

allein. Im Chor der Kirche findet weder Gottesdienst noch Chorgebet statt. So wäre es sicher noch einige Zeit weitergegangen, hätte nicht Karl der Kühne 1474 begonnen, Neuss zu belagern. Furcht, man könne das nächste Opfer sein, griff in Köln um sich. Um dem Feind vor den Mauern der Stadt keinen Stützpunkt zu geben, mußten die Augustinerinnen des Klosters Weiher ihre Bauten räumen. Die Gebäude wurden dem Erdboden gleichgemacht und die Nonnen erst einmal in Köln behelfsmäßig untergebracht.

Das war für die etwa fünfzig Nonnen nicht lange zu ertragen, und nach Beratung mit dem Rat der Stadt Köln weist der päpstliche Legat Alexander von Forlì ihnen das fast leere Stift St. Caecilien zu. Elisabeth von Reichenstein kämpft verzweifelt um ihr Recht, um das Recht des Adels, der einst das Stift reich beschenkt und ausgestattet hatte. Sie führt einen Prozeß in Rom und verliert. Lange Jahre hindurch bewegt das die Gemüter. Es ist für mittelalterliche Verhältnisse etwas Ungewöhnliches geschehen: Alte Rechte wurden aufgehoben. Erst mit dem Tode der hartnäckigen Elisabeth 1485 endet der Streit. Die Augustinerinnen haben sich inzwischen häuslich niedergelassen. Sie fügen nicht nur die Sakristei an, sondern lassen auch ein Gewölbe ins Mittelschiff einziehen, das nach den Zerstörungen des letzten Krieges nicht erneuert wurde. Geht man heute durch die Schätze des Schnütgen-Museums, das nach dem letzten Krieg hier seine Unterkunft gefunden hat, ahnt man kaum noch in der tiefen Stille des Raums, welche Dramen sich hier abgespielt haben.

Zu diesen Schätzen, deren Grundstock der Kölner Domkapitular Alexander Schnütgen (1843–1918) sammelte und der Stadt Köln vermachte, gehört manche Kostbarkeit aus den romanischen Kirchen Kölns. Zentrum des Kirchenraums ist der *Kruzifixus aus St. Georg*, den Altar schmückt das *Antependium aus St. Ursula*. Ende des 12. Jahrhunderts entstanden, hat man es Ende des 14. Jahrhunderts der Treibarbeiten beraubt und in Malerei ergänzt. Im unteren Teil hat dann Mitte des 19. Jahrhunderts Johann Ramboux die Malerei wieder erneuert. Eine Fülle von *Ursulabüsten* zeugt vom Reichtum der Produktion, von der Ausstrahlungskraft des Heiligen Köln.

An dessen Anfänge erinnert der *Elfenbeinkamm des Erzbischofs Heribert* oder der *Buchdeckel aus St. Gereon* mit den Gestalten der Heiligen Victor und Gereon, die die Thebäische Legion führten. Mit manchem anderen kann man diese kurze Aufzählung ergänzen. Vieles hat eine längere Wanderschaft hinter sich, wie das *Evangeliar aus St. Maria Lyskirchen*, das einst dem Stift St. Georg gehörte. Von anderen Stücken ist unbekannt, aus welcher, vielleicht Kölner Kirche sie stammen. So können die Schätze des Schnütgen-Museums unser Bild von der Ausstattung und vom Glanz der Liturgie der romanischen Kirchen ergänzen und bereichern.

St. Georg
Abb. 18–23

Die Lage der ehemaligen Stiftskirche St. Georg zu Fuß zu erkunden, ist trotz des dichten Verkehrs reizvoll – auch braucht man dann keinen Parkplatz zu suchen. Man folgt der Hohe Straße, der Nord-Süd-Achse der römischen Stadt, immer weiter nach Süden, wo das Sehnen der nach Köln verschlagenen römischen Soldaten und Offiziere schon den Weg nach Rom ahnen mochte. Noch bevor man die Linie der römischen Stadtmauer mit der Straße Blaubach/Mühlenbach quert, führt sie etwas abwärts. Das Plateau, auf dem die römische Stadt sich erhob, fand seine südliche Begrenzung im Einschnitt, den der heute unter der Straße fließende Duffesbach gelegt hatte. Die heutigen, bis ins Mittelalter zurückreichenden Straßennamen erinnern noch an die anrüchigen Tätigkeiten der Färber und Gerber, die hier die notwendigen Wassermengen zur Verfügung hatten. Der Waidmarkt, der südlich anschließende Platzbereich, erinnert an den Handel mit der einheimischen Farbpflanze, die einen blauen Farbstoff lieferte. Kölner Blau war berühmt. Die Fäden wurden oft schon vor dem Verweben eingefärbt, und mit ihrem Einfluß auf den Handel mit dem Farbstoff war auch die Qualitätskontrolle gesichert. Reichtum blieb nicht aus. Ebensowenig fehlten Streitigkeiten, und das Marktgericht der St. Jakobs-Bruderschaft, in der die Waidhändler sich zusammengeschlossen hatten, war gut beschäftigt. Die reiche Bruderschaft gehörte zur Pfarrkirche des Stiftes, stolzer Nachbar der Kanoniker, zu Beginn des 19. Jahrhunderts wie viele andere untergegangen. Ihren Standort markiert jetzt etwa der Hermann-Joseph-Brunnen Wilhelm Albermanns.

Mit dem Untergang von St. Jakob tritt die Wucht, mit der der massige Klotz des Westbaus von St. Georg die Straße zum Ausweichen zwingt, noch klarer hervor. Jahrhundertelang zog die römische Straße in gerader Linie nach Süden. Inmitten der Häuserzeile der Vorstadt lag an der Stelle von St. Georg eine Benefiziarierstation, eine Polizeistation, etwas bescheidener freilich als das Polizeipräsidium, das nach dem letzten Krieg gegenüber unserer Kirche entstand. In römischer Zeit wurde an dieser Stelle der Verkehr unter Kontrolle gehalten. Dafür setzte man altgediente Soldaten, Benefiziarier, ein.

Ausgrabungen in der Kirche 1928–30 haben gezeigt, daß man die Mauern dieser Polizeistation später für einen kleinen Kirchenbau benutzt hat. Der Altar dieser Kirche lag genau an der Stelle des Kreuzaltars der Stiftskirche, ein wenig östlich des heutigen Vierungsaltares von Sepp Hürten. Der Altar des kleinen Vorgängerbaus hatte offensichtlich den Standort des

Kreuzaltars der Stiftskirche bestimmt. Und damit war fast vorauszusehen, daß mit Schiff und Westbau die Straße in Bedrängnis geraten würde. Heute eine geradezu unerhörte Vorstellung, daß man eine Straße verlegen könnte, um den Altar nicht versetzen zu müssen.

Aber damit haben wir vorgegriffen. Ungeklärt ist bis heute, wann die Mauerreste der römischen Benefiziarierstation für die kleine Kirche benutzt wurden. Es entstand eine dreischiffige Anlage mit einer Ostapsis, in deren Mittelpunkt der erwähnte Altar stand. Die schmalen Mauern können nur einen offenen hölzernen Dachstuhl getragen haben. Die Ergebnisse der Ausgrabungen, die erst nach dem Zweiten Weltkrieg von Otto Doppelfeld ausführlicher publiziert worden sind, haben keinen Anhaltspunkt für die Datierung der kleinen Kirche (16,5 × 11,5 m) ergeben. Hugo Borger vermutete eine spätrömische Kirche, Fried Mühlberg schloß auf eine Entstehung im 7. Jahrhundert.

Eine Erwähnung des Vorgängerbaus der heutigen Kirche erfolgt erstmals im 16. Jahrhundert. Es ist Hermann von Weinsberg, zur Pfarre St. Jakob gehörig, der vom Hörensagen zu erzählen weiß, daß Erzbischof Anno sein Stift St. Georg an der Stelle einer Klause des hl. Caesarius erbaut habe. Auch der zuverlässigere Aegidius Gelenius erwähnt diese Überlieferung 1645. Der Märtyrer Caesarius von Terracina wird seit dem 6. Jahrhundert in Rom verehrt. Das ist ein Anhaltspunkt, wenn wir Hermann von Weinsberg und Aegidius Gelenius überhaupt trauen wollen. Interessanter ist dann aber noch die Nachricht, daß Papst Leo III. im Jahre 810 Reliquien des Caesarius an Erzbischof Riculph von Mainz gab. Hat damals der Kölner Erzbischof Hildebold einen Anteil erhalten? Und daraufhin vor den Toren seiner langsam aufblühenden Stadt eine Kapelle begründet? Nach dem Normannen-

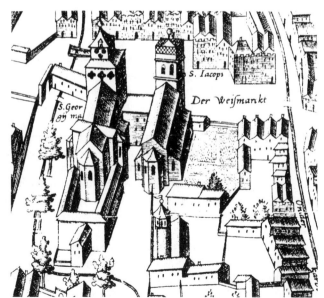

St. Georg, Ausschnitt aus dem Vogelschaustadtplan des Arnold Mercator von 1571. Kupferstich

ST. GEORG

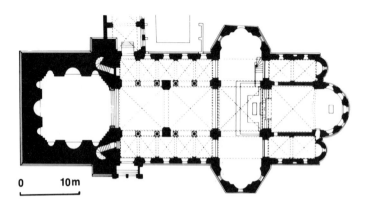

St. Georg, Grundriß

sturm des Jahres 881/82 wird die Kapelle erst einmal wieder Ruine gewesen sein. Die Lebensbeschreibung Erzbischof Annos, in den ersten Jahren des 12. Jahrhunderts geschrieben, erwähnt keinen Vorgängerbau, aber sie notiert auch nicht einmal das exakte Gründungsjahr des Stiftes.

Caesarius-Reliquien finden jedenfalls schon bei der Weihe der Stiftskirche St. Maria im Kapitol durch Erzbischof Anno im Jahre 1065 Erwähnung. Ein spätes Reliquienverzeichnis des Stiftes St. Georg zählt zwei Reliquiare mit Caesarius-Reliquien auf. Bei einem dort erwähnten Armreliquiar könnte es sich um die Armreliquien handeln, die Anno im Jahre 1070 aus Rom mitbrachte und in der St. Jakobs-Kapelle niederlegte, aus der sich später die Pfarrkirche entwickelt hat. Sie bleibt eng dem Stift verbunden. Pfarrer ist jeweils einer der Kanoniker des Stiftes. Caesarius wird auch später in St. Georg verehrt. Propst Johann Gebhard von Mansfeld, hernach Erzbischof von Köln (1558–62), hat noch vor seiner Wahl der Stiftskirche ein Altarbild aus der Werkstatt Barthel Bruyns des Jüngeren geschenkt. Es ist heute im Chor zu sehen. Die Mitteltafel des Triptychons zeigt die *Beweinung Christi*, an der betend der Stifter rechts im Bild teilnimmt. Hinter ihm steht, in doppelter Bedeutung des Wortes, der *heilige Georg*, Patron des Stiftes. Die Seitenflügel zeigen *Kreuztragung* und *Auferstehung Christi*. *Caesarius* erscheint auf der Außenseite der Seitenflügel zusammen mit den Heiligen *Georg*, *Anno* und *Petrus*. Caesarius ist nicht nach seiner Legende als Diakon dargestellt, sondern als Zisterzienser mit riesiger Schreibfeder statt Märtyrerpalme in der Hand. Egid Beitz vermutet, Barthel Bruyns Auftraggeber hätten wohl an Caesarius von Heisterbach gedacht, den eifrigen Schriftsteller des 13. Jahrhunderts aus dem Orden der Zisterzienser.

Am 1. Mai des Jahres 1059 nahm Papst Nikolaus II. die von Erzbischof Anno errichtete und ausgestattete Kirche vor den Mauern Kölns unter apostolischen Schutz. Da Anno sein Amt erst 1056 angetreten hatte, kann man kaum annehmen, daß die Kirche bereits vollendet war. Aus dem 12. Jahrhundert liegt die Kopie der Urkunde vor, mit der Anno im Jahre 1067 sein Stift mit den notwendigen Besitzungen für den Unterhalt der Kanoniker ausstattete. Das könnte gut zugleich das Jahr der Weihe des Kirchenbaus sein, in dem nun die Kanoniker ihrer Aufgabe, für das Seelenheil des Stifters zu beten, nachgehen konnten. Vollendet war die Kirche zum Zeitpunkt der Weihe noch nicht. Der Weihe gingen – wie es Anno öfter widerfahren ist – Traum und Wunder voraus, die belegen, daß die Bauarbeiten noch nicht abgeschlossen waren:

Anno fehlten für sein Stift noch Reliquien des hochverehrten heiligen Georg. Dieser erschien ihm im Traum und wies darauf hin, daß eine Armreliquie in St. Pantaleon verwahrt würde. Vom Traum erwacht, wartet der Erzbischof kaum das Morgengrauen ab, um nach St. Pantaleon zu eilen. In umjubelter Prozession wird die Reliquie nach St. Georg übertragen, sicher nicht zur Freude der Benediktinermönche. Auf die Baugerüste an St. Georg waren zahllose Schaulustige geklettert. Plötzlich bricht der ganze Aufbau in sich zusammen. Alles eilt zu Hilfe, aber man findet weder Tote noch überhaupt irgendeinen Verletzten. Der heilige Georg hat seine Wunderkraft gezeigt und steigert so auch Annos Ruhm. Uns wird durch die erwähnten Baugerüste klar, daß die Kirche noch nicht vollendet war. Insgesamt gesehen ist St. Georg ein gutes Beispiel dafür, mit welcher Mißachtung man im Mittelalter den Wünschen der heutigen Architekturgeschichte gegenüberstand. Nur mit Mühe und ohne endgültige Sicherheit gelingt es, der Baugeschichte einen Rahmen an gesicherten Daten zu geben.

St. Georg, Rekonstruktion der Kirche ohne Westbau und rekonstruierte Innenansicht nach W. Schorn

Aber die Architektur des Baues, den Anno errichten ließ, ist jede Mühe wert. Sie ist trotz der Veränderungen im 12. Jahrhundert, der Restaurierungen vor dem Zweiten Weltkrieg und der Zerstörungen im Krieg gut zu erkennen. Daraus geht zwar schon hervor, daß große Teile des Mauerwerks erneuert sind, aber der ursprüngliche Zustand ist heute wiederhergestellt.

Anno ließ eine dreischiffige Säulenbasilika mit Querschiff erbauen. Die Seitenschiffe werden über die Vierung hinaus nach Osten geführt und mit kleinen gerundeten Apsiden

ST. GEORG

geschlossen. Allerdings liegt der ganze Chorbereich höher als Vierung und Schiff, bedingt durch die Krypta darunter. So ergibt sich eine Trennung der Raumteile, die im Grundriß nicht auf den ersten Blick zu erkennen ist. Eingewölbt waren beim Bau Annos nur die Arme des Querhauses mit Tonnengewölben. Sonst überspannten flache Holzdecken Schiff, Chorjoch und Seitenschiffe sowie die Nebenchöre. Den Abschluß der Wände unterhalb der Holzdecke hatte man mit einem perspektivisch gesehenen Mäanderfries geschmückt, wie man ihn ähnlich aus St. Pantaleon oder St. Aposteln kennt. Auch die Wände darunter werden mit Fresken geschmückt gewesen sein.

Die schlanken Säulen, die mit einfachen Würfelkapitellen die Arkaden der Hochschiffswand tragen, scheinen aus antiken Bauten übernommen zu sein. Säulen, die ja schwierig zu fertigen waren und als große Kostbarkeiten nur unter Mühen transportiert werden konnten. Es gelang Anno, sieben Säulen aus rotem und eine aus hellem Sandstein aufzutreiben. Der Einzelgänger steht ganz im Nordosten des Schiffs. Aber so wie die Wände wohl mit Fresken bedeckt waren, werden auch die Säulen eine einheitliche Farbfassung getragen haben.

Die Krypta spiegelt den Grundriß des Chores. Nur daß als Substruktion des Hauptchores drei Schiffe in der Krypta angelegt sind. Sie werden wieder durch acht schlanke Säulen voneinander getrennt. Das wiederholt die Konzeption des Schiffs. Der östliche Teil der Krypta, unter der Ostapsis, ist höher. Mit Kämpferblöcken auf den beiden östlichen Säulen werden die Gurtbögen der einfachen Kreuzgratgewölbe gestelzt. Die dem Altar zugewandte Seite des Kapitells der nordöstlichen Säule trägt die vielstrapazierte Inschrift in Formen des 11. Jahrhunderts: »Herebrat me fecit« – Herebrat hat mich gemacht. War Herebrat der Architekt, der hier in Altarnähe sein Werk signierte? Oder hat ein Steinmetz hier sein Zeichen hinterlassen? Oder wollte gar ein Stifter neben Anno hier seinen Anspruch auf Erinnerung dokumentieren? Endgültig wird das wohl nie zu klären sein. Am naheliegendsten ist es, an einen Steinmetz zu denken.

Jeweils drei Arkaden, durch kräftige Pfeiler getrennt, öffnen sich zu den Kryptateilen unter den Nebenchören. Im Chor darüber war in leichteren Formen ursprünglich die gleiche Gliederung gebaut. Hier hat das statische Bedürfnis der Einwölbung nur noch einen schmalen Durchgang auf jeder Seite gelassen. Ein Rundbogenfries belebt die Fläche, und die drei Fenster über dem Gesims werden von Säulen begleitet. So ruft der Aufbau der Wand noch einmal, entfernt, aber erkennbar, Aachen in Erinnerung. Man ahnt die Bogenbrücke des Obergeschosses der Pfalzkapelle mit ihren eingestellten Säulen.

Diese einschneidenden Veränderungen sind Mitte des 12. Jahrhunderts durchgeführt worden. Im Schiff hat man dabei mitten in die Reihe der Säulen je einen massiven Pfeiler gesetzt, um zwei schwere Kreuzgratgewölbe einziehen zu können. Nur der Scheitel der Gewölbe erreicht noch die Höhe der flachen Holzdecke. Der Raum wurde niedriger, gedrungener. Die Fenster, nur noch vier statt einer gleichmäßigen Reihe von fünf, werden paarweise zusammengefaßt. Als drittes Gewölbe tritt die Vierung und als fünftes das Chorjoch in die Reihe.

Die Veränderungen haben aber den Charakter des annonischen Baus bewahrt und damit vieles erhalten, was vorbildhaft in die staufische Kölner Baukunst einging. Die dreiseitig

20 ST. GEORG Westbau von Süden

21 St. Georg   Westbau nach Westen

22 St. Georg Schiff nach Osten

23
St. Georg
Kopf des Pestkruzifixus
im Westbau

24
St. Gereon
Madonna aus St. Maria ad
Gradus

26 St. Gereon   Apsis des Langchores
◁ 25 St. Gereon   Blick in das Dekagon und in den Chor
27 St. Gereon   Sichtbares römisches Mauerwerk auf der Nordseite des Dekagons

29 St. Gereon Kapitellzone der Taufkapelle

30 Wandmalerei in der Taufkapelle St. Gereon

31 St. Gereon Kapitell der Taufkapelle

32 St. Gereon Blick nach Westen in die Confessio
33 St. Gereon Empore der Südseite
34 St. Gereon Renaissancealtar in der Krypta
35 St. Gereon Sockel einer Isisfigur

37 GROSS ST. MARTIN Taufstein
◁ 36 GROSS ST. MARTIN Nordwand des Schiffs

38 GROSS ST. MARTIN Blick in die Apsis   39 GROSS ST. MARTIN von Südosten ▷

geschlossenen Apsiden der Querhäuser bilden ein Verbindungsglied zwischen den ebenso gestalteten Apsiden des ottonischen Baus von St. Andreas und den staufischen am Bonner Münster oder am Chor von St. Severin. Konservativ ist die Kölner Architektur immer wieder. Konservativ war auch der Bau Annos, der wie Bischof Bernold in Utrecht hier die spätantike Säulenbasilika römischer Herkunft in Erinnerung ruft und mit der Außengliederung der Wände durch steile Pilaster über die ottonischen Kirchen in Essen und Werden auf die Pfalzkapelle in Aachen oder noch weiter in die Spätantike mit dem Baptisterium St. Jean in Poitiers zurückgreift.

Auch die Nischen in den Apsiden der Querhäuser oder in der Ostapsis gehen auf die Bauten von Essen und Werden zurück – und finden dann ein neues Leben in den Apsidengliederungen von Groß St. Martin, St. Aposteln oder St. Kunibert. Auch der untergegangene annonische Westbau zeigte, fast trikonchosartig, drei Nischen.

Ende des 12. Jahrhunderts folgte hier eine noch einschneidendere Baumaßnahme. Statt des runden Westchores des annonischen Baus, mit seinen Chorflankentürmen, entstand der wuchtige staufische Westbau. Er ist nicht vollendet worden. Die finanzielle Decke des Stiftes ist von Beginn an dünn gewesen. Hier zeigt sie sich den Kostensteigerungen nicht mehr gewachsen. Unter dem Dach sind noch die Ansätze der weiterführenden Planung zu erkennen. Eine Zwerggalerie sollte ringsum geführt werden. Darüber hat Albert Verbeek ein weiteres Geschoß angenommen. Von den gut 4 m starken Mauern ausgehend hätte sogar noch höher aufgestockt werden können. Mit den begleitenden Flankentürmen, die jeweils im Osten des Westbaus die Treppenspindeln fortgeführt hätten, wäre ein markanter Blickfang in die Nord-Süd-Achse Kölns gesetzt worden. Die Straße mußte auf jeden Fall ein mächtiges Stück nach Westen abbiegen, um dem neuen Westbau auszuweichen.

Auf den frühen Stadtansichten ist der provisorische romanische Holzaufbau noch gut zu erkennen. Dreipaßöffnungen dienten als Schallarkaden für ein schmales Zwischenstück im sonst pyramidenförmig aufgebauten Dachstuhl. Bis zum Untergang im Zweiten Weltkrieg formte der gerundete barocke Dachabschluß mit einer kleinen Zwiebelhaube auf dem Dachreiter das Straßenbild. Zumindest dieses Bild sollte man wiederherstellen. Das derzeitige Provisorium mit einfachen Dachziegeln betont das Unvollendete des Westbaus noch.

Über dem mächtigen, vielfach gestuften Sockel öffnen sich in den glatten Wänden nur drei Fenster. Das Gewände wird durch in eine Stufung eingestellte Säulen mit verbindendem Rundbogenwulst gerahmt. Das ist ein wirkungsvoller Kontrast zum Reichtum der Innengliederung. Nach Osten öffnet sich ein hoher sechsfach gestufter Bogen. Der innerste Gurt wird von Halbsäulen getragen. Der gleiche weite und hohe Bogen rahmt die lebendige Gliederung der drei anderen Wände. Gestaffelte Nischen, durch Pilaster getrennt, von eingestellten Säulen gerahmt, bringen die Wand des Untergeschosses in Bewegung. Im Obergeschoß zerlegt ein Laufgang die Wand in zwei Schichten. Ein weiter, hoher Bogen rahmt das jeweils einzige Fenster, eine Doppelarkade löst die Restfläche an Wand auf. Eine steile, überhöhte Hängekuppel schließt den Raum. In seiner Mitte steht der romanische Taufstein des frühen 13. Jahrhunderts für die Familien, die in der Stiftsimmunität wohnten und hier auch ihren Gottesdienst feierten.

ST. GEORG

St. Georg 1948

Für den Altar und die Beleuchtung des Westchors stiftet Dekan Isfrid im Jahre 1188. Es scheint damals zumindest etwa der Bauzustand erreicht gewesen zu sein, den wir heute vor uns sehen. Kam nach seinem Tode 1200/01 der Bau zum Erliegen? War er verantwortlich für die Finanzierung des Vorhabens und fand er sein Grab in dem Sarkophag, den die Grabungen im Westbau freilegten? Wenigstens ein Hinweis auf die Datierung ist damit gegeben.

St. Georg stellt im Rahmen der staufischen Romanik im Kölner Raum eine der eigenartigsten Lösungen für einen Westchor dar.

Passend und immer noch modern füllen die Fenster nach Entwürfen Jan Thorn-Prikkers die Gestalten der heiligen Anno, Georg und Jakob, letzterer an die untergegangene benachbarte Pfarrkirche erinnernd. Die Fenster setzen sich in den Seitenschiffen mit Symbolfenstern fort; sie waren glanzvoller Höhepunkt der ersten großen Restaurierung von 1928–30. Mit nüchterner Sachlichkeit hatte man den im 18. und frühen 19. Jahrhundert arg mißhandelten, vom Einsturz bedrohten Bau wiederhergestellt. Wiederherstellung und Ausstattung, von Clemens Holzmeister gestaltet, galten als beispielhaft. Die Arbeiten Wilhelm Schorns als Statiker, Wilhelm Hartmanns als Architekt, gefördert von Pfarrer Heinrich Fabry, waren die Grundlage für den Wiederaufbau nach dem letzten Krieg. Pfarrer Fabry fand mit einem Teil seiner Gemeinde in der Kirche den Tod. Im Kreuzhof an der Nordseite der Kirche haben die Opfer ihre Ruhe gefunden.

Wie ein Mahnmal hing nach den Luftangriffen die Kopie des Kruzifixus, der aus der Gründungszeit des Stiftes stammt, im Gurtbogen des Chores. Das Original bewahrt seit langem das Schnütgen-Museum. Man spürt noch das Vorbild des Gero-Kreuzes im Dom. Aber an die Stelle eines gerade Gestorbenen ist die straffe Gestalt eines strengen Herrschers getreten. Ergänzt um die am Original verlorenen Arme und Füße hängt die Replik auch heute wieder im Chor, machtvoll den Raum beherrschend. Sein Gegenüber, geradezu einen Widerpart, bildet das Pestkreuz im Westbau (Abb. 23). Um 1380 entstanden, formuliert der ausgemergelte Körper die Summe menschlichen Leidens, aufgehoben in Christus. Ein Wandel in der Geschichte der Frömmigkeit, der seinen Ausdruck kaum kontrastreicher finden könnte. In der Vielzahl dieser Pestkreuze ist der nächste Verwandte der Kruzifixus in St. Maria im Kapitol (vgl. Fig. S. 178).

Die Änderungen und Ergänzungen späterer Jahrhunderte haben im wiederhergestellten staufischen Bauzustand nur wenige Spuren hinterlassen. Kostbare liturgische Gewänder bewahrt die Sakristei, ein Sakramentshaus von 1556 gehörte mit seinen *Reliefs des Abendmahls und der Auferstehung* zur Ausstattungsphase des Triptychons von Barthel Bruyn dem Jüngeren, von der auch die nördliche Vorhalle zeugt. Sie war ursprünglich Verbindungsgang zur Pfarrkirche St. Jakob und hat ihren neuromanischen Abschluß erst Ende des 19. Jahrhunderts erhalten. Die etwas ältere, 1536 entstandene Vorhalle vor dem staufischen Südportal mit seinen Löwen (vgl. Abb. 18) ist im Kriege untergegangen. Romanisierend, mit Säulen und Schaftringen, der Raum mit einem spätgotischen Netzgewölbe gedeckt, rahmte das ganze Obergeschoß einen Kruzifixus. Gerade dieses eigenartige Ergebnis der Kölner Renaissance wäre einer Erneuerung wert, böte den belebenden Kontrast zur Wucht des Westbaus.

St. Gereon

Farbt. 6–9, 21; Abb. 24–35

Im Kranz der romanischen Kirchen Kölns nimmt St. Gereon einen hohen Rang ein. Unter den Stiften und Klöstern Kölns stand St. Gereon nach dem Dom an erster Stelle, voller Stolz auf seine Adelsherrlichkeit. Von der Architektur des Dekagons, einer faszinierenden Verbindung romanischer und gotischer Baugedanken, geht immer noch der Glanz des hohen Mittelalters aus. Man leistete sich den größten Kuppelbau zwischen der byzantinischen Architektur der Hagia Sophia in Konstantinopel und der Renaissancebaukunst Brunelleschis am Dom zu Florenz. Anlaß dieses in Köln und weit darüber hinaus einzigartigen Bauwerks war der Verfall des spätantiken Gründungsbaus von St. Gereon. Auch wenn eine abschließende Untersuchung noch aussteht, läßt sich seine Gestalt erkennen.

Nordwestlich vor den Mauern des römischen Köln lag hier eines der ausgedehnten Gräberfelder, das seit dem frühen 1. Jahrhundert bis in die Spätantike belegt worden ist. Eine große Zahl von Grabfunden, zahlreiche Inschriften, etwa die Hälfte der frühchristlichen Inschriften, die für Köln bekannt sind, zeugen für die eifrige Nutzung des Gräberfeldes. Einige der christlichen Inschriften sind in der Nikolauskapelle eingemauert.

Inmitten dieses Gräberfeldes wird Ende des 4. Jahrhunderts ohne einen für uns erkennbaren Anlaß eine ovale Gedächtniskirche errichtet mit kleiner Vorhalle und davor einem säulenumstandenen Vorhof, den die zukünftige Pflasterung nachzeichnen soll. Weiter noch nach außen, mit Zugang zum Atrium, sind Räume ergraben worden, die teils sogar beheizt werden konnten.

Wer den Bau hat errichten lassen, wissen wir nicht. Zur Datierung haben die Zerstörungen des Zweiten Weltkrieges wenigstens einen Anhaltspunkt geliefert. Armin von Gerkan hat bei seinen Grabungen im Fundament des fast vernichteten nordwestlichen Pfeilers den zerbrochenen Sockel einer Isis-Statue gefunden (Abb. 35). In einem Dübelloch der Oberseite des Sockels, der heute in der Sakristei aufgestellt ist, fand sich eine Münze, ein Follis des Kaisers Constans, die in Trier nicht vor dem Jahr 345 geprägt worden ist. Erst danach kann also der Sockel der Skulptur der tausendnamigen Isis, der ISIDI MYRIONYMO geweiht, in das Fundament gelangt sein. Der Bericht der Legende, von der wir gleich noch mehr hören werden, daß Kaiserin Helena den Bau habe errichten lassen, kann also nicht zutreffen. Aber wer hat dann diesen schon für seine Zeit außergewöhnlichen Bau in Auftrag gegeben? Einig ist man sich nur darin, daß es eine dem Hofe nahestehende Persönlichkeit gewesen sein muß, wenn nicht ein Mitglied der jeweiligen kaiserlichen Familie selbst.

Trier ist in diesen Jahrzehnten des späten 4. Jahrhunderts wiederholt kaiserliche Residenz. Der Auftraggeber kann dort am Hofe gelebt haben. Andere ziehen vorübergehend durchs Rheinland, wie der spätere Kaiser Julian oder der comes Arbogast, von dem wir durch eine Inschrift wissen, daß er in Köln einen verfallenen Bau erneuert hat. Das hat irgendwann auch der vornehme Clematius für St. Ursula getan, der, wenn man seiner Inschrift trauen kann, extra dafür aus dem Osten des Reiches kam. Wenn nicht ein glücklicher Zufall, mit dem nach der Fülle von Grabungen in und um St. Gereon seit dem frühen Mittelalter kaum noch zu rechnen ist, uns hilft, bleibt die Auswahl unter einer Vielzahl möglicher Auftraggeber. Auch das Motiv kann man kaum ahnen. Die letzten Grabungen haben zwar im Inneren des spätantiken Baus einen größeren, abgetrennten Grabbezirk, vielleicht sogar eine kleine Gedächtniskapelle nachgewiesen, aber der Neubau überdeckt sie ohne Rücksicht auf Lage oder Orientierung. Kaum vorstellbar ist aber, daß einer unserer vornehmen Auftraggeber diesen Bau errichten ließ, um hier selbst sein Grab zu finden.

Man legte sich nicht an der unruhigen Westgrenze des römischen Reiches, die ständig von Germanen und inneren Streitigkeiten bedroht war, zur letzten Ruhe. Dafür ging man ins Herz des Reiches, in eine der Hauptstädte. Hier in Köln, in tiefster Provinz, kann ein solcher Bau nur zum Gedächtnis – aber für wen? – errichtet worden sein. Es bleibt das Frustrierende an historischen Wissenschaften im Gegensatz zu den Naturwissenschaften, daß eine richtige Fragestellung nicht notwendigerweise zu einer Antwort führt. Doch auch ohne Antwort auf diese offenen Fragen ist St. Gereon ein Bau, der im Rahmen spätantiker Architektur eine herausragende Stellung einnimmt.

Außen ist er noch an einigen Stellen zu erkennen. Sonst hat ihn die staufische Fassung – wie ein kostbares Reliquiar eine kostbare Reliquie – umschlossen. An einer Konche auf der Nordseite ist noch eine größere Fläche des spätantiken Mauerwerks zu sehen (Abb. 27); nicht sehr sorgfältig gearbeitet, aber mit einem Ornament aus sternförmig in die Wand gesetzten Ziegeln. Innen ist in den acht Nischen noch mehrfach die Plattenabdeckung des Gewölbes zu sehen, nur von einer dünnen modernen Schlämmschicht überzogen. Diese Ziegelplatten sind über einem hölzernen Lehrgerüst vermauert worden. Darüber wurde dann die eigentliche Gewölbekappe angelegt, teils mit bauchigen Amphoren in den Randzonen, um den Druck besser abzuleiten und das Gewölbe leichter zu halten. Zwei solcher Amphoren, die man schon im 19. Jahrhundert geborgen hat, sind in der Krypta aufgestellt.

Damit läßt sich schon Grundsätzliches zu Grundriß und Aufbau des spätantiken Gebäudes erkennen. Die acht Nischen sind zu einem ovalen Raum zusammengefügt, der eine größte Breite von fast 19 m erreicht. Nach Osten war eine größere Nische, eine Apsis eingefügt, deren Gestalt durch die jüngsten Grabungen von Johannes Deckers erschlossen ist. Nach Westen war eine Vorhalle mit seitlichen Konchen angefügt, die sich zum Atrium öffnete. Mit der Apsis zusammen ergibt sich eine lichte Länge von 28 m, der eigentliche Ovalraum erreichte etwa 23,5 m als Längsdurchmesser.

Über seine Höhe läßt sich, bevor Otmar Schwab seine Untersuchungen abgeschlossen hat, kaum etwas Genaues sagen. Über den Gewölbekappen der Nischen ist teils noch der römische Mauerbogen aus wechselnd Tuffstein und zwei Ziegelplatten zu erkennen, mit

ST. GEREON

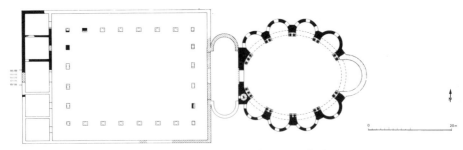

St. Gereon. Grundriß des spätantiken Baus nach G. Binding, H. Hellenkemper

dem der Tambour des Ovalbaus einsetzt. Den gleichen, allerdings unregelmäßigen Wechsel von Tuff, Spolien und Ziegelschichten kann man auch an anderen Stellen und bis in die Fundamente beobachten. Die Mauer über den Nischen läßt sich bis in den Fußboden des zweiten Laufgangs, in fast halber Höhe des heutigen Baus, verfolgen. Dort hat man die spätantike Mauer beim Bau des staufischen Dekagons abgearbeitet. Nur auf der Südwestseite der Vorhalle, direkt neben dem Eingang, wo eine Treppe hochgeführt war, ist die Spindel der Wendeltreppe noch etwas höher erhalten und erreicht 16,50 m.

Der Grundriß des Baus, der auf den ersten Blick schon überzeugt, ist raffiniert konstruiert. Von vier Mittelpunkten aus, kreuzförmig um die Mitte des Raums verteilt, sind die einzelnen Kreisabschnitte, aus denen das Oval gewonnen wird, gezeichnet worden. Armin von Gerkan hat das zuerst erkannt. Eine Ellipse dagegen wird von zwei Brennpunkten aus gewonnen. Mit dem nach Osten ausgerichteten Ovalraum ist dem Architekten eine interessante Variante des ständigen Schwankens christlicher Architektur zwischen längsgerichtetem und zentralem Raum gelungen, der eigentlich erst die barocke Architektur Vergleichbares entgegenzusetzen hat.

Die Nischen sind nicht als Halbkreise gestaltet gewesen. Hufeisenförmig verlaufend, erbrachten sie eine breitere Pfeilstirn, vor der zwei Säulen aufgestellt waren; links und rechts des westlichen Eingangs sind sogar drei anzunehmen. In den Nischen im Osten war jeweils ein Fenster geöffnet, sonst waren es drei, die man vermauert auch an einigen Stellen sehen kann. Eine weitere Fensterfolge, im Rhythmus der Nischen, ist in der Wand darüber erschlossen worden.

Die Säulen werden ein entsprechendes Gebälk (aus Marmor?) getragen haben. Der Boden war mit etwas groberem Mosaik ausgelegt, von dem ein kleines ornamentales Fragment in der ersten Nische der Südseite neben dem westlichen Eingang erhalten ist. An der gleichen Stelle hat man auch Spuren der Marmorverkleidung der Wände gefunden. Den Ruhm verdankte der Bau allerdings den feineren Goldgrundmosaiken an den Wänden darüber, wahrscheinlich auch auf dem Gewölbe, das den Bau überspannte. Das von Otmar Schwab festgestellte Ausweichen der römischen Mauern nach außen läßt vermuten, daß sie ein Gewölbe und nicht einen offenen Dachstuhl trugen. Bei einer Mauerstärke (der römischen Wand) von vier Fuß (1,18 m) ist das eine gewagte Konstruktion gewesen. Diese Mosaiken

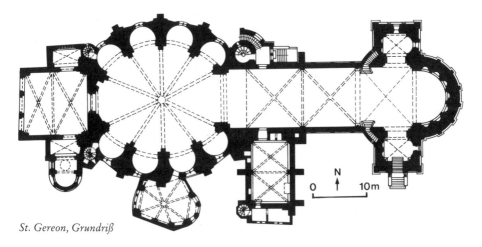

St. Gereon, Grundriß

der Wand und des Gewölbes, die auf Goldgrund wohl Heilige darstellten, haben den Bau frühzeitig bekannt gemacht und die Grundlage für den Ruhm des hl. Gereon gelegt. Das glanzvolle Aussehen des Inneren ist damit einigermaßen vorstellbar. Reste der Mosaiken, goldhinterlegte Glasstücke, Marmor und anderes Material, hat man bei den Ausgrabungen immer wieder gefunden.

Schwieriger scheint es, das Äußere zu rekonstruieren. War das nicht sehr ordentliche Mauerwerk verputzt? War es mit besseren Materialien verkleidet oder nur rot gefaßt? Waren das Dach und die Nischen zusätzlich gegen die Einwirkungen des nicht immer freundlichen rheinischen Wetters gesichert? Zumindest hatte man vorgebaut, um die Kirche nach außen von Zeit zu Zeit auf ihren Zustand kontrollieren zu können: Links und rechts des Chorbogens, des Ansatzes schon der antiken Apsis, sind die Spuren zweier Öffnungen festgestellt worden. Sie führten wohl als Türen auf einen hölzernen Laufgang hinaus, wie man ihn auch an der spätromanischen Basilika in Trier kennt.

Sorgsam umbaut von der staufischen Erneuerung des Dekagons steht direkt auf der Nordseite neben dem westlichen Eingang das Bruchstück einer Granitsäule.

Es könnte das Fragment einer der Säulen des spätantiken Baus sein, das hier von einer wildbewegten Vergangenheit berichtet. Eine Inschrift, die ursprünglich auf einer Steinplatte an der Säule angebracht war, ist heute in der Nische zu lesen: »Adde fidem, fuit hic pridem fusus cruor idem ad lapidem, si dem me male, punit idem«. Sie faßt kurz und knapp den Inhalt der Legenden zusammen, die sich mit ihr verbinden. Sie soll an der Stelle gestanden haben, an der Gereon und seine Gefährten das Martyrium erlitten. Ihr Blut floß über die Säule. Sie stand im Bau, als sich der fränkische König Theudebert II. Anfang des 7. Jahrhunderts nach seinem Sieg über seinen Bruder hier in St. Gereon huldigen ließ. Plötzlich empfand er einen scharfen Schmerz in der Seite, meinte wohl – wenn wir dem ziemlich legendären Bericht trauen wollen –, den Stich einer Waffe zu spüren. Am Körper des Toten fand man nur eine kleine gerötete Stelle. Den Brudermörder hatte die gerechte Strafe ereilt. Diese

ST. GEREON

Fähigkeit, gut und böse zu unterscheiden und auch zu strafen, schreibt man der Säule auch später noch zu. Die Inschrift spielt darauf an. Und noch Joseph Otto notiert ihren Standort in seinem Plan 1763 genau.

Solch ein interessantes Stück erweckte 1794 die Aufmerksamkeit der französischen Besatzer Kölns, die damals eine Fülle von Kulturgut als Beute nach Paris schaffen ließen. Bei der Säule hatten sie weniger Glück. Während des Transportes ist sie bei Bergheim zerbrochen. Ein Bruchstück soll in die Sammlung Franz Wallrafs gelangt sein, der auch vom Schicksal der Säule berichtet. Ein anderes wurde im Forst von Königsdorf als Grenzstein benutzt. Erst 1925 kehrte es an die alte Stelle zurück. An diese frühere Verwendung erinnert noch die kaum leserliche Inschrift: »Bas Eich« – alte Grenze.

Die spätantiken Säulen von St. Gereon scheinen auch sonst reges Interesse gefunden zu haben. Die Grabungen haben bisher kaum ein Bruchstück zutage gebracht. Zwei Kapitelle, die im Dekagon wieder aufgestellt sind, gelten seit dem 19. Jahrhundert als Teil der spätantiken Ausstattung. Wenig genug. Aber im Jahr 1329 wird von dem Dekan Arnold von Born mit Überzeugung berichtet, daß schon Karl der Große Säulen aus St. Gereon für seinen Bau in Aachen erhalten habe. Und von der Größe der Säulen her könnte das sogar passen.

Mit der problematischen historischen Qualität von Legenden haben wir bei St. Gereon noch an einer sehr viel entscheidenderen Stelle zu tun. Nach Feststellungen Eugen Ewigs taucht St. Gereon erstmals im frühen 7. Jahrhundert in einer frühen Fassung des ›Martyrologium Hieronymianum‹ auf. Er geht sogar so weit, die Namen Gereons und der Bonner Märtyrer Cassius und Florentius für kontinuierlich überliefert zu halten. Gereon wird mit den vornehmsten der gallischen Heiligen in die laudes regiae aufgenommen, wird zum Schutz und zur Unterstützung der fränkischen Könige angerufen. Das kennzeichnet sein Ansehen und das seiner Kirche. Durch den Geschichtsschreiber und Bischof Gregor von Tours wissen wir, daß man die in unserer Kirche verehrten Heiligen – er nennt die Zahl 50 – zur thebäischen Legion rechnet. Den Namen Gereon nennt er allerdings nicht. Die Legion aus der christlichen Thebais in Ägypten soll nach der Legende, welche Mitte des 5. Jahrhunderts zuerst formuliert wird, unter Diokletian die Verfolgung von Christen verständlicherweise verweigert haben. Schritt für Schritt, von Oberitalien bis nach Xanten am Niederrhein über Europa verteilt, soll sie daraufhin das Martyrium erlitten haben. So wird es endgültig um 1000 n. Chr. in der Passio zusammengestellt, die dem hl. Gereon in der Kölner Gruppe der thebäischen Legion nun 318 Gefährten zurechnet. Ihre Leichname soll man nach der Legende in einen Brunnen geworfen haben, der sich nach wechselnden Vorstellungen in der Mitte der Kirche oder unter der Confessio unter dem Gereonsaltar am Aufgang zum Chor befunden haben soll. An beiden Stellen haben ihn die Grabungen der letzten Jahre nicht nachweisen können.

Aber das ist noch kein Grund, auch den Ursprüngen der Legende jeglichen Wahrheitsgehalt abzusprechen. Die nachgewiesenen Gräber von Märtyrern in Bonn und Xanten, die man mangels genauerer Nachrichten zugleich mit Gereon in die wachsende Rekrutenzahl der thebäischen Legion einreihte, sind das beste Beispiel dafür. An beiden Stellen haben wir

104

St. Gereon, Ausschnitt aus dem Holzschnitt von Anton Woensam 1531

Märtyrer, über die man schon früh nichts Genaues mehr wußte, die man verehrte, die nach einer Geschichte verlangten, wie sie die thebäische Legion dann liefern konnte.

Ein Märtyrergrab Gereons kennen wir allerdings ebensowenig wie den Brunnen. Das kann drei Gründe haben, wenn ein Grab überhaupt existiert hat. Mittelalterliche Grabungen und Bauarbeiten können die Spuren vernichtet haben. In St. Gereon ist mehrfach gegraben worden. Erzbischof Anno und dem hl. Norbert von Xanten werden wir bei dieser Tätigkeit noch begegnen. Beide waren erfolgreich und deckten Gräber auf, die sie für Märtyrergräber hielten. Heute möchte man sie eher für die Gräber fränkischer Adliger, darunter vielleicht auch eines Geistlichen, halten. Um 1200 hat man dann noch einmal den Boden bei den Vorarbeiten für die staufische Erneuerung des Baus durchwühlt. Und im Bereich der Con-

ST. GEREON

fessio, an der Nahtstelle zwischen Chor und Dekagon, ist eine Fülle von Bauarbeiten durchgeführt worden. Viele Spuren eines Grabes kann man danach nicht unbedingt erwarten. Es kann natürlich auch geschehen sein, daß irgendeiner der christlichen Archäologen des Mittelalters, deren Finderglück überliefert ist, das Grab tatsächlich gefunden hat – dann können seine heutigen Berufskollegen es nicht unbedingt mehr nachweisen. Und schließlich eine dritte Möglichkeit: Als im 11. Jahrhundert eine andere Schar Märtyrer dem Kölner Erzbischof Anno (1056–75) im Traum erscheint und ihn handgreiflich auffordert, etwas für die Bauunterhaltung zu tun, ist von einer sehr bescheidenen Krypta auf der Südseite der Kirche die Rede. Das läßt sich auf die von Anno später umgestaltete Nikolauskapelle beziehen. Hier vermutete man also Märtyrergräber. Man fand sie aber – wenn Anno sie hier gesucht hat, was seine Vita nicht berichtet – nicht. Erst bei Abschluß der Bauarbeiten am Chor findet man die erwarteten Gräber im Dekagon. Das wäre also mit der Nikolauskapelle eine dritte Möglichkeit, die von der modernen Archäologie noch zu überprüfen wäre.

›Zu den goldenen Heiligen‹ – so wird die Kirche bei Helinandus, dem die um 1000 n. Chr. entstandene Festpredigt mit der Legende des hl. Gereon und seiner Gefährten zugeschrieben wird, bezeichnet. ›Sanctos Aureos‹, diese Bezeichnung nennt schon Gregor von Tours, und noch in der Vita des Erzbischofs Anno erscheint der Bau unter der fast gleichen Bezeichnung ›Ad aureos sanctos‹. Das wird teils ausdrücklich auf die Mosaiken bezogen, teils spricht man nur vom goldenen Licht, das den Bau erfüllt. Die poetische Titulierung der Kirche scheint aber auch den mehr poetischen Texten vorbehalten gewesen zu sein. Im praktischen Leben, das die Urkunden festhalten, erscheint seit dem frühen 9. Jahrhundert St. Gereon als Patron, und auch außerhalb Kölns tritt er in den Vordergrund. So wird ein Abbas Maximin von St. Gereon in den Wunderberichten über den hl. Goar von St. Goar erwähnt. Ein etwas trauriger Ruhm, da der gute Maximin vergaß, auf seinem Schiff voller Weinfässer den Heiligen zu begrüßen. Die Strafe folgte sofort. Die Wellen schlugen über dem Schiff zusammen, und die Weinfässer landeten im Wasser. So erzählte Wandalbert von Prüm um 840 die Geschichte.

In diesen Jahren zu Beginn des 9. Jahrhunderts muß das Leben der Geistlichen an St. Gereon die Weise eines Stiftes angenommen haben. Die von Kaiser Ludwig dem Frommen in Gang gesetzten Reformen werden sich auf das Leben der Geistlichen ausgewirkt haben, wenn nicht schon unter dessen Vater, Karl dem Großen, hier Entscheidendes an St. Gereon geschehen ist. Dafür spricht, daß Erzbischof Hildebold, der erste Kölner Bischof (vor 787–818), der diesen Titel trägt, sich in St. Gereon begraben läßt.

In der östlichen Nische der Südseite ist die Stelle seines Grabes gekennzeichnet. Das erschien eigentlich immer etwas rätselhaft. Warum hat sich der Kölner Bischof, welcher der erste der Geistlichkeit am Hofe Karls des Großen war, nicht in seiner Bischofskirche begraben lassen? Allerdings hat sich inzwischen herauskristallisiert, daß wahrscheinlich nicht er mit dem Bau des Alten Doms begonnen hat, sondern daß der Alte Dom wohl erst später in Angriff genommen wurde. Auch die Kölner Bischöfe Giso und Anno I. hatten sich Ende des 7. und zu Beginn des 8. Jahrhunderts nicht im Dom, sondern in St. Severin beisetzen lassen. Man suchte die Nähe der Heiligen, der Märtyrer, die ihr Grab außerhalb der römischen

Stadtmauer gefunden hatten. Das mag auch ein Grund für die Wahl Hildebolds gewesen sein. Ein zweiter kommt hinzu.

Die Grabungen unter der Leitung von Johannes Deckers im Bereich der Confessio auf der Suche nach der ursprünglichen Gestalt der spätantiken Apsis haben auch ergeben, daß vor den Bauarbeiten unter Erzbischof Anno im 11. Jahrhundert an der Apsis gearbeitet wurde. In einer Baumaßnahme wurde der spätantike Chor durch einen massiven Rechteckchor ersetzt. Anschließend wurde – weniger solide – »ein Raumgefüge angebaut, das möglicherweise als Außenkrypta gedeutet werden kann«.

Zumindest eine dieser beiden Baumaßnahmen kann mit Hildebold verbunden werden. Im ältesten, etwa um 1133 entstandenen Memorialbuch des Stiftes St. Gereon, das die Namen der im Meßgebet des jeweiligen Tages zu erwähnenden Wohltäter des Stiftes verzeichnet, wird auch Hildebold an seinem Todestag, dem 3. September, notiert. Bei anderen Wohltätern wird jeweils erwähnt, welches Gut sie stifteten und welchen Ertrag es für die Kasse der Stiftsgeistlichen bringt. Bei Hildebold dagegen erscheint folgende Notiz: »Hildebaldus archiepiscopus qui fecit antiquum cyborium«. ›Cyborium‹ erweist sich im mittellateinischen Sprachgebrauch als mehrdeutig. Es kann der so benannte Aufbau um und über dem Altar sein – wie man ihn z. B. aus späterer Zeit in Maria Laach sehen kann. Auch ein Reliquiar kann so bezeichnet werden. Ebenso gilt der Begriff für die Überbauung eines Märtyrergrabes oder für ein Gewölbe oder sogar für Türme. Ist ein Altarziborium gemeint oder ein Reliquiar, werden eigentlich auch immer die dabei verwandten kostbaren Metalle erwähnt. Das ist hier nicht der Fall. Und es bleibt auch fraglich, ob man solche Objekte im Memorialbuch erwähnt hätte. Eine Baumaßnahme über den immer wieder unter der Nahtstelle zwischen Chor und Ovalbau vermuteten Gräbern erscheint wahrscheinlich. Aber es bleibt offen, auf welche der beiden Maßnahmen, die Johannes Deckers festgestellt hat, sich diese Notiz beziehen läßt. Doch es zeigt sich hier wie im Bereich des Atriums, daß um das Jahr 800 neue Aktivität ins Stift einzieht. Im Bereich des Atriums hat die von Günther Binding geleitete Grabung gezeigt, daß die Wohngebäude dort wieder weitgehend genutzt wurden. Das Stift blühte auf. Neben der Baumaßnahme Hildebolds lassen sich vielleicht auch die Platten aus Kalkstein mit ornamental eingelegten Plättchen aus rotem und grünem Porphyr, die heute in der Confessio stehen, in diese Zeit einbeziehen. Wozu sie benutzt wurden, ist nicht mehr festzustellen, aber schon durch das hochgeschätzte Material waren sie Kostbarkeiten ersten Ranges. Ende des 18. Jahrhunderts waren sie, so berichtet d'Hame 1824, im Boden des Dekagons eingelassen und bezeichneten dort nach Aussage alter Stiftsherren die Grenzen des ersten von Kaiserin Helena errichteten Baus. Die Abnützungsspuren zeigen auch, daß sie Jahrzehnte, ja Jahrhunderte im Fußboden gelegen haben müssen. So ist wenigstens an einigen Stellen das Leben zu spüren, das in diesen dunklen Jahrhunderten des frühen Mittelalters in St. Gereon wirkte.

Die archäologischen Befunde ergänzen das kaum zu überprüfende Bild einer Kirche, in der sich nach den Berichten Gregors von Tours oder Fredegars fränkische Könige huldigen ließen oder vielleicht ihr Grab fanden. Die Berichte bestätigen trotz oder gerade aufgrund ihres legendenhaften Charakters den Rang des Bauwerks in den Vorstellungen der Zeitge-

ST. GEREON

St. Gereon. Die Kirche mit der hl. Helena, den hll. Gereon und Maurus, dazu deren Gefährten. Kupferstich, 1646

nossen. Noch heute macht sich das bis in die Gestaltung der Stadt hinein bemerkbar. Der großzügige Straßenzug vom Dom durch die römische Stadtmauer hindurch und dann parallel dazu durch das Kölner Bankenviertel nach Westen zielt auf die Chorfassade von St. Gereon. Diese ist im 11./12. Jahrhundert entstanden. Aber der Straßenzug ist älter, war ausgerichtet auf den spätantiken Bau. Wohl nicht zu Unrecht hat man hier eine Prozessionsstraße vom Dom zu der in Gold strahlenden Kirche der goldenen Heiligen, seit dem frühen Mittelalter benutzt, vermutet. Die heutige Bebauung des ganzen Bereichs steht zu dieser Vergangenheit in reizvollem Kontrast.

Die Berichte über das Schicksal der Thebäischen Legion sind um 1000 n. Chr. in einer Festpredigt für die Stiftsherren von St. Gereon zusammengefaßt worden. Hier erscheint erstmals die Legende von der Gründung des Baus durch Helena. Die Schilderung der Kirche ist dadurch wichtig, daß sie neben dem Ruhm der Ausstattung mit Marmor, Säulen und Mosaiken besonders hervorhebt, daß kein Holz verwandt worden ist. Als historischer Beleg für die Konstruktion der Kuppel über dem spätantiken Ovalbau aus einer Zeit, da man sonst mit offenem hölzernem Dachstuhl leben mußte, ist sie recht aufschlußreich.

Die Festpredigt der Zeit um 1000 ist später fälschlich unter dem Namen des Helinandus, eines höfischen Minnesängers im Frankreich des frühen 13. Jahrhunderts, überliefert worden. Das läßt schon spüren, wie weit verbreitet das Interesse am Geschehen um die thebäische Legion war. Eine noch erweiterte Fassung des späten Mittelalters hat Laurentius Surius publiziert.

Für das Geschehen am Bau der Kirche St. Gereon ist aber entscheidender, daß ›Helinandus‹ erstmals erwähnt, 360 römische Soldaten aus Mauretanien, ebenfalls wegen ihres Glaubens hingerichtet, seien zusammen mit Gereon und seinen Gefährten bestattet worden.

Sonst scheint man sich nicht sehr um diese Gefährten im Martyrium gekümmert zu haben. Das rächte sich. Fast hatte man sie in Köln schon vergessen. Ihre kleine Krypta an der Südseite der Kirche bot kaum Platz. Im Traum mußte Erzbischof Anno (1056–75) inmitten der glänzenden Schar der mauretanischen Märtyrer erscheinen. Sie halten über ihn Gericht und verurteilen ihn wegen der Vernachlässigung zu Schlägen. Die Strafe wird sofort vollstreckt. Die Schläge noch am ganzen Leibe spürend erwacht Anno und fürchtet, daß sich eine solche Szene wiederholen könne, wenn er nicht Abhilfe schaffe. Nachdem er Baufachleute zusammengerufen hat, wird nach Durchbrechung des alten Mauerwerks ein Langchor angefügt, dessen Anblick zwei reich gearbeitete Treppentürme zieren. Das Mauerwerk des annonischen Langchores ist auf der Nordseite noch heute gut zu erkennen. Unregelmäßig, manchmal fast wellenförmig in der Schichtung, unterscheidet es sich deutlich vom darüber beginnenden staufischen Ausbau. Dieser hebt sich auch durch die paarweise Gliederung der Fenster hervor. Ein vermauertes Fenster der niedrigen annonischen Reihe ist hinter dem Anfang des 15. Jahrhunderts angefügten Strebepfeiler noch zu erkennen. Durch die staufischen Veränderungen läßt sich weder die genaue ursprüngliche Höhe des flachgedeckten Chores noch die exakte Länge noch die Stellung der in der Vita Annos erwähnten Türme eindeutig feststellen.

Durch den gotischen Anbau der Sakristei über der 1167 von Anno geweihten Nikolauskapelle und den Abbruch der nicht ganz so tief gelegenen Cäcilienkapelle auf der Nordseite und des Treppenturms an der Naht zwischen Dekagon und Langchor (ebenfalls auf der Nordseite) ist hier keine Klarheit mehr zu gewinnen. Spuren von Türmen im Osten – wenn es welche gegeben hat – sind durch die staufische Verlängerung des Chores vernichtet. Für Chorwinkeltürme spricht zweierlei. Wäre, wenn auch in bescheidener Form, eine Chorfassade vorhanden gewesen, hätte man in staufischer Zeit dem Konkurrenzunternehmen des Bonner Stiftes, das 1152 einen neuen Chor weihen ließ, wohl nicht unbedingt antworten müssen.

Und ein Blick nach Siegburg, Annos gleichzeitig entstehender Lieblingsgründung, zeigt dort Chorwinkeltürme. Ein ähnliches Ergebnis könnten auch die Bauarbeiten erbracht haben, die Annos Vita für seine Unternehmungen an Groß St. Martin beschreibt. Seine Bauvorhaben in St. Gereon setzt Anno, nachdem er 1068 die Krypta und 1069 die Kirche neu gebaut hat (wobei die Kapelle über der Nikolauskapelle besonders hervorgehoben

ST. GEREON

wird), mit kostbarer Ausstattung in Wandmalerei und Metallarbeiten fort. Nichts davon ist erhalten. Dann blieb Anno nur noch die Aufgabe, die Reliquien der Mauretanier zu finden. Offensichtlich hatte man sie bei den Bauarbeiten an der Nikolauskapelle nicht gefunden. Diese ist mit der zuerst geweihten Kapelle zu identifizieren und war wohl die bescheidene Krypta, in der die Mauretanier bisher zu wenig verehrt wurden. Erst als man in der Kirche, im Ovalbau, grub, fand man unter dem Marmorboden das Grab Gregors, des Anführers der Mauretanier. Sein purpurfarbener Mantel war an den Rändern mit feinem Goldgewebe geschmückt. Ringsum lagen, weniger gut ausgestattet, seine Gefährten. Voller Freude wurden die Gebeine erhoben und über dem Altare zur Verehrung aufgestellt.

Einen rötlichen bis bräunlichen Farbton nehmen fast alle Textilien an, die bei Grabungen gefunden werden. Aber der Hinweis auf den Gewandschmuck mit Goldgewebe läßt schon einen Toten aus besseren fränkischen Kreisen vermuten. Später hat man den Schrein mit den Reliquien des heiligen Gregor Maurus inmitten des staufischen Kryptateils aufgestellt und dann auch bald fälschlich vermutet, daß die Gebeine einst hier gefunden wurden.

Ein halbes Jahrhundert später beginnt man noch einmal inmitten der Kirche zu graben. Hier vermutete man wohl den Brunnen, in den einst die Körper der Märtyrer geworfen worden waren. Statt dessen fand man direkt unter dem Marmorfußboden wieder ein gut ausgestattetes Grab. Die eifrigen Ausgräber arbeiteten unter der Leitung des hl. Norbert von Xanten, des Begründers der Prämonstratenser-Ordensgemeinschaft. Er hatte sich von Bevölkerung und Geistlichkeit Reliquien für seine zu errichtende Kirche erbeten.

Im Vollgefühl des ererbten Reichtums an Reliquien im Heiligen Köln stimmte man zu. Als sich nun herausstellte, daß den inmitten von St. Gereon gefundenen Gebeinen bis auf den Unterkiefer der Kopf fehlte, waren alle schnell bereit, hier St. Gereon selbst zu erkennen. Auf dem wieder purpurfarben erscheinenden Gewand trug er ein großes Kreuz in Goldgewebe, aber auch ein Gürtel und Reste eines Schwertes waren zu erkennen. Nun nahm man an, daß man beim Martyrium des hl. Gereon nur einen Teil des Kopfes in den Brunnen geworfen habe. Der Rest sei hier im Sarkophag, den man schnell wieder schloß, um die Ankunft des Erzbischofs abzuwarten. Den Brunnen suchte man nun nicht mehr inmitten des Ovalbaus, sondern an der Nahtstelle zwischen Dekagon und Chor. Dort haben ihn aber, wie gesagt, auch die jüngsten Ausgrabungen nicht nachweisen können. Als Erzbischof Friedrich I. (1100–31) nach fast zwei Monaten nach Köln zurückkommt – in der Zwischenzeit hatte man fromme Wache am Sarkophag gehalten –, ist der aufregende Fund weitgehend zu Staub zerfallen. Aber St. Gereon wird nun zur Ehre der Altäre erhoben, und Erzbischof Friedrich selbst stiftet als erster für den zu erstellenden Schrein eine silberne Schale. Norbert geht nicht leer aus, er erhält wie auch Abt Rudolf von St. Truiden, der den ausführlichen Grabungsbericht verfaßt hat, seinen Anteil am kostbaren Fund.

Diese aufregenden Ereignisse des Jahres 1121 waren vielleicht der Anlaß zu einer Renovierung der Kirche, über die wir keine urkundlichen Nachrichten haben. Über dem westlichen Eingang und in der Vorhalle hat man 1970 bei den Restaurierungsarbeiten des Wiederaufbaus Reste von Fresken gefunden, die zu Beginn des 12. Jahrhunderts entstanden sind, vielleicht als Folge dieser Ausgrabungen, die die Begeisterung für St. Gereon weiter aufblü-

St. Gereon, Ausschnitt aus dem Vogelschaustadtplan des Arnold Mercator von 1571. Kupferstich

hen ließen. Die Fresken in der Vorhalle sind wieder abgedeckt worden. Man sollte sie freilegen. Die Darstellung eines Apostels auf den Schultern eines Propheten, Symbol der Verbindung zwischen Altem und Neuem Testament, befindet sich als Leihgabe im Schnütgen-Museum.

Die heutige Gestalt der Kirche entsteht binnen gut zwei Generationen. Meist nimmt man jetzt an, daß der Chor mit seiner zwischen zwei Türmen eingespannten Apsis vor 1156 vollendet worden sei. Und die ›Annales sancti Gereonis Coloniensis‹ vermerken, daß 1227 das Gewölbe des Dekagons vollendet worden ist. Damit war die hochromanische Erneuerung der vom Verfall bedrohten Kirche abgeschlossen.

Von einer Weihe der Kirche durch Erzbischof Arnold II. von Wied (1151–56) berichtet im Jahre 1645 der große Kölner Gelehrte Aegidius Gelenius. Das wurde auf den staufischen Chor bezogen. Ein Siegel Arnolds II., das man mit anderen im Reliquiensepulkrum des Hauptaltares gefunden hatte, schien diese Nachricht zu bestätigen. Im Altar hatte sich außerdem ein Siegel Erzbischof Dietrichs I. (1208–12) und eines von Erzbischof Ruprecht (1463–80) gefunden; jeweils wohl Erinnerung an eine erneute Weihe des Altars, für die es viele Gründe geben kann. Aegidius Gelenius berichtet vom Versetzen des Altars als Begründung der neuen Weihe. Das kann viele Ursachen haben; es muß nicht notwendig auf die neue Chorfassade bezogen werden.

Die Chorfassade stellt gegenüber den Chören von Maria Laach, St. Kastor in Koblenz, St. Servatius in Maastricht oder dem Bonner Münster, dessen Chor 1152 vollendet war, einen

ST. GEREON

wesentlichen Fortschritt dar. Auch bei den späteren Apsiden Kölner Kirchen, St. Aposteln oder St. Kunibert, wird nie wieder ein solcher Reichtum der äußeren Gliederung erreicht. Gegenüber den Vorgängern – wobei man im Bonner Münster das Vorbild des Konkurrenten sehen wollte – wird auf die gitterartige, spätantiken Vorbildern entsprechende Verklammerung der Geschosse durch aufeinanderstehende Säulen verzichtet. Ein neues Konzept, das die Geschosse und Wandschichten durch kräftige Gesimse trennt, wird entwickelt. Vier Geschosse werden dabei ausgebildet. Über einem mehrfach gestuften Sockel folgt das Kryptageschoß, dessen Fenster, einmal zurückgestuft, mit Lisenen und Rundbogenfries gerahmt werden.

Ein dreifach gestufter Mauerrücksprung trägt darüber die Dreiviertelsäulen des Choruntergeschosses, die durch Rundbögen, eine Wandschicht tragend, miteinander verbunden werden. Die Zerlegung der Wand in Schichten wird dabei durch die Hinterlegung der Bögen mit einem flachen, steigenden Rundbogenfries betont. Über einem kräftig hervortretenden Gesims beginnt dann die Fensterzone des Chors.

Hier stößt der Architekt der Chorfassade von St. Gereon auf das gleiche Problem, das etwa zur selben Zeit auch der Architekt des Trikonchos, des Kleeblattchores, von Groß St. Martin zu lösen versucht. Ein Problem, das an keinem der früheren Chöre erscheint. Statt einer glatten, nur von den Fenstern durchbrochenen Wand wird nun innen eine dem Äußeren entsprechende Gliederung wiederholt. Je dicker dabei die Wand der Apsis ist, desto größer ist der Unterschied zwischen äußerem und innerem Halbkreis, den die Fenster durchbrechen. Innen hat der Architekt – bei gleicher Breite der Fenster – erheblich weniger Raum, eine Gliederung unterzubringen, als außen. Die Architekten von Groß St. Martin und St. Gereon haben das Problem im Untergeschoß des Chores fast auf gleiche Weise gelöst. Den weiten Bögen außen entsprechen enge, steile Nischen innen. Im Chorobergeschoß müssen nun die Fenster mit berücksichtigt werden. In Groß St. Martin werden bei gleicher Fensterbreite die Bögen zwischen den Fenstern schmal und steil. Ein reizvoller Rhythmus entwickelt sich, der ähnlich in Brauweiler aufgegriffen wird. Ein Laufgang vor den Fenstern, hinter den Pfeilern, macht den Anblick noch lebendiger. An St. Gereon geht der Architekt, zukunftweisend, anders vor. Außen werden die Fenster nicht auf die volle mögliche Breite gebracht. Das Gewände wird gestuft, Säulen werden eingestellt, so daß fast der gleiche Raum ausgefüllt wird wie von Mauerblenden. Nach innen werden die Gewände senkrecht durchgezogen. Der Raum zwischen ihnen reicht für Nischen von etwa gleicher Breite mit Säulen als Begleitung. Ein fast ausgewogenes Gleichmaß ist erreicht. An St. Aposteln wird diese Lösung des Chorobergeschosses wenig später auch genutzt, aber unter Verzicht auf die exakte Entsprechung von Innen und Außen eine noch elegantere Lösung gefunden.

Das spricht alles dafür, daß eine solche Lösung nicht in den kurzen Jahren zwischen der Gelegenheit, Bonn als Vorbild zu nehmen, und dem Tode Erzbischof Arnolds 1156 nach der

St. Gereon, Isometrie. Zeichnung von F. Schmitz, 1885 ▷

ST. GEREON

Teilnahme an einem österlichen Wettlauf in Xanten vollendet worden sein kann. Nach den überlieferten Quellen könnte der Kleeblattchor von Groß St. Martin 1172 geweiht worden sein. In diesen Jahren könnte man sich auch den Bau des Chores von St. Gereon vorstellen.

Bei der Verlängerung des Chores wurden die Fenster des annonischen Chores vermauert und eine neue Reihe Fenster etwas höher eingesetzt. Hier werden sie jetzt paarweise entsprechend den ebenfalls eingefügten Gewölben, den ersten großen Gewölben vor dem Schiff von St. Aposteln, gruppiert. Das ist auf der Südseite, im Bereich der Sakristei, noch sehr gut zu sehen.

Eine Reihe Stufen im Langchor, vor dem Ansatz der Türme, zeigt die Grenze zwischen annonischem und staufischem Bereich an. Die Treppenstufen spiegeln den Höhenunterschied zwischen älterem und jüngerem Teil der Krypta wider. In der Krypta ist der Unterschied auch durch Wechsel der Formen und des Materials gut zu erkennen. Im westlichen, älteren Teil der Krypta mit einer Höhe von etwa 3,65 m wird das einfache Kreuzgratgewölbe ohne Gurtbögen von Sandsteinsäulen getragen, wie sie auch bei anderen Bauten Annos, z. B. St. Georg oder St. Maria ad Gradus, erscheinen. Der jüngere östliche Teil der Krypta mit einer Höhe von etwa 4,65 m wird von vier Säulenpaaren aus Trachyt getragen. Die Würfelkapitelle sind nun prononciert mit einem begleitenden Wulst versehen, und die Kreuzgratgewölbe werden durch klar geschnittene Gurtbögen voneinander getrennt.

Durch die staufische Verlängerung ist der ursprüngliche Abschluß von Krypta und Chor unbekannt. Aber das östliche Paar der Sandsteinsäulen mit einem in sechs Streifen gegeneinander gesetzten Fischgrätmuster zeigt wohl das alte Ostende an. Hier wird der Altar gestanden haben. Ähnliche Säulendekore erscheinen zur selben Zeit etwa in den Krypten von St. Peter in Utrecht oder der Abteikirche von Klosterrath. Jeweils die Säulen links und rechts des Altares sind auf diese Weise hervorgehoben. Ähnliches ist aus England bekannt, verbreitet vom Norden mit der Kathedrale von Durham bis zur Krypta im südlichen Canterbury. Dahinter steht das Vorbild der Colonna Santa in Rom. Das ist der Legende nach die Säule, an welcher der jugendliche Jesus im Tempel lehnte und lehrte, Teil also des Lebens Christi, Symbol des Tempels als Haus Gottes. Im Barock wird dieses Symbol ja dann wieder zu einem geläufigen Begriff der Architektur.

Den Abschluß der Bauarbeiten am Langchor scheint die Gestaltung des Verbindungsbereiches zwischen Ovalbau und Langchor gebildet zu haben. Das erinnert an den Gang der Arbeiten nach den Zerstörungen des Zweiten Weltkrieges. Ende des Jahres 1190 werden die Reliquien der Märtyrer in die ›nova crypta‹, in die neue Krypta, übertragen. Damit ist offensichtlich die neugestaltete Confessio am Westende der Krypta gemeint, in der heute drei übereinandergestellte Sarkophage die Erinnerung an die Märtyrer wachhalten. Ende August des folgenden Jahres 1191 weiht Bischof Bertammus von Metz den Altar des hl. Gereon darüber – an derselben Stelle, wo sich auch heute wieder ein Altar mit der alten Altarplatte über der Confessio erhebt. Bischof Bertammus weiht zugleich die Altäre des hl. Petrus und des hl. Blasius. Der Altar Petri befand sich in der Nische auf der Südseite mit dem Zugang zur Krypta. Der Altar des hl. Blasius könnte in der damaligen Sakristei gestanden haben; denn mit der Vollendung der gotischen Sakristei im Jahre 1319 wird er zuletzt erwähnt. Mit der zusätzlichen Weihe dieser beiden Altäre könnten sich erste Bauarbeiten im Bereich des Ovalbaus andeuten.

Anderes weist in die gleiche Richtung. Der obere der drei Sarkophage in der Confessio trägt die spätromanische Inschrift: »HIC RECONDITA SUNT CORPORA THE-BEORUM MARTYRUM«. Sieben weitere solcher Sarkophage waren in den Nischen des Dekagons aufgestellt, deren Inschriften sogar Zahlenangaben über die in ihnen unterge-brachten Skelette enthielten.

Nur zwei davon haben die Zerstörungen des Zweiten Weltkrieges überstanden. Zwei weitere Sarkophage, die teils die Altarplatte des Hauptaltars im Chor trugen, waren mit einer Inschrift versehen, welche die Aktion der Erhebung der Gebeine in das Jahr 1212 datierte. Das stimmt mit dem zweiten im Altarsepulkrum überlieferten Siegel des Kölner Erzbischofs Dietrichs I. (1208–12) überein, das dort neben denen Erzbischofs Arnold II. und Ruperts von der Pfalz gefunden worden war. In dieser untergegangenen, nur überliefer-ten Inschrift scheinen die gesamten Aktivitäten zusammengefaßt, an deren Anfang die Erneuerung der Confessio steht.

Aber bevor wir nun uns dem Höhepunkt der Baugeschichte, dem Dekagon, zuwenden, noch einen letzten Blick auf die Chorfassade. Chorfassaden sind durch die Lage Kölns am Westufer des Rheins bedingt. Am Ufer gelegene Kirchen wie St. Kunibert, St. Maria Lyskir-chen oder Groß St. Martin setzen hier den architektonischen Akzent. Aber auch innerstädti-sche Kirchen stehen in der gleichen Situation. Der Besucher nähert sich ihnen von Osten, aus der Stadtmitte kommend. So entsteht die Schaufront im Osten bei St. Gereon oder St. Aposteln, jeweils der Stadt zugewandt. Typisch für die Kölner Chorfassaden ist die von zwei Türmen begleitete Apsis. Ähnliches mögen schon die Baumaßnahmen Annos angedeu-tet haben. Mit St. Gereon wird ein Höhepunkt erreicht. Der Reichtum der Gliederung der Apsis über Sockel, Kryptageschoß, Chorunter- und -obergeschoß ist schon geschildert worden. Selbst St. Aposteln bleibt in den Rahmungen der Fenster schlichter als St. Gereon. Hier, an St. Gereon, erscheint dann erstmals (oder ist Groß St. Martin früher?) die prunk-volle Verbindung von Plattenfries und Zwerggalerie mit einem weit ausladenden Traufge - sims darüber. Die unteren drei Geschoßgliederungen werden gleichmäßig auch auf die Flan-kentürme übertragen.

Mit der Höhe von Zwerggalerie und Plattenfries trennen sich die Wege. Der Ostgiebel über dem Dach der Apsis setzt mit seiner einst wohl mit Skulpturen gefüllten Nischengliede-rung etwas höher an als das entsprechende Turmgeschoß.

Ein hier durchgezogenes Gesims, durchaus denkbar, hätte zu einer merkwürdigen Tren-nung der Bauteile geführt. So bleibt die Mitte betont, und gleichmäßig, organisch wachsen die Türme aus der Rahmung der Apsis heraus. In sieben Etagen steigen sie auf, wobei jeweils ein deutlicher Mauerrücksprung die Etagen markiert. Die freistehenden letzten drei Turm-geschosse werden immer reicher durchgegliedert und schließen mit je zwei Dreiecksgiebeln auf jeder Turmseite ab. Ein Bild, das in Köln sonst nur noch bei der untergegangenen Kirche St. Laurentius erschien. Ein bewegter Umriß, der als Vorbild den achtseitigen Vierungsturm ahnen läßt, wie er erstmals um 1170 in Knechtsteden bei Dormagen gebaut worden ist. Diese

115

ST. GEREON

St. Gereon und St. Christoph, Gemälde von G. A. Berckheyde, Mitte des 17. Jh. Kölnisches Stadtmuseum

lebendigen Silhouetten, in denen Günter Bandmann die Giebel des Himmlischen Jerusalem erkannte, wirken hier nach.

Der Altar im Chor ist offensichtlich im Jahre 1212 von Erzbischof Dietrich I. erneut geweiht worden. Ursache war sicher der Einbau der beiden Sarkophage mit Thebäerreliquien, welche die Inschrift trugen. Nimmt man nur die Zahlenangaben der Inschriften – längst nicht alle Inschriften enthielten eine –, kommt man auf 81 Skelette, die bei dieser Aktion erhoben worden sind. Die beiden erhaltenen Sarkophage (von einst sieben) stehen auf der Südseite des Dekagons, und ein fast zerstörter ist noch in einer Nische der Nordseite zu erkennen. Diese große Zahl von Reliquienfunden, die bei weitem alles übersteigt, was bei den Grabungen Annos oder Norberts gefunden wurde, läßt auf größere Grabungsaktivitäten im und wohl auch um den Kirchenbau schließen. Keine schriftliche Überlieferung hat diese Arbeiten festgehalten. Das läßt vermuten, daß die Reliquienfunde nicht das eigentliche

Ziel der Grabungen waren, sondern ein Nebenergebnis von Erdbewegungen mit einem anderen Ziel. Und damit stehen wir mitten in den Bauarbeiten des frühen 13. Jahrhunderts am Dekagon.

Über den Abschluß der Bauarbeiten, die Vollendung des Kuppelgewölbes über dem neugestalteten Dekagon, sind wir gut unterrichtet.

Die ›Annales Sancti Gereonis Coloniensis‹ haben das festgehalten: »Anno incarnationis dominice 1227 in octava apostolorum Petri et Pauli completa est testudo monasterii sancti Gereonis.« Wie eine kostbare Reliquie hatte man die Mauern des spätantiken Baus in den Neubau einbezogen, seine Gestalt davon bestimmen lassen. Ähnliche Rücksichtnahme kennen wir auch von anderen mittelalterlichen Kirchenbauten. Als Mindestmaß dieser Art von Pietät kann man bei Grabungen fast immer die Beibehaltung des Platzes des Hauptaltares feststellen. Der Gedanke der Sparsamkeit mag daneben durchaus auch eine Rolle gespielt haben. Was man weiter benutzen konnte, mußte nicht kostspielig abgerissen werden und ersparte beachtliche Baukosten für den geplanten Neubau.

Diese Finanzprobleme, an denen sich ja bis heute nichts geändert hat, haben zu einer weiteren Nachricht in den Quellen über den Bau des Dekagons geführt. Im Jahre 1219 beschließt das Kapitel, die Versammlung der Stiftskanoniker, umfangreiche Investitionen für den Neubau: »Cum edificia nostre ecclesiae ex longa vetustate dispacta iam ruinam minarentur et eorum restauratio dilationem nullam pateretur.« Jedes Mitglied des Stiftes wird zu Beiträgen für die ›fabrica ecclesia‹, für die Baukasse, herangezogen, da die Bauten unserer Kirche wegen hohen Alters auseinanderfallen, zur Ruine zu werden drohen und die Restaurierungsmaßnahmen keinen Aufschub mehr dulden. So steht es auch heute in jedem entsprechenden Beschluß und Antrag auf Baumittel. Solche bedrohlichen Schilderungen gehören zum unvermeidlichen Inventar an Formulierungen für diesen Zweck. Fast wortgleich sind zwei weitere Kapitelbeschlüsse aus dem Jahre 1224. Und im Jahre 1238 erhält die Baukasse wieder auf neuen und anderen Wegen zusätzliche Einnahmen zugewiesen. Der Beschluß des Jahres 1219 belegt also nur – und das deutlich, da andere Finanzierungswege als bisher erschlossen werden –, daß die Baukasse leer ist. Eingesetzt haben die Bauarbeiten sicherlich früher.

Im selben Kapitelbeschluß des Jahres 1219 wird festgelegt, daß das Badehaus des Stiftes binnen eines Jahres fertigzustellen ist. Das wirkt auf den ersten Blick zwar mehr als kulturgeschichtliches Kuriosum, ist aber eine der wenigen Angaben, die wir für das mittelalterliche Köln zu Bauzeiten haben.

Setzt man als erfahrener Bauherr schon ein Jahr als wohl knappe Frist für die Erneuerung eines Badehauses, können wir kaum erwarten, daß eine der kühnsten Baumaßnahmen der Kölner Romanik binnen acht Jahren vollendet war.

Alles spricht dafür, daß zu Beginn des 13. Jahrhunderts mit den Funden der Thebäerreliquien die Bauarbeiten für die Fundamentierungen begonnen haben. Auch die architekturgeschichtliche Einordnung der Formen, die der Architekt des Dekagons verwendet, spricht nicht dagegen – sie erhalten sogar ihren eigentlichen Rang an Modernität, wenn wir einen Baubeginn um 1210 annehmen. Die ›gotischen‹ Formen, die am Dekagon erscheinen, Knos-

117

ST. GEREON

penkapitelle, Strebepfeiler und Strebebögen und schließlich die Gruppenfenster des Obergadens entsprechen dem Stand der Entwicklung gotischer Architektur in der Ile-de-France zu dieser Zeit.

Mit einer Scheitelhöhe von 34,55 m bei einer Breite von 16,90 m zur Länge von 21 m erreicht das Dekagon als Ovalraum die üblichen Maße französischer Kathedralen Ende des 12. und zu Beginn des 13. Jahrhunderts. Der viergeschossige Wandaufbau (Abb. 28), zu dieser Zeit schon nicht mehr das Modernste an Kathedralenarchitektur, ist hier durch den Bestand des spätantiken Baus bedingt. Mit einem dreigeschossigen Aufbau hätte sich bei den vorgegebenen Maßen der Nischen nicht die gewünschte Höhe erreichen lassen.

So werden innen anstelle der spätantiken Doppelsäulen mächtige Pfeiler vorgelegt. Als dünne Wandschicht umfangen sie mit gebrochenem Bogen noch abschließend die Fächerfenster des dritten Geschosses.

Die am Pfeiler eingestellten Dienste, die den spitz gebrochenen Gurtbogen über den Fächerfenstern tragen, betonen die Einheit der so zusammengefaßten Formen. Die Nischen bleiben bar jeglichen Schmuckes. Erst das Emporengeschoß mit seinen Arkaden in gestaffelter Höhe ist mit ornamentaler Steinmetzarbeit reich ausgestattet. Kelchknospenkapitelle und reich durchgearbeiteter Dekor als Rahmung bieten ein fast maßwerkartiges Bild. Die Emporen (Abb. 33) auf beiden Seiten des Dekagons nutzen den Raum über den spätantiken Nischen. Ihre zierlichen, halbseitig wie Muscheln angelegten Gewölbe sind kleine Vorstufen zur großen Kuppel. Rippen sind allerdings nur auf der Südseite unterlegt. Auf der Nordseite fehlen sie und zeigen damit deutlich, daß sie noch keinen konstruktiven Zweck erfüllen, Dekoration bleiben. Darüber liegt, mit einem innenseitigen Laufgang davor, das Geschoß der Fächerfenster. Das steht deutlich in der rheinischen Tradition der doppelschaligen Wand. In der Ile-de-France hätte man den Laufgang nach außen verlegt und einen grazileren Eindruck gewonnen. Das gilt auch für den Laufgang vor den Gruppenfenstern darüber. Sie werden geschickt durch zweifach in das gestufte Gewände eingestellte Säulen mit Spitzbogenwülsten darüber gerahmt. Jeweils zwei, im Osten und Westen drei gestaffelte Lanzettfenster mit einem oder zwei Dreipässen dazwischen werden so zusammengefaßt. Durch die hohen Dienste, als Dreiviertelsäule vor den Pfeiler gelegt, mit den kräftigen Rippen darüber, werden die Geschosse zu jochartigen Einheiten verbunden.

Das gut 40 cm dicke Gewölbe (Farbt. 9), in das die Rippen eingebettet sind, zeigt noch einmal, wie weit der Architekt trotz des äußeren Anscheins noch von den bautechnischen Entwicklungen im Herzen Frankreichs entfernt ist. Dort dienten Rippen längst als Führungslinien dünner, leichter Gewölbekappen. Hier, in der Kuppel von St. Gereon, deren Rippen in einem mächtigen hängenden Schlußstein enden, sind die Rippen mehr Dekoration als funktioneller Teil der Architektur. Der hängende Schlußstein in Form eines Granatapfels, Symbol der Auferstehung, war ursprünglich aus Kork und mit Leder überzogen. Im Krieg vernichtet, hat man ihn nun in Holz ersetzt.

Für den Seitenschub des mächtigen Gewölbes sind die kurzen Strebebögen über den zarten Strebepfeilern zwar an der richtigen Stelle angesetzt, aber es fehlt obenauf das notwendige Auflagegewicht, um tatsächlich den Schub ableiten zu können. Ein entsprechendes

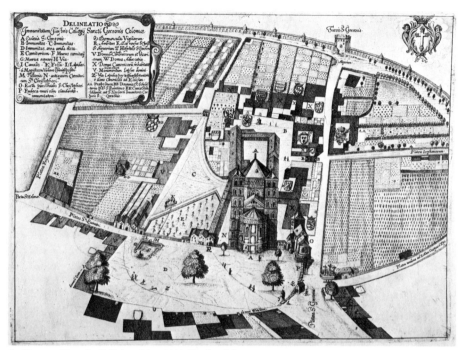

St. Gereon, Plan des Stiftsbereiches 1646. Kupferstich

Auflagegewicht auf die Mauern des Dekagons selbst bringen Zwerggalerie mit Plattenfries, das mächtige Traufgesims darüber. Aber das alles hätte auf Dauer kaum ausgereicht. Wie rings um die Vierungen von St. Aposteln oder Groß St. Martin hat man die Kuppel von St. Gereon durch einen hölzernen Ringanker im Boden des Laufgangs der Zwerggalerie gesichert. Den gleichen Kanal nutzt dort der heutige moderne Ringanker. In der Technik des Gewölbes ist der Abstand vom in der Ile-de-France erreichten technischen Niveau deutlich zu erkennen. Das gilt auch für die rheinische Lösung, die Laufgänge über der Empore und vor dem Obergaden innen und nicht außen verlaufen zu lassen. Damit tritt die Massivität des Mauerwerks erheblich stärker hervor. Die romanische Plastizität der Wand wird gegenüber der durchaus gotischen Linienführung betont.

Auch die Verwendung ›gotischer‹ Einzelformen, wie der Kelchknospenkapitelle der Emporen, Strebebogen und Strebepfeiler und der Gruppenfenster des Obergadens, täuscht nicht darüber hinweg, daß sich die traditionelle rheinische Architektur durchgesetzt hat. Aber das entspricht dem Stand der Dinge. Die Gruppenfenster des Obergadens folgen den Vorbildern der Zeit. So waren sie in den Emporen von Noyon angedeutet oder in den frühen Fenstern von Chartres oder Bourges ausgeführt worden. Erst um 1220 wird beim Bau der

ST. GEREON

Kathedrale von Reims das Maßwerkfenster entwickelt. Der Architekt von St. Gereon kann diese aber nicht mehr gesehen haben, wenn wir einen Baubeginn um 1210 voraussetzen. Dann steht er auf der Höhe der Entwicklung. Denn erst mit Reims werden gotische Architektursysteme entwickelt, die sich nicht mehr mit romanischen Formen verbinden lassen. Das zeigt im Gebiet des Deutschen Reiches seit 1235 deutlich die wenig jüngere Architektur der Elisabethkirche in Marburg oder der Liebfrauenkirche in Trier.

Für diese stufenweise Übernahme gotischer Architektur, verbunden mit einem Wandel in Technik und Organisation des Bauens, ist St. Gereon ein vornehmes Beispiel.

Nach der Vollendung der Kuppel, selbst für kirchliche Chronisten ein erwähnenswertes Ereignis, liefen die Bauarbeiten weiter. Das belegt schon die erwähnte Notiz über zusätzliche Einkünfte der Baukasse aus dem Jahre 1238. Auch die Baubegeisterung der Mitglieder des Stiftskapitels hält an. Dekan Hermann stellt für zwei Jahre die sicher beachtlichen Einkünfte aus seiner Pfründe für den Bau der Taufkapelle zur Verfügung. Das achtstrahlige Gewölbe des zierlichen Baus an der Südseite des Dekagons greift die klassische Konzeption der Baptisterien auf. Diese kann sich außen nicht auswirken. Die Taufkapelle war zur Bauzeit zwischen Dekagon und einem langen gedeckten Gang eingeklemmt, der von der östlichen Immunitätsmauer zum Westeingang des Dekagons in die Vorhalle führte.

Durch diese notwendige Wahl des Bauplatzes für die Taufkapelle dringt das Mauerwerk des gerade vollendeten Dekagons in den Raum der Taufkapelle ein. Dabei wurden Teile des noch frischen Verputzes des Dekagons konserviert. Eine einmalige Gelegenheit. Diese Reste zeigten eine Mörtelputzstärke von etwa 0,5 cm. Unabhängig vom tatsächlichen Fugenverlauf des Mauerwerks war darauf ein Fugenmuster mit schwarzen Strichen aufgetragen. Dieses Grundmuster des strahlend hellen Mauerwerks der äußeren Erscheinung des Dekagons wird man sich an architektonisch wichtigen Stellen, meist mit Bildhauerarbeiten besetzt, noch zusätzlich farbig gefaßt vorstellen müssen. Gesimse, Kapitelle oder Plattenfries sind sicher solche Stellen gewesen. Mit dem Schmuck des bleigedeckten Daches des Dekagons vollendete sich das prunkvolle Bild. Hier hat man auf Resten der mittelalterlichen Bleiplatten rings um den bekrönenden Knauf 1878 Spuren vergoldeter Muster entdeckt.

Zurück zur Taufkapelle, die diese Entdeckungen möglich machte. Die Einzwängung der Taufkapelle macht auch die Lage der Fenster im Westen und rings um die kleine Apsis im Osten verständlich. Eine Fülle von Kapitellen (Abb. 29, 31), teils als Kämpfer der Rippen umgedreht aufgelegt, von Säulen mit Schaftringen und erhaltener Wandmalerei bietet einen ungewöhnlichen Eindruck spätromanischer Architektur. Ein Kleinod, das um 1230/1240 entstanden sein wird; denn eine genaue Datierung läßt die Notiz über die großzügige Stiftung des Dekans Hermann leider nicht zu. Die wenig später entstandenen Wandmalereien (Abb. 30) weisen in die Mitte des 13. Jahrhunderts mit den typischen scharf gebrochenen Falten der Gewänder, wie wir ihnen auch in St. Maria Lyskirchen begegnen. In Kontrast zur kleinteiligen Architektur stehen die großen Heiligengestalten der Nischen. In den Gewölbezwickeln über dem Altar erscheint Christus als Richter des Jüngsten Gerichtes, begleitet von Maria und Johannes dem Täufer. Über allem schloß sich ein blauer Himmel mit goldenen Sternen, zusammengefaßt im prächtig ornamentierten Schlußstein.

St. Gereon Taufkapelle: St. Gereon und St. Helena

Die Fülle und der Reichtum der Bauarbeiten an den romanischen Kirchen Kölns im 12. und frühen 13. Jahrhundert ist nicht nur Prunken mit dem Reichtum, der aus fruchtbaren Ländereien bei besseren landwirtschaftlichen Methoden in dieser Zeit in die Kassen der Kapitel fließt. Den hätte man, wie zu jeder Zeit, auch damals anders verwenden können.

ST. GEREON

Die Memorialbücher der Stifte und Klöster verzeichnen die Todestage der Wohltäter. An diesem Tag werden sie besonders in das Gebet der Chorgemeinschaft eingeschlossen, es wird Fürbitte für sie eingelegt. Das war die Absicht derer, die dem Stift Ländereien oder andere Einkünfte vermachten. So kam ihr weltliches Gut ihrem Seelenheil zugute. Sich für ihr eigenes Seelenheil und das der Wohltäter einzusetzen, war die Hauptaufgabe solcher Institutionen. Dafür schufen die Bauten mit ihrer reichen Ausstattung den notwendigen Rahmen. Daneben wurde Seelsorge betrieben. Weite Bereiche wurden besonders in der Frühzeit von einem Stift aus versorgt.

Auch später sind Stiftsherren oft zugleich Pfarrer in weit von Köln entfernt gelegenen Gemeinden. In Köln selbst wurde die eigene Pfarrei in der kleinen Kirche St. Christoph versorgt. Sie wird 1172 erstmals erwähnt und schließlich zu Beginn des 19. Jahrhunderts abgerissen, als die Gemeinde nun St. Gereon nach Aufhebung des Stiftes übernimmt. Meist wird zugleich eine kleine Schule betrieben, in welcher der eigene Nachwuchs an Kanonikern neben anderen Schülern ausgebildet wird. Viel Zeit verschlingt auch die Verwaltung der Güter, aber einen großen, wohl den größten Teil des Tages nahmen Chorgebet und Messfeier ein.

Welche Intensität die Frömmigkeit gerade in St. Gereon erreichte, zeigt die Tatsache, daß die erste nachweisbare Fronleichnamsprozession 1277 von hier ihren Ausgang nahm. Mit Begeisterung hatte man die von Lüttich ausgehende Bewegung neuer Frömmigkeit hier aufgenommen. Vielleicht war es Dekan de Schinnis, der etwa zu dieser Zeit sein Amt übernahm, der die Neuerung einführte. Seine Begeisterung für den Bau, seine Ausstattung und die Liturgie zeigt er mit einer Stiftung aus dem Jahre 1280. In der zweiten Nische der Nordseite des Dekagons ließ er am Marienaltar ein neues, gotisches Fenster einsetzen. Es ist anzunehmen, daß weitere Mitglieder des Stiftskapitels in diesen Jahren für die anderen Fenster sorgten. Seine Freigebigkeit gilt nicht nur der Architektur. Er stiftet zugleich 40 Mark, etwa 10 kg Silber – ein beachtliches Kapital – für den Unterhalt des Chores; außerdem zwei Mark für die Verbesserung der Orgel. Er läßt das Kreuz vor dem Chor neu vergolden und die Figuren Mariens, des hl. Johannes, Gereons und Helenas neu anfertigen, die auf einem Balken unter dem Kreuz stehen. Hier spürt man, in einer Urkunde zusammengefaßt, aus welchen lebendigen Zusammenhängen liturgischen Stiftslebens der Bau erwachsen ist.

Größere Bauunternehmungen stellen in gotischer Zeit nur die Erneuerung der Sakristei und die gotische Umwandlung des Chores dar. 1319, als der Priesterkanoniker Johannes von Stayburg den Altar der Sakristei dotiert, ihn mit Einkünften versieht, die einen Vikar ernähren sollen, wird der Bau vollendet sein. Die vierbahnigen Fenster der Sakristei entsprechen im Maßwerk fast den Fenstern des Chorumgangs im Dom. Sie sind nur wenig bescheidener angelegt. Prunkvoll, Vorstufe für das Blendmaßwerk der Nordwand des Hansasaals im Rathaus, wird das Blendmaßwerk an der Südwand der Sakristei. Hier wird ein Reichtum ausgespielt, den man bei offenen Maßwerken nicht durchführen wollte.

Von schlichter Präzision sind dagegen die Maßwerkfenster und Gewölbe, die in den beiden Chorjochen in der zweiten Hälfte des 14. Jahrhunderts eingefügt wurden. Heinrich Suderland, Mitglied des Stiftskapitels, stiftete sie. Er starb 1404. Das Memorialbuch des

St. Gereon von Südwesten, 1831. Lithographie

ST. GEREON

Stiftes notiert zwar auch, daß er außerdem die Vorhalle und zwei Flügel des untergegangenen Kreuzganges wölben ließ, berichtet aber nicht, in welchen Jahren diese Arbeiten durchgeführt wurden. Die Konsolen der Gewölbe der Vorhalle mit ihrer Versammlung erschreckender Dämonen – nur ein Engel mit erlösender Botschaft ist dazwischen – bieten ein beängstigendes Bild von der Furcht, die das späte Mittelalter bewegte.

Ein solcher Bau bedarf ständiger Pflege und muß immer wieder einmal den Erfordernissen der sich wandelnden Liturgie angepaßt werden. Die zufällig überlieferte Aktion des Dekans Wilhelm de Schinnis ist nur ein Beispiel für viele, die wir nicht kennen. Im 17. und 18. Jahrhundert ist man dabei besonders aktiv. Es werden sogar die Fenster der Apsis vergrö-

St. Gereon. Idealisierte Darstellung in der Koelhoff'schen Chronik, Köln 1499

ßert, um barockem Lichtbedürfnis zu genügen. So ist von den aufeinander folgenden Ausstattungen oft nur ein Monument zu entdecken, das einst Teil eines großangelegten Konzeptes war. Entscheidende Eingriffe in die Bausubstanz und in die Gestaltung der Umgebung der Kirche bringt die Säkularisation. Die Cäcilienkapelle auf der Nordseite des Dekagons und der dort wieder erneuerte Treppenturm werden wegen Baufälligkeit abgerissen. Kreuzgang und Stiftsgebäude folgen. Die Gestalt der Vorhalle wird verändert. Die letzte großzügig geplante Ausstattung, die August von Essenwein entworfen hatte, ist im letzten Krieg vernichtet worden. Eine neue Konzeption ist an ihre Stelle getreten. Das läßt sich am einfachsten erfassen, wenn man mit bedachtem Blick auf diese Spuren der Vergangenheit die Räume noch einmal abschreitet.

Zur Krypta führen aus den östlichen Konchen des Dekagons zwei schmale Gänge. Auf der Südseite erreicht man hier auch die *Nikolauskapelle* mit den dort eingemauerten frühchristlichen Grabsteinen, die im Bereich von St. Gereon gefunden wurden. Noch dahinter liegt das Untergeschoß der gotischen Sakristei. Der Bereich zwischen Chor und Dekagon ist

◁ St. Gereon 1948

ST. GEREON

mehrfach umgestaltet worden. So hat man am Ende des 19. Jahrhunderts zwei weitere Durchgänge, nahe der Confessio, angelegt, die jetzt im Westen wieder verschlossen sind. Eine doppelte Arkade öffnet, wohl erst Anfang des 13. Jahrhunderts hinzugefügt, in der Krypta den Blick auf die dort übereinander gestellten Sarkophage. Eine Doppelsäule mit zierlichem Kapitell trennt die Bögen. Darüber ist Ende des 13. Jahrhunderts eine *Kreuzigung* als Wandmalerei gesetzt worden, der St. Gereon und die hl. Helena, die legendäre Gründerin der Kirche, als Assistenzfiguren beigegeben sind; keine besonders qualitätvolle Arbeit, aber im Bereich der Krypta noch die am besten erhaltenen Teile der Wandmalerei. Aus derselben Zeit um 1300 stammen die weiter östlich sichtbaren Rankenornamente in den Kreuzgratgewölben. Noch aus der staufischen Bauzeit stammt die nur fragmentarisch erhaltene Inschrift auf einem der östlichen Kapitelle: »IN HAC TUMBA CONDITUM EST...«. Damit war wohl darauf angespielt, daß man Reliquien der Thebäer (?) im Kapitell untergebracht hat. Die Fortsetzung der Inschrift fehlt. So ist nicht sicher festzustellen, ob man hier einen der nicht seltenen Fälle vor sich hat, daß die Reliquien im wörtlichen Sinne als Bausteine des Abbilds des Himmlischen Jerusalem benutzt wurden.

Kostbarster Bestand der Krypta sind die im östlichen Teil Ende des 19. Jahrhunderts neuverlegten Reste des staufischen *Fußbodenmosaiks* aus dem Chor (Farbt. 7). Aus Berichten des 16. Jahrhunderts ist bekannt, daß es schon damals nur fragmentisch erhalten war. Im 17. Jahrhundert vom Chor in die Krypta verlegt, hat man seinen Bruchstücken im 19. Jahrhundert früh Aufmerksamkeit geschenkt. Der Maler Tony Avenarius hat dann die Bruchstücke als ›Puzzle‹ angesehen, durchgepaust, wieder zusammengesetzt und ergänzt. In zwölf großen Feldern werden, eindrucksvoll knapp, Szenen aus den Geschichten um David und Samson als Vorläufern Christi erzählt. Kleinere Felder mit Tierkreiszeichen, stark ergänzt, runden das Bild ab. Italienische Vorbilder sind deutlich zu erkennen, und die Einzigartigkeit eines solchen Kunstwerks im Deutschen Reich, jenseits der Alpen überhaupt, läßt noch heute den Stolz und das Selbstbewußtsein der Stiftsherren spüren.

Dieser Stolz, auf der Höhe der Zeit zu stehen, dokumentiert sich auch in der reizvollen Mischung gotischer Grundformen im Renaissancegewand, die der *Kreuzigungsaltar* im Zentrum der Krypta bietet (Abb. 34). Er ist noch Zeugnis der Anfänge der Renaissance in Köln, entstanden in den Jahren um 1540. Ein knappes Jahrhundert später wird mit einer bescheidenen *Grablegungsgruppe* ein Skulpturthema aufgegriffen, das schon fast nicht mehr modern ist. Der dunkelste Moment scheinbarer Vergeblichkeit in der Passion Christi, der besonders das 14. und 15. Jahrhundert bewegte, wird den Gläubigen vor Augen gestellt.

Die bei aller Kraft der Farben zurückhaltenden *Fenster Alfred Manessiers*, 1964 entstanden, geben der Krypta ein ungewöhnliches Licht – wenn es nicht allzusehr von den Lampen überstrahlt wird. Auf der Südseite führt der Zugang zum Dekagon vorbei an der Nikolauskapelle. Hier ist eine Reihe frühchristlicher Inschriften eingemauert. Über der Tür zum Untergeschoß der Sakristei ist ein *barockes Relief* eingelassen. Es zeigt ein Wappen mit

St. Gereon, Sebastianus-Altar ▷

ST. GEREON

gekreuzten Knochen in Form eines Hauszeichens, Totenkopf als Helmzier, Sanduhr und Fledermausflügel sowie der aus Würmern gebildeten Inschrift: »SEQUIMINI« – Hinweis darauf, daß alle den Weg des Grabstelleninhabers auch noch gehen werden.

Die neue Gestaltung des Dekagons folgt den Impulsen, die von der Konzeption Wilhelm Nyssens ausgehen. Grundthema ist das Martyrium, Zeugnis des Gläubigen von seinem Glauben. So ist die Gestaltung des Gewölbes verstanden, die »im Rot der Zeugenschaft die Flammengarben des Pfingstgeistes aufleuchten läßt, der jedes Martyrium in der Kirche bewirkt« (Farbt. 9).

Dies gilt auch für die Gestaltung der *Fenster,* die einem Grundthema entsprechen: »Der Sieg Christi in seinen Heiligen, die Einheit von Himmlischem und Irdischem Jerusalem«. Die Fenster der beiden oberen Geschosse entstanden nach Entwürfen *Georg Meistermanns.* Im Osten, über dem Triumphbogen zum Chor, wird das Thema der Chorapsis wiederholt, Christus als Richter des Jüngsten Gerichtes, fürbittend daneben Maria und Johannes. Das Lamm der Apokalypse im Mittelfenster steht über dem edelsteinhaften Funkeln des Himmlischen Jerusalem. In den Lanzettfenstern links und rechts, im Süden und Norden, ergänzen die Propheten des Alten Testaments mit den Gesten des Zürnens, Schauens, Rufens und Lauschens – Sophonias und Jesaja links, Amos und Ezechiel rechts – die Reihe der Apostel des Neuen Testamentes, welche die restlichen Fenster füllen. Noch ist der Zyklus nicht vollendet. Aber schon sind einige Persönlichkeiten charakterisiert. Petrus als Fels, daneben Jakobus mit dem Stab des Bischofs von Jerusalem oder Andreas mit den schrägen Balken des Andreaskreuzes und Paulus mit der roten Glut seines Attributs, des Schwertes.

Das große Westfenster verbindet Pfingsten – das Thema der Kuppel aufgreifend – mit der Himmelfahrt Christi. Das betont das Mittelfenster, links leuchtet der Glanz des Heiligen Geistes, rechts führen dunkle Töne in das Reich des Todes. Im kleinen Westfenster darunter wird das Kölner Thema der Epiphanie Christi angeschlagen. Die Heiligen Drei Könige erscheinen, um ihre rot leuchtenden Gaben dem auf Erden erschienenen Herrn zu überreichen. Ihnen zur Linken und Rechten in den Fächerfenstern ist die Zone der himmlischen Wesen angesiedelt. Man erkennt nach geduldigem Schauen die Symbole der vier Evangelisten, wie sie schon Ezechiel und Johannes sahen. Engel und zwei der vier Reiter der Apokalypse runden das Bild der Visionen. Die Fenster Georg Meistermanns, mit der Darstellung der Verkündigung mit Engel, Heiligem Geist und Maria, bringen einen ungewöhnlichen Farbenklang und eine nicht leicht auf den ersten Blick lesbare Zeichnung oft dichter Linienführung des Bleis. Dem Ungeduldigen gegenüber, der eine leichte Bildsprache erwartet, sperren sie sich. Aber auch ihn vermag die Kraft und Fülle der Farben zu faszinieren.

Wilhelm Buschultes Fenster im Emporengeschoß zeigen dagegen in leichter verständlichen Farben und Zeichnungen Kölner Heilige: Gereon, Maternus, Heribert, Petrus Canisius, Ursula, Barbara, Katharina und die Äbtissin von Vilich.

Der teils in leichtem Relief gehaltene *Fußboden* ist von *Elmar Hillebrand* gestaltet worden. Im Zentrum die Enthauptung des heiligen Gereon, ihn umgeben die Sinnbilder des

1   Dreikönigen-Schrein, Detail ▷

3 ST. APOSTELN Otto Mengelberg: St. Michael, 1838/39

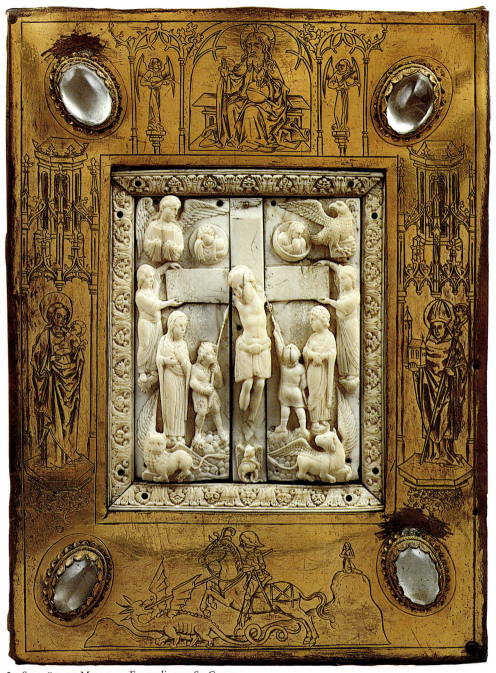

5 SCHNÜTGEN-MUSEUM   Evangeliar aus St. Georg

4 ST. APOSTELN   Heribert-Kelch

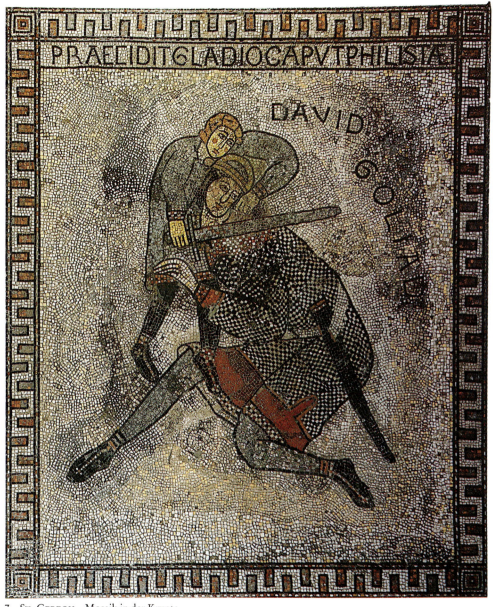

7 ST. GEREON   Mosaik in der Krypta

10 St. Pantaleon Erzengel vom Maurinus-Schrein

11 St. Pantaleon Cherub vom Maurinus-Schrein

12 St. Pantaleon Blick ins südliche Seitenschiff nach Westen

14 St. Maria im Kapitol von Süden
13 St. Maria im Kapitol (freigegeben RPD OP 1054)
15 St. Pantaleon Blick ins Schiff nach Osten

16 St. Maria im Kapitol   Plektrudis-Grabplatte (um 1180)

17 St. Maria im Kapitol   Plektrudis-Grabplatte (um 1280)

18 St. Maria im Kapitol   Detail der Holztüren

19 St. Pantaleon   Christuskopf

20 Schnütgen-Museum   Kruzifixus aus St. Georg

21 St. Gereon   Fragment eines Freskos

22 St. Caecilien   Detail aus dem Tympanon

23 Gross St. Martin

25 St. Ursula Goldene Kammer

24 St. Ursula (freigegeben RPD OP 1036)

 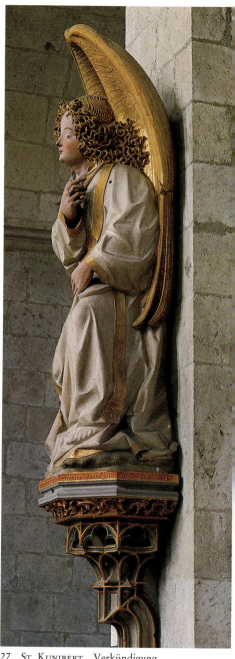

26 ST. KUNIBERT Verkündigung   27 ST. KUNIBERT Verkündigung

28 St. Kunibert Glasfenster

29 St. Kunibert Die Schlange im Paradies

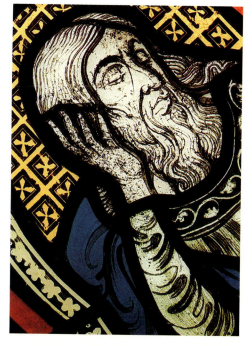

30 St. Kunibert Jesse, Detail aus dem mittleren Fenster

31 ST. MARIA LYSKIRCHEN Gewölbe des Mittelschiffs 32 ST. MARIA LYSKIRCHEN Westportal
33 GROSS ST. MARTIN (freigegeben RPD OP 1056)

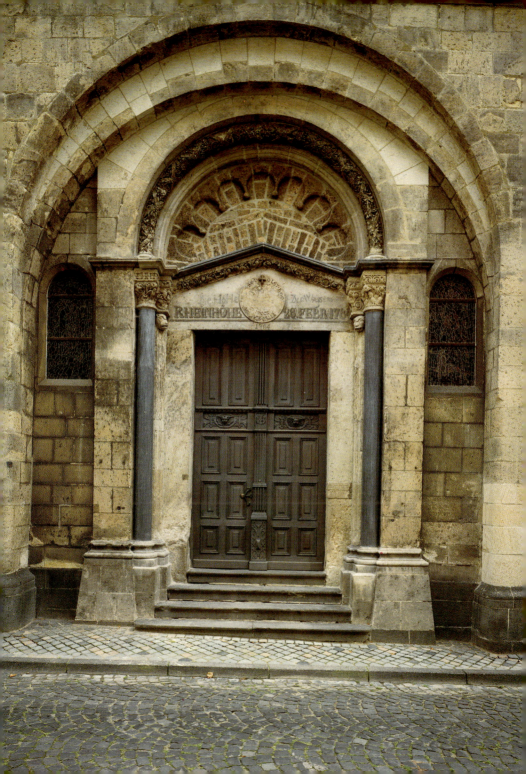

Opfers mit dem vom Löwen geschlagenen Stier, des Zeugnisses mit Daniel in der Löwengrube und eine Darstellung des zerstörten Dekagons, das nun 40 Jahre nach Kriegsende wieder in den Brauch der Gemeinde genommen werden kann. Hier finden auch der Sebastianus-Altar, von dem nur das kostbare Altargemälde erhalten ist, und die gotische Madonna auf der Mondsichel wieder ihren Platz.

Das *Altarbild des Sebastianus-Altars,* um 1635 entstanden, zeigt den geöffneten Himmel voll der Heiligen des Heiligen Köln (s. Abb. S. 127). Sebastian selbst wirkt als Randfigur neben den heiligen Kölner Bischöfen, von denen Anno der hl. Helena seine Anbauten an der Kirche zeigt. Darüber die Scharen der Thebäer und Mauretanier und die Jungfrauen der hl. Ursula. Darunter breitet sich, von Johann Toussyn gemalt, das Panorama Kölns, während die Schar der Heiligen von Johann Hülsmann stammt, eines der prunkvollsten Zeugnisse des Kölner Selbstverständnisses als Heiliges Köln, das die Stadt besitzt.

Die *Mondsichelmadonna* (Abb. 24) stammt aus der untergegangenen Kirche vor dem Chor des Domes, St. Maria ad Gradus. In der zweiten Hälfte des 14. Jahrhunderts entstanden, gelangte sie erst Ende des 19. Jahrhunderts nach St. Gereon. Im reichen Faltenwurf, im weichen Liebreiz der Gestalt spürt man noch die Nähe der Verkündigungsgruppe in St. Kunibert (Farbt. 26, 27).

Der Langchor ist durch die Zerstörungen des letzten Krieges seines kostbaren Schmuckes weitgehend beraubt. Das gotische Chorgestühl des frühen 14. Jahrhunderts fiel bis auf das kleine *Modell der Kirche,* das die hl. Helena in der Hand trug, den Flammen zum Opfer; und das wieder war eine Ergänzung des 19. Jahrhunderts. Ebenso sind die barocken Wandreliquiare, die an die Ausstattung der Goldenen Kammer in St. Ursula erinnerten, bis auf die hölzerne Skulptur des hl. Gereon untergegangen. Ihm entspricht die restaurierte Plastik der hl. Helena, gegenüber an der *Tür zur Sakristei.* Diese blieb erhalten. Unter der dünnen Fassung, erkennbar aus Tannenholz gearbeitet, zeigt die Doppeltür schon darin ihre Herkunft aus dem Süden Deutschlands. Vielleicht sind die beiden Türflügel mit Christus als Schmerzensmann und Maria als Mater dolorosa, die Anfang des 16. Jahrhunderts entstanden, ein Geschenk des Propstes Johannes Krytwyss aus Esslingen. Er starb, wie sein Grabstein in der Vorhalle berichtet, im Jahre 1513.

Erhalten blieb auch die Hälfte der großen *Tapisserien,* die 1765 in Aubusson unter der Leitung des Meisters Fouries entstanden. In gedämpften Farben schildern sie noch drei Szenen aus dem Leben Josefs. 1608 erneuerte man das *Sakramentshaus.* In den Renaissanceformen beginnt sich langsam schon barockes Leben zu rühren. Über dem Gitter die Szenen des Abendmahls und der Auferstehung sowie eine Kreuzigung.

Nur noch Schemen des mittelalterlichen Glanzes und der einstigen bunten Farbenpracht bieten die Umrisse der *Wandmalereien der Apsis.* Heilige, meist der thebäischen Legion, bewohnen die Nischen, und darüber erscheint Christus als Richter des Jüngsten Gerichtes, begleitet von den vier Wesen, die uns als Symbole der Evangelisten geläufig sind. Edelsteinhaft leuchten dazwischen die drei *Fenster der Verkündigung* von Georg Meistermann.

Raumfüllend und doch durchschaubar strahlt in Gold, weißem Marmor und dunklem Schwarz als Grenze zwischen Dekagon und Langchor der alte *Hochaltar* aus St. Kolumba.

ST. GEREON

1717 wurde der verlorene Altartabernakel bei Johann Franz van Helmont in Auftrag gegeben; 1719 folgte die Krone. Ob der ganze Altar von ihm entworfen wurde, ist fraglich. Seine Konzeption folgt fast wörtlich dem Tabernakel, der nach dem Entwurf Carlo Fontanas 1674 für Santa Maria Traspontina in Rom gefertigt wurde. Es ist sicher ein Genuß, den wiederauferstandenen Altar zu sehen, aber ob er die endgültige Lösung der Gestaltung der Problemzone zwischen Langchor und Dekagon bietet, werden erst die nächsten Jahre entscheiden können.

Rings um die Kirche begegnet man schon den Spuren unseres Jahrhunderts, das sich wie jedes vor ihm bei Restaurierungsarbeiten immer auch zu eigener Gestaltung herausgefordert fühlt. Von Werner Schürmann stammt das *Bronzetympanon* über dem Eingang zur Krypta, für diesen damals einzig benutzbaren Raum kurz nach dem Kriege geschaffen. Noch aus den späten zwanziger Jahren zeugt die Umrahmung des *Nordportals* von einer der vielen Umgestaltungen der Vorhalle. Lambert Schmidthausen hat hier die Verkündigung, Johannes den Taufer und Johannes den Evangelisten zusammengestellt. Über einem der Strebepfeiler, über demjenigen, den der letzte Krieg bis in die Grundfesten erschütterte und zerstörte, erinnert die *Friedenstaube* Theo Heiermanns an das Wüten dieser Jahre, verkündet Hoffnung.

In der Vorhalle, über weite Portale zugänglich, hüten zwei mächtige *Löwen*, wohl erst nachträglich an diese Stelle versetzt, den Eingang zum Dekagon. Sie liegen auf Pfeilern, die ähnlich in den Nebenräumen erscheinen, wohl Spuren der romanischen Gestalt der Vorhalle, die Ende des 14. Jahrhunderts durch die Stiftung des Kanonikers Suderland ihre Gewölbe erhielt. Der linke, streng stilisiert, mag etwas älter sein als der rechte, der – frisch onduliert – einen naturalistischeren Eindruck macht. Romanisch noch der eine, gotischer Zeit entstammend wohl der zweite.

Glänzend restauriert, leuchtend in den Farben ist das *Tympanon über dem Eingang* wiederhergestellt. Es zeigt Christus als den Weg des Heils, neben ihm Gereon und Helena. Darunter berichtet eine Inschrift von der Fülle der Heiligen, die hier ruhen. »Templum Sanctorum Gereonis sociorum eius CCCXVIII thebaeorum Martyrum, et Gregorii sociorum eius CCCLX Maurorum Martyrum« – Gereon mit seinen 318 Gefährten und Gregor Maurus mit seinen 360 Gefährten werden dem Besucher in Erinnerung gerufen. Das gelungene *Gitter* darunter entstand zur Zeit der Portalumrandung auf der Nordseite der Vorhalle, entworfen von Hans Hansen und von Heinrich Hecker ausgeführt. In den Boden der Vorhalle eingelassen, Denkmal und Orientierungshilfe für Besucher zugleich, ist ein *Grundriß der Kirche,* noch umgeben von den untergegangenen Stiftsgebäuden, aus Bronze von Andreas Dilthey. In der erst 1897 entstandenen Kapelle der Südseite der Vorhalle hat eine Michelangelo folgende *Pietà* des Düsseldorfer Künstlers Johann Reiss aus demselben Jahr die Bomben überstanden. Auch eine Reihe der kostbaren *Grabdenkmäler* des Propstes Krytwyss des frühen 16. Jahrhunderts ist erhalten. Es bleibt noch eine Fülle zu entdecken. Längst nicht alles läßt sich in so knappem Rahmen schildern. Einen ausführlichen Blick lohnt auf jeden Fall der *Schatz der Sakristei* mit seinen Zeugnissen aus den Grabungen, mit seinen Beständen vom frühen Mittelalter bis zu den Arbeiten des 19. und 20. Jahrhunderts. Aus der mittelalterlichen Bauzeit, dem Höhepunkt der Architektur des Dekagons entsprechend, stammen zwei kostbare *Armreliquiare*, deren Emails Gereon und Helena – mit der ältesten Darstellung der Kirche –, auch den Stifter, Propst Arnold von Born, zeigen. Und für Stiftungen ist St. Gereon, wie jede der romanischen Kirchen, auch heute noch dankbar.

St. Kunibert

Farbt. 26–30; Abb. 40–44

Mit der Wiederherstellung des Westbaus von St. Kunibert in den nächsten Jahren wird die letzte große Lücke im Kranz der romanischen Kirchen Kölns geschlossen. Das Rheinpanorama der Stadt gewinnt seinen nördlichen Abschluß zurück. An diese Rolle der Kirche, die seinen Namen trägt, hat aber Bischof Kunibert sicher nicht gedacht, als er eine noch Papst Clemens geweihte Kirche für sein Grab wählte. Diese Wahl einer Kirche weit vor den Toren der römischen Stadt, vielleicht inmitten einer kleinen Fischer- und Schiffersiedlung, spricht dafür, daß er sie auch erbauen ließ. So formuliert es die Legende. Zumindest hat er sie gefördert und das Kollegium der Geistlichen, das von hier aus Seelsorge betrieb, mit den notwendigen Einkünften ausgestattet.

Kunibert, der vor 627 zum Bischof von Köln geweiht wurde und nach 648 aus unseren Quellen verschwindet, ist der erste große Politiker auf dem Kölner Bischofsthron. Er ist zusammen mit dem Hausmeier Pippin Berater König Dagoberts I. und Regent des Reiches in Vertretung des unmündigen Sohnes Sigibert. Aus dieser Tätigkeit besaß er sicher ausreichend Mittel, um seine Grabeskirche auszustatten und auch das Armenhospital St. Lupus, nahe dem Dom, einzurichten. Seine Heiligenvita hat die dürftigen Fakten, die uns bekannt sind, um manche Szene bereichert. Hierauf hat man für das Fenster im Obergeschoß des Chores, das sein Leben schildert, mit Freude zurückgegriffen. Dort kommen auch wir noch einmal darauf zurück.

Die nächsten Jahrhunderte in der Geschichte von Stift und Kirche sind dunkel. 866 wird das Stift in der Bestätigung der Guntharschen Güterumschreibung erwähnt, und im Testament Erzbischof Brunos aus dem Jahre 965 erhalten auch der heilige Kunibert und die heiligen Ewalde, deren Reliquien inzwischen in derselben Kirche ruhen, bescheidene Gaben. Aber es wird im Gegensatz zu vielen anderen Kirchen kein Bauzuschuß erwähnt. Die bisherigen Grabungen haben zwar Spuren der frühen Stiftsgebäude nachgewiesen, aber die Fundamente der Vorgänger der heutigen Kirche müssen wir wohl im Mittelschiff des romanischen Baus vermuten.

Die Ausstattung dieses Vorgängerbaus muß beachtlich gewesen sein, wenn man einer fast klassischen Räuberpistole Glauben schenken will. Erzbischof Everger (985–999), dem die Nachwelt noch manch andere schurkische Tat zuschrieb, soll nach Klagen, die im 11. Jahrhundert beurkundet werden, dem Stift Bücher, Altardecken, marmornen Fußboden und einen goldenen Altaraufsatz geraubt haben. Nachweisen läßt sich Everger der Raub nicht. Ebensowenig eine zweite schreckliche Anschuldigung. Er soll, als Erzbischof Gero 976 starb, als Schatzverwalter des Doms verhindert haben, daß man den scheintoten Gero wieder aus seinem Grab befreite, begierig, den Kölner Bischofsstab in seinen Besitz zu bringen. Die Nachwelt muß aus Gründen, die wir nicht kennen, Everger, dem Freund der Kaiserin Theophanu, nicht sehr wohlgesonnen gewesen sein. Ernsthaft kann niemand die Geschichte geglaubt haben, sonst wäre er im anspruchsvollen ottonischen Reichskirchensystem nie zum Bischof aufgestiegen.

Mögliche Anlässe, neu zu bauen oder zu erweitern, gab es sowohl im 11. wie im 12. Jahrhundert. Erzbischof Anno (1056–75) ließ die Reliquien der beiden Ewalde zur Ehre der Altäre erheben. Die kostbaren Überreste der beiden angelsächsischen Märtyrer, die in Sachsen ohne missionarischen Erfolg blieben und erschlagen wurden, befanden sich schon seit dem 8. Jahrhundert in St. Kunibert. Jetzt wurden der schwarze und der weiße Ewald als vollgültiger Beitrag zum Heiligen Köln anerkannt. Solch eine Aktion brachte Geld in die Stadt und förderte oft auch die Baulust. Aber wir erfahren weder zu diesem Zeitpunkt etwas darüber noch im Jahre 1168, als die Gebeine Bischof Kuniberts erhoben werden.

Erst für den spätromanischen Bau haben wir Nachrichten. 1222 können kostbare Reliquien, die wohl aus dem großen abendländischen Raubzug des Vierten Kreuzzuges 1204 stammen, im neuerbauten Chor untergebracht werden. Dem entspricht, daß Dekan Constantin vor 1224 das Dach der Ostapsis mit Blei decken ließ. 1224 wird nämlich schon sein Nachfolger erwähnt.

Offen bleibt die Frage, wann mit dem Bau begonnen wurde. Schon 1242, als Erzbischof Theoderich von Trier starb, der seine Laufbahn als Propst von St. Kunibert begonnen hatte, weiß man es nicht mehr. Im Memorialbuch des Stiftes sind die Eintragungen für das genaue Datum offengelassen worden. Bekannt ist nur, daß Theoderich den Grundstein für den Neubau legte. Und man weiß auch, daß er 1226 die Altäre am Ostende der Seitenschiffe weihte. Bis 1210 war Theoderich in Köln, dann wirkte er als Stiftspropst in Trier. Es ist anzunehmen, daß ein Mann, der sich später immer wieder intensiv um den Bau und seine Finanzierung kümmert, auch – wohl vor 1210 – den Grundstein gelegt hat. Dem Eintrag ins Memorienbuch ist außerdem zu entnehmen, daß Theoderich die Vermögensverhältnisse geordnet und erstmals einen eigenen Pfarrer für die Pfarre St. Kunibert eingesetzt hat. Ein eifriger Organisator, der auch später den Bau nicht aus den Augen verlor, den er begonnen hatte.

Im Osten mußte, ähnlich wie bei St. Maria im Kapitol, erst eine Substruktion errichtet werden, um den Abfall des Geländes zum Rhein hin auszugleichen. Auch bei St. Maria Lyskirchen, zur gleichen Zeit im Bau, finden wir eine ähnliche Anlage. Sie wird in St. Kunibert heute als Krypta genutzt. Eine Säule mit grob gearbeitetem Kelchkapitell dient als Mittelstütze des Gewölbes. Nach Westen zu ist der Brunnenschacht des Kunibertpütz zugänglich, dessen Wasser – heute nur noch selten begehrt – den Wunsch nach Kindern erfüllen soll. Im Boden des Chores deckt eine Schieferplatte, von Elmar Hillebrand gestaltet, den Schacht dort ab. Der Brunnen lag sicher außerhalb des Vorgängerbaus. Diente er ursprünglich nur der Wasserversorgung oder erinnert die Legende an heidnische Anfänge der Kultstätte?

157

ST. KUNIBERT

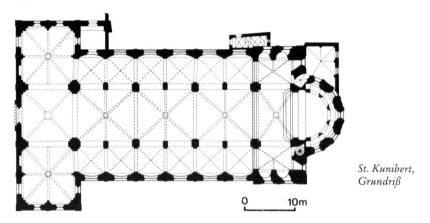

St. Kunibert, Grundriß

Darüber entstand eine Chorfassade von ausdruckvoller Geschlossenheit. Die Apsis ist nicht mehr, wie bei St. Gereon zum Beispiel, zwischen die Türme gespannt. Sie greift über die inneren Mauern der Türme hinweg und wird mit angeschrägtem Ansatz mit den Türmen verbunden. Auch die Geschoßgliederung wird fortgesetzt. Über dem hohen, mehrfach gestuften Sockel rahmen schlanke Lisenen, durch Rundbögen verbunden, die kleinen Fenster des Untergeschosses. Im Obergeschoß gehen Gesims und Fenstersohlbänke ineinander über. An die Stelle von Lisenen sind nun Säulen getreten. Ein Plattenfries fehlt. Direkt über dem Gesims öffnet sich die in Doppelarkaden gegliederte Zwerggalerie. Hier trennen sich die Geschoßgliederungen. Kegeldach und mit gestaffelten Nischen versehener Giebel rahmen die Apsis. Die Türme werden mit reicher werdenden vorgeblendeten Fenstergliederungen fortgeführt.

Die ganze Raffinesse des Architekten enthüllt sich erst innen. Die Untergeschosse der Türme sind voll geöffnet in den Chorbereich einbezogen. Außen deutet sich das mit dem schrägen Schnitt der Fensterlaibungen schon an. Damit wird einmal das Licht bewußt auf den Mittelpunkt des Chorbereichs geführt, zum anderen die Außenwand der Türme nicht zu sehr durchbrochen. Es entsteht innen ein weiter, lichter Raum, der den Vergleich mit Kleeblattchören der gleichen Zeit nicht zu scheuen braucht. Offensichtlich wollte der Architekt eine eigene Lösung für das Raumbedürfnis der späten Romanik bieten. Gegenüber den Kleeblattchören geht er in der Doppelschaligkeit der Wand noch einen Schritt weiter. Er läßt sogar im Untergeschoß hinter den gliedernden Pfeilern einen Laufgang frei. Die Untergeschosse der Türme werden mit tiefen Nischen ausgehöhlt, aus dem Rechteck in Bewegung gebracht. Zugleich macht der Grundriß deutlich, daß die Türme nur um eine halbe Mauerbreite über die Seitenschiffe hinausragen. So werden auch diese in den Chor einbezogen: mit Chorschranken auch noch das ganze erste östliche Joch des Schiffes. Den Ansatz macht der hohe Sockel der Dienste, die das Joch abgrenzen, noch erkennbar.

Ein Laufgang umzieht auch das gesamte Obergeschoß des Chorbereichs, und in diesem Reichtum an Architektur ist ungewöhnlicherweise auch ein Teil des Reichtums der einstigen

St. Kunibert,
Ausschnitt aus dem
Holzschnitt von Anton
Woensam 1531

Ausstattung erhalten geblieben: die Fenster des frühen 13. Jahrhunderts. Hier hat die mangelhafte finanzielle Ausstattung des Stiftes, mit der die Kanoniker der nächsten Jahrhunderte immer wieder zu kämpfen hatten, einen wohltätigen konservatorischen Einfluß gehabt. Und als man Mitte des 18. Jahrhunderts einen Barockaltar errichtete, wurde der Altaraufbau so hoch, daß die wichtigsten Fenster abgedeckt waren und nicht dem Lichtbedürfnis der Aufklärung zum Opfer fielen. Ein Schatz ersten Ranges blieb erhalten. Zwar hat man schon früh im 19. Jahrhundert einige Quadratmeter ergänzen müssen, aber abgesehen vom Medaillon mit der Verkündigung im zentralen *Wurzel-Jesse-Fenster* machen sich diese Ergänzungen kaum störend bemerkbar.

ST. KUNIBERT

Beginnen wir gleich mit diesem zentralen Fenster und Thema (Farbt. 30). Aus der liegenden Gestalt Jesses, des Vorfahren Christi, erwächst der Stammbaum Christi, begleitet von Propheten mit Spruchbändern, Heiligen, Engeln und Stifterbildnissen. Die Einbettung in die Geschichte des Alten Testamentes wird durch die Medaillons mit Szenen des Neuen Testaments ergänzt. *Verkündigung* und *Geburt*, *Kreuzigung* und *Auferstehung* münden in die Darstellung der *Himmelfahrt*. Mit sieben Tauben für die Gaben des Heiligen Geistes und der Darstellung Gottvaters darüber erscheint hier mit Christus zugleich die *Trinität*. Und, das deutet ein Spruchband an, ebenso wird Christus am Ende der Zeiten als Richter des *Jüngsten Gerichtes* wieder erscheinen. Wie ein Mosaik aus kleinen und kleinsten Stücken farbigen Glases zusammengesetzt, Konturen mit Schwarzlot eingetragen, wird mit diesem Bildprogramm der Rahmen christlicher Geschichte abgesteckt.

Die Fenster links und rechts daneben schildern die Legenden der Patrone der Kirche. Kunibert hat zwar schon früh den heiligen Clemens, dem die Kirche zu seiner Zeit geweiht war, aus der Hauptrolle verdrängt, aber die Erinnerung ist immer lebendig geblieben. Auf der linken Seite wird die schon in der Antike romanhaft ausgestaltete *Lebensgeschichte des Papstes Clemens* geschildert, der als der dritte Papst nach Petrus und Paulus gilt. Das unterste Medaillon zeigt seine Taufe durch Petrus, daneben sieht man Clemens selbst die Messe lesen. Dann folgt sein Martyrium. Es beginnt im Feld darüber mit der Verurteilung durch Trajan und dem Transport per Schiff zum Chersones. Hier leiden alle, Wächter und Gefangene, unter Durst. Auf Clemens' Gebet hin erscheint Christus in Gestalt eines Lammes. An dieser Stelle findet man einen reichen Quell. Die bekehrten Heiden stürzen im Hintergrund ihre Götzenbilder. Wieder wird Clemens vom darüber empörten Trajan verurteilt, diesmal zum Tode durch Ertränken. Man fährt ihn aufs Meer hinaus. Das letzte Bild zeigt, wie die Henkersknechte ihn ins Meer stürzen und schließlich das Wunder der Auffindung seines Leichnams. Engel haben inzwischen eine Kirche im Meer über dem Leichnam errichtet. Kein Wunder, daß Clemens, bis ihn der heilige Nikolaus aus der Popularität verdrängte, als Patron der Schiffer galt.

Das rechte Fenster schildert die *Legende des heiligen Kunibert*. Zuunterst sieht man König Dagobert wach im Bett. Der Page Kunibert liegt zu seinen Füßen, sein Haupt wird von einem Strahl göttlichen Lichtes umspielt. Damit ist über seine Laufbahn entschieden. Im nächsten Bild nimmt Kunibert Abschied von König und Hof. Als Geistlicher zurückgekehrt wird er vom König, der ihm das Zepter überreicht, als Bischof von Köln eingesetzt. Das nächste Bild greift in die Ursulalegende über: Als er in St. Ursula die Messe liest, weist ihm eine weiße Taube die Stelle des Grabes der Heiligen. Das letzte Bild zeigt seinen Tod und die Aufnahme seiner Seele durch zwei Engel in den Himmel. Ein kleines Medaillon mit der Gestalt Christi durchbricht hier den reich ornamentierten Rahmen.

Ganz unten im ersten Feld erscheinen außer Kunibert und Dagobert zusätzlich zwei flehende Gestalten. Es sind die Stifter der Fenster, Bürger der Stadt Köln, die sich so der Fürbitte der Heiligen und des Stiftskapitels versichern. Ihnen begegnet man bei den restlichen Fenstern mit Darstellungen der Heiligen, wie Katharina, Caecilia oder Johannes dem Täufer, immer wieder. Sie zeigen mit Namensangabe, wie sehr es zu dieser Zeit – um 1230 –

St. Kunibert, Marienleben in der Ostapsis des nördlichen Querhauses

das Bedürfnis aller Kölner war, diese Kirche vollendet zu sehen. Dabei waren die Finanzen ein ständiges Problem. Es wundert daher auch nicht, daß wir den Finanzmanager des Baus im Memorialbuch des Stifts erwähnt finden. Es ist das Mitglied des Kapitels Vogelo, mit der niedrigsten Weihestufe eines Subdiakons versehen, durch dessen Rat und Meisterschaft die Finanzierung der Kirche begonnen und fortgeführt worden sei. Er hat dem Stift dazu noch Güter und mehr als sechzig Mark Silber geschenkt.

Das Memorialbuch hält auch noch andere Stifter in Erinnerung. Es erscheint z. B. das Ehepaar Elisabeth und Constantin, das die Marmorsäulen am Altar und vier weitere größere Säulen stiftete. Ähnlich wird es mit anderen Teilen des Baus und der Ausstattung immer wieder gewesen sein. Im kostbaren Fußboden des frühen 13. Jahrhunderts sind die Spuren der rings um den Altar aufgestellten Säulen und eines Gitters noch zu erkennen. Trugen die Säulen ein Ziborium, Reliquienschreine oder nur den Altar abschrankende Tücher?

161

ST. KUNIBERT

Die nächste Baunachricht nach der Weihe der Altäre im Osten der Seitenschiffe ist erst 1247 überliefert. Das ist dann allerdings ein Ereignis von zugleich europäischem Rang. Die Weihe der Kirche im Jahre 1247, mit der Erzbischof Konrad von Hochstaden den Bischof Arnold von Semgallen beauftragte, war Teil eines politischen Festprogramms. Der Kölner Erzbischof hatte zur Wahl eines deutschen Königs eingeladen. Vor der Stadt, auf dem Feld bei Worringen, wurde Wilhelm von Holland anstelle des gebannten Hohenstaufen-Kaisers Friedrichs II. gewählt. Mit allen Fürsten, Erzbischöfen und Bischöfen nahm man dann auch an der Weihe der Stiftskirche St. Kunibert teil, obwohl der Bau noch nicht fertig war. Aber Schiff und westliches Querhaus werden wohl vollendet gewesen sein.

Die Ausnischung der Wand, die wir im Bereich der Türme beobachtet haben, setzt sich mit flacherem Schwung in den Wänden der Seitenschiffe fort. Weit und streng ist dagegen der Wandaufbau im Mittelschiff. Es wechseln Pfeiler von rechteckigem Querschnitt mit Pfeilern mit kreuzförmigem Schnitt. Diese tragen die Grundbögen zwischen den drei sechsteiligen Rippengewölben des Schiffs. Fast die gleiche Fläche wie das Mittelschiff, allerdings mit achtteiligen Gewölben, füllt das Westquerhaus. Es diente dem Pfarrgottesdienst. Mit leichten Veränderungen gegenüber dem ursprünglichen Zustand wird es in den nächsten Jahren wiederhergestellt. Die Veränderungen bedingt der Westturm. Nach Ausweis der eigentlich kaum vorhandenen Fundamente und des geringen Pfeilerquerschnitts im Westen des Schiffs war zuerst kein Turm geplant. Ein Westquerhaus, ähnlich wie es St. Andreas aufweist, könnte das Ziel des Architekten und seiner Bauherren im Kapitel gewesen sein.

Vielleicht war das große Ereignis der Weihe Anlaß für den Bau des Turms, der in den Formen wieder ersteht, die ihm das 14. Jahrhundert gegeben hat. Erzbischof Konrad von Hochstaden scheint seine Kollegen im Bischofsamt bei Gelegenheit der Weihe auf die schwierige Finanzierung des Baus angesprochen zu haben. Viele Bischöfe stellten nämlich damals Ablaßprivilegien aus, teils gemeinsam, teils einzeln. Jeder, der in frommer Gesinnung die Kirche besuchte, erhielt einen Ablaß auf die sonst unweigerlich drohenden Sündenstrafen. Und nach der Beichte war eine Spende für den Bau der sicherste Beleg der frommen Gesinnung. 1261 war er schließlich vollendet. Diese Baufinanzierungsmethode war üblich. Erst durch ihre Pervertierung im späten Mittelalter ist sie mit der Reformation in Verruf geraten. In Köln ist sie auch bei anderen Gelegenheiten benutzt worden.

Nach einem furchtbaren Brand des Jahres 1376 war der Turm erst Ende des 14. Jahrhunderts wieder vollendet. In diesen Formen überliefern ihn die Darstellungen bis ins frühe 19. Jahrhundert. Dazu gehören hohe gotische Knickhelme. Selbst nach einem erneuten Brand des Jahres 1666 hat man sie trotz barocker Gegenvorschläge wiederhergestellt. Erst nach der Säkularisation, als die Pfarre nun die gesamte Kirche und ihren Unterhalt übernommen hatte, mußte man wegen Baufälligkeit die Helme der Chortürme abtragen. Sie wurden durch niedrige Pyramidendächer ersetzt. Diese hat man im späten 19. Jahrhundert wieder durch spätgotische Knickhelme verdrängt. Nach dem letzten Krieg griff man wohl aus Sparsamkeit wieder auf die Pyramidendächer zurück. Die alte Silhouette ist noch nicht wiederhergestellt.

Auch beim Westturm droht ähnliches. Sein Schicksal war noch dramatischer. Man hatte zur Sicherung des Turmes schon einige Vorbereitungen getroffen, als er doch noch am

St. Kunibert 1950

Abend des 28. April 1830 einstürzte. Erst nach langen Mühen war er 1860 wiederhergestellt. Man verzichtete allerdings dabei auf die Vorhalle vor dem Portal, wie sie ähnlich auch Groß St. Martin besessen hat. Im Zweiten Weltkrieg gingen Westturm und Westbau wieder zugrunde. Aber sollte man sich nicht, trotz der sicher höheren Kosten, bemühen, die für Jahrhunderte gültige Gestalt des Baus wiederherzustellen?

Im letzten Kriege untergegangen ist auch die flächendeckende Ausmalung des späten 19. Jahrhunderts. Hans Heider hat, mittelalterliche Spuren aufnehmend, eine sehr zurückhaltende farbige Fassung der Profile, Bögen und Rippen geformt. Sie antwortet der Helligkeit, die den weiten Raum füllt. Ähnliches ist Hans Heider auch in St. Andreas gelungen.

ST. KUNIBERT

St. Kunibert, Apsis: Christus als Richter des Jüngsten Gerichts (zerstört)

Immer noch erstaunlich reich ist die Ausstattung der Kirche, ganz abgesehen von den Glasfenstern. Höhepunkt darunter ist die *Verkündigungsgruppe,* die wohl der Kölner Dombaumeister Konrad Kuyn 1439 im Auftrag Hermanns von Arka schuf (Farbt. 26, 27). Verteilt auf die beiden westlichen Vierungspfeiler füllen die Steinskulpturen den Chorbereich. Jeweils eine kleine Figur trägt die Last von Konsole und Skulptur. Darüber entwickelt sich mit zierlichen Säulen jeweils die Konsole. Die Standfläche umgibt ein eifriger Engelchor zu Füßen Mariens. Bei Erzengel Gabriel wird nur Maßwerk verwandt, mit Blattwerk ergänzt. Ehrfürchtig sinkt er leicht in die Knie, die hohen Flügel geben ihm trotzdem die gleiche Höhe, wie Maria sie stehend erreicht. Das Gewand des Engels legt sich in ruhige Falten, weich gerundet ist das Gesicht. Kontrast dazu bieten die goldenen Locken, Bewegung und Verwirrung.

Maria wendet sich in zartem Schrecken, fragend, vom Lesepult ab, dem Engel auf der anderen Seite des Schiffes zu. Mit dem Pelikan als Träger der Pultfläche, Symbol des Opfers, wird schon vorgegriffen auf die Passion. Zu ihren Füßen kniet winzig der Stifter, der den ebenbürtigen Zeitgenossen Stefan Lochner mit dieser Skulpturengruppe beauftragte.

Die Farbigkeit entspricht den gefundenen Spuren der alten Fassung. Über Maria fehlt zur Vollständigkeit die Taube des Hl. Geistes, und Gabriel hat seinen Botenstab mit der darumgerollten Grußbotschaft: »Ave Maria gratia plena« verloren. Mit dieser Verkündigungsgruppe wird die Botschaft der Menschwerdung Christi in den gleichen Raum gestellt, in dem täglich die Wiederholung des Opfers gefeiert wird. Spätmittelalterliche Tiefe von Frömmigkeit bleibt sichtbar.

Einiges an Kostbarkeiten der Goldschmiedekunst, z. B. zwei *Armreliquiare,* die wohl für die 1222 im Chor untergebrachten Reliquien entstanden sind, hat man in einem kurzen Gangstück des Kreuzgangs untergebracht. Dazu gehört die kostbare *Annus-Decke,* eine bestickte Altardecke des 10. Jahrhunderts, die aus dem Schrein der heiligen Ewalde stammt.

Den Reichtum an Plastik ergänzen eine *Madonna* und ein *heiliger Quirinus* der Zeit um 1500, ein *Fragment eines Kalvarienberges* des späten 15. Jahrhunderts und – von seltener Qualität – ein fünfarmiger *Bronzeleuchter,* der einen Kruzifixus rahmt (Abb. 41).

Auch Gemälde sind erhalten. Eine *Gregorsmesse* der Kölner Malerschule des späten 15. Jahrhunderts oder eine *Auferstehung* Barthel Bruyns des Älteren, frühes 16. Jahrhundert, stehen dabei an der Spitze. Dagegen sind aus den einst reichen Wandmalereien viele Beispiele verlorengegangen, so auch die kostbaren Türen des Reliquienschrankes im Chor. Einen vollen Eindruck vermittelt nur die *Kreuzigungsszene* in einem kleinen Kapelleneinbau auf der Südseite des Chores, der heute als Taufkapelle genutzt wird. Hier wird mit Farbigkeit und gebrochener Linienführung der Gewänder eine Parallele zu St. Maria Lyskirchen, um 1260, noch sichtbar.

Einer der größten Verluste war sicher der Untergang der *Schreine des heiligen Kunibert und der beiden Ewalde.* Man hat im 19. Jahrhundert versucht, sie zu ersetzen, für Kunibert in Holz bemalt und vergoldet und für die beiden Ewalde mit Messing versilbert von der qualitätvollen Hand des Kölner Goldschmieds Gabriel Hermeling. So enthüllt sich auch in der Ausstattung die Geschichte des Stifts und der Pfarrei, die mit dem Kruzifixus von Hanns Rheindorf, den bronzenen Kreuzwegstationen von Elmar Hillebrand und seinen Holztüren auf der Nordseite wieder neue Schätze erworben hat.

St. Maria im Kapitol
Farbt. 13, 14, 16 – 18; Abb. 45–49

Römische Ruinen sind heute eine erstrangige Attraktion für Touristen und Wissenschaftler. Im frühen Mittelalter waren sie ein Anziehungspunkt für Bauleute und Bauherren. Entweder fand man hier ausgiebig Baumaterial, das sich hervorragend für eine Zweitverwendung eignete, oder gar einen Bau, den man rasch und kostensparend umfunktionieren konnte. Das scheint das Schicksal des Tempels der kapitolinischen Trias in Köln gewesen zu sein. Statt am Forum inmitten der römischen Stadt hatte man den Tempel für die Staatsgottheiten Jupiter, Juno und Minerva in der Südostecke der römischen Stadt errichtet. Mit einem weiten Tempelhof, 97 × 69 m, ummauert und sauber plattiert, ragte ein Tempel von 33 × 29,5 m über dem niedriger gelegenen Rheinufer auf. Das konnte sich schon sehen lassen. Den Abfall zum Rhein hin hat man dann gleich für eine Treppe genutzt. Das macht solche Architektur immer noch etwas imponierender.

Massive, 4 m breite Fundamente, die typische Dreiteilung für die cellae der Gottheiten, abgemauerte Kellerräume als Schatzgewölbe, ein paar Bruchstücke von Säulentrommeln und Kapitellen lassen ein prunkvolles Bild entstehen. Davon wird nach der Christianisierung und dem Abzug der römischen Verwaltung bald nicht viel geblieben sein. Einen heidnischen Tempel zu zerstören, war eine gute Tat, und als gebrannter Kalk für Mörtel war Marmor jeder Art den Bauleuten immer willkommen. Der grobe, innere Kern des Mauerwerks blieb der Witterung überlassen und öffentlicher Besitz. Der wohl Mitte des 1. Jahrhunderts zur Zeit der Gründung der Colonia erbaute Tempel hatte damit sein Ende gefunden.

Seinen glanzvollen Neubeginn findet der Bau in den ebenso üblen wie üblichen Familienstreitigkeiten der späten Merowingerzeit. Man streitet sich unter den fränkischen Adelsfamilien des 7. Jahrhunderts um den Posten des Hausmeiers. Er verfügte über den König, der, obwohl das heilbringende königliche Blut in seinen Adern floß, nur eine Marionette in der Hand des jeweiligen Hausmeiers war. Der Urgroßvater Karls des Großen, Pippin der Mittlere, war in der Hoffnung gestorben, daß seine Gemahlin Plektrudis sein Amt des Hausmeiers für seinen Enkel sichern könne. Seinem außergewöhnlichen und außerehelichen Sohn Karl Martell traute er nicht. Die Stiefmutter setzte ihn sicherheitshalber gefangen. Aber Plektrudis blieb politisch erfolglos und gab damit dem entflohenen Stiefsohn genügend enttäuschte Anhänger ins Gefolge. Köln, an der Grenze des fränkischen Reiches, wurde ihr

Exil. Hier starb Plektrudis in den Jahren nach 717. Als Ruhesitz hat sie wohl die Kölner Pfalz der Hausmeier übernommen, die das Gelände des Tempels nutzte. Noch heute steckt in der Ostmauer des Kreuzgangs römisches Mauerwerk. In der Kirche, vielleicht mehr eine Kapelle, die über und aus dem Mittelteil des Tempelmauerwerks errichtet worden war, scheint sie ihr Grab gefunden zu haben. Der fein gearbeitete fränkische Kalksteinsarkophag, der heute im südlichen Seitenschiff steht, wird für sie in Anspruch genommen. Otto Doppelfeld hat ihn inmitten der Kirche, inmitten des Tempels, vor dem Chor gefunden.

Das heißt nicht unbedingt, daß Plektrudis die Kirche erbauen ließ. Nimmt man an, daß sie die Pfalz der Hausmeier als Witwensitz und Exil bezog, wird wohl schon vorher eine Kapelle oder Kirche für den Hausgebrauch existiert haben, die sie dann übernahm und die Grafen des Kölngaus später benutzten. Ihren Sitz vermutet Eugen Ewig hier.

In schriftlichen Quellen wird die Kirche erstmals in Ruotgers Lebensbeschreibung Erzbischof Brunos (953–965) erwähnt. Er hatte die Kanoniker von St. Maria im Kapitol nach St. Andreas versetzt und an ihrer Stelle Benediktinerinnen aus dem Vogesenkloster Remiremont dort angesiedelt. Mit dieser Aktion hatte Bruno, wie Ruotger vorsichtig mitteilt, »keine geringen Bedenken hinterlassen«. Hatte er seine herzogliche Macht genutzt, um eine Kirche, die seinem bischöflichen Einfluß nicht unterstand, der bischöflichen Oberhoheit zuzuführen? Denn Plektrudis hatte offensichtlich keinen Damenkonvent gegründet, sonst wäre sie längst als Heilige wie viele ihrer Verwandten verehrt worden. Auch wird nach Gründung des Benediktinerinnenklosters St. Maria im Kapitol mehrfach als das ›neue‹ Kloster gegenüber dem ›alten‹ von St. Caecilien bezeichnet. Hätte es schon früher fromme Damen an St. Maria im Kapitol gegeben, wäre das wohl nicht gesagt worden. Der kleinen Gruppe der Geistlichen fehlte für die Popularisierung der Stifterin offensichtlich das Einfühlungsvermögen. Und seit dem 10. Jahrhundert wurde der Vorgang der Heiligsprechung immer schwieriger, geriet schließlich ganz in die Hände des Papstes und der Kurie.

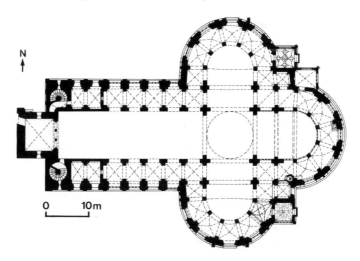

St. Maria im Kapitol,
Grundriß

ST. MARIA IM KAPITOL

Im Testament Brunos steht St. Maria im Kapitol an einer der vorrangigen Stellen. Reicher wird nur St. Pantaleon ausgestattet. Genauso reich nur die Neugründung Soest und ein Gregor-Oratorium, das nicht genau zu lokalisieren ist. 100 Pfund, etwa 25 kg Silber, werden für St. Maria im Kapitol zur Vollendung von Münster und Kloster bestimmt. Von diesem Bau, dessen Vollendung Erzbischof Bruno finanzieren will, sind nur noch geringe Spuren vorhanden. Die Westwand des Westbaus gehört teilweise dazu. Bis 5 m Höhe hat man Mauerwerk dieser Zeit verfolgen können, mit großen Tuffblöcken und Flachziegeln dazwischen – vielleicht römisches Material in zweiter Verwendung. Und unter dem Niveau des heutigen Kirchenbodens konnte man unter der südlichen Lisene noch eine kleine Rundbogenpforte entdecken. Dieser Vorgänger des heutigen Westbaus war sogar etwas breiter angelegt, wuchtiger.

Den heutigen Bau aber, seine Gestalt, in der der römische Tempel nachwirkt, bestimmte Äbtissin Ida. Sie ist nach der Überlieferung des 18. Jahrhunderts im Jahre 1060 gestorben. Ihre Schwester Theophanu war Äbtissin in Essen (1039–58). Sie waren Töchter des Pfalzgrafen Ezzo, und da dieser eine Schwester Kaiser Ottos III. geheiratet hatte, fühlten sie sich dem ottonischen Kaiserhause verbunden. Beide sind unternehmungsfreudige Bauherrinnen. Und beide scheinen das Gefühl gehabt zu haben, daß man deutlich auch in der Architektur dokumentieren kann, wie vornehm man ist. Ein zusätzlicher Anreiz für die Schwestern war es gewiß, daß die neue Dynastie der Salier inzwischen mit dem Dom zu Speyer ein internationales Großprojekt begonnen hatte. Damit war es an der Zeit, zu zeigen, auf welche Traditionen die eigene Familie zurückgreifen konnte.

Das große Vorbild abendländischen Kaisertums war schon für den Onkel der beiden, für Kaiser Otto III., immer Karl der Große gewesen. Da lag es nahe, seinen Bau, die Pfalzkapelle in Aachen, zum Vorbild zu nehmen. Unsere Bauherrinnen kopieren aber nun nicht einfach, sie zitieren. Das reicht. Jeweils im Westbau ihrer Kirchen, im Münster zu Essen und in St. Maria im Kapitol, wird der Wandaufbau des Aachener Münsters wiederholt. In Essen dreifach, in Köln nur einmal mit der Innenwand des Westbaus. Was in Aachen Arkade zum Umgang ist, wird in Köln Durchgang zum Schiff. Darüber wird auch die Aachener Empore mit ihren eingestellten Säulen in zwei Etagen wiederholt. Auffällig ist, daß die Kapitelle des Emporenbereichs antikisierend reich gearbeitet sind. So wird bis ins Detail dem Aachener Vorbild gefolgt. Und den ›besseren Kreisen‹ der damaligen Gesellschaft war klar, worauf man hinauswollte.

Auch der Rest der Kirche ist ein Zitat, sogar ein noch ausführlicheres. Im Anschluß an ein dreischiffiges Langhaus, ursprünglich flachgedeckt, wird ein flächenmäßig erheblich größerer Dreikonchenchor errichtet. Der weite Raum mit seinen schlanken Säulen ist auch heute noch neben dem Dekagon von St. Gereon sicher das eindrucksvollste Raumerlebnis in Köln. Etwas Außergewöhnliches war verständlicherweise Äbtissin Idas Ziel. Ähnliches gab es nur im Miniaturformat in der Nähe. Das war St. Stephan in Werden, ein kleiner Bau des frühen 9. Jahrhunderts. Er entspricht kleinen Grab- und Gedächtniskapellen des Mittelmeerraumes, den cellae trichorae. Sie werden in Werden auch als Vorbild gedient haben. In St. Maria im Kapitol wollte man höher hinaus.

168

*St. Maria im Kapitol,
Ausschnitt aus dem
Holzschnitt von Anton
Woensam 1531*

Zur Zeit Kaiser Konstantins, Anfang des 4. Jahrhunderts, hatte man an den heiligen Stätten des Heiligen Landes aufwendige Kirchen errichtet. So auch in Bethlehem über der Grotte, in der die Epiphanie des Herrn geschah. An das fünfschiffige Langhaus der Basilika Konstantins hat man unter Justinian einen Kleeblattchor angeschlossen. Er greift, typisch für die Zeit des Aufblühens christlicher Architektur, auf die heidnische Antike, auf weltliche Bauten, Paläste und Thermen, zurück. Allerdings verzichtet man in Bethlehem ganz darauf, die Seitenschiffe um die Konchen herumzuführen. Hier mag für St. Maria im Kapitol die Prozessionsfreude der von Cluny beeinflußten Liturgie eine wesentliche Rolle gespielt haben. Man verfügte damit über Raum und einen vorgezeichneten Weg.

169

ST. MARIA IM KAPITOL

Durch die hochromanische Einwölbung ist inzwischen der Zentralbaucharakter betont. Der flachgedeckte Bau des 11. Jahrhunderts, wie ihn Hugo Rahtgens rekonstruiert, betonte die Längsrichtung mit der flachen Decke, die noch über die ausgeschiedene Vierung hinaus durchzogen war. Nur die Apsiden selbst zeigten Gewölbe. Das betonte die Anlehnung an das Vorbild in Bethlehem, das, wie Otmar Schwab gezeigt hat, in vielen Maßen und nicht nur in den Formen Übereinstimmungen zeigt. Diese Entsprechungen, die über Pilger aus dem Heiligen Land nach Köln gekommen sein können, sind nicht der einzige Anhaltspunkt. Ein allerdings erst im 16. Jahrhundert notierter Zusatz zu den Stiftsstatuten von St. Maria im Kapitol berichtet, daß der Kölner Erzbischof die erste Weihnachtsmesse feierlich in Begleitung seiner Vasallen in unserer Kirche feierte. Reich beschenkt, was alles fein säuberlich festgelegt ist, reitet er dann auf einem weißen Maultier, das zu diesen Geschenken gehört, weiter nach St. Caecilien zur zweiten Messe. Erst die dritte wird im Dom gefeiert. Das Ceremoniale des Doms aus dem 13. Jahrhundert erwähnt zwar nicht, daß der Erzbischof auf Abwegen ist, bestätigt aber seine Abwesenheit. Denn gerade während dieses weihnachtlichen Umzuges wird unter den Vikaren des Doms mehr scherzhaft ein Erzbischof gewählt. So mag die oft geäußerte Vermutung zutreffen, daß der Brauch, die erste Weihnachtsmesse in St. Maria im Kapitol zu feiern, noch auf die Erinnerung zurückgeht, daß man mit dieser Kirche die Geburtskirche in Bethlehem kopierte. Aber diese Vermutung ruht auf einem schwachen Fundament.

Und das ganz im Gegensatz zur Kirche selbst. Wo das Mauerwerk des römischen Tempels nicht mehr ausreichte und die östliche Konche weit über das zum Rhein hin abfallende Gelände hinaus griff, dient eine ausgedehnte, solide strukturierte Krypta als Unterbau. Nur die Krypta des Doms zu Speyer ist größer. Dreischiffig, mit einer Art Querhaus und, ins fast 7 m dicke Mauerwerk der Apsis eingebettet, drei ausstrahlenden Kapellen ist sie ein bemerkenswerter Raum. Das fand offensichtlich auch Idas Schwester, Königin Richeza, die 1048 einen Neubau der pfalzgräflichen Familienstiftung Brauweiler in Gang setzte. Etwas verkleinert erscheint dort exakt der gleiche Plan. 1051 kann die Krypta in Brauweiler geweiht werden. Vorbildhaft ist die Krypta von St. Maria im Kapitol noch Ende des Jahrhunderts. Der große Gelehrte und Heilige Anselm von Canterbury beginnt 1096, für seinen Bischofssitz eine neue Kathedrale zu bauen. Er legt den Plan seiner Krypta zwar mehr als doppelt so groß an – man kann schon von einer Unterkirche sprechen –, aber Canterbury folgt dem Plan von St. Maria im Kapitol. Allerdings kann man jenseits des Kanals darauf verzichten, die ausstrahlenden Kapellen ins Mauerwerk einzubetten. Sie werden vom Mauerzug nachgezeichnet. Das macht die Kopie um so auffälliger. Die östliche Kapelle hat keine Apsis, dazu reicht die Mauerstärke bei Maria im Kapitol nicht aus. In Canterbury hätte man das Problem nicht gehabt. Trotzdem verzichtet man ebenfalls auf die Apsis. Schade, daß Äbtissin Ida diesen Erfolg ihrer Planungen nicht mehr erlebt hat.

Das große Ereignis ihrer Amtsperiode war die Weihe des Kreuzaltars im Jahre 1049 durch Papst Leo IX. Kaiser Heinrich III. hatte Bruno aus dem Grafenhause von Egisheim, zuvor Bischof von Toul, auf den Papstthron gebracht. Mit ihm hielt in Rom endgültig die cluniazensische Reform Einzug, die er auf seinen weiten Reisen eifrig propagierte. Dann nahm

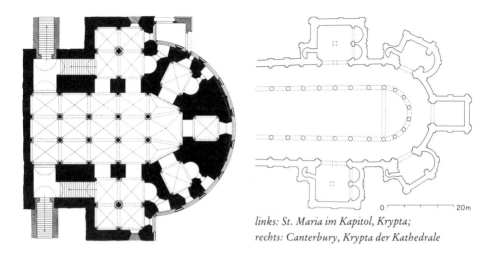

links: St. Maria im Kapitol, Krypta;
rechts: Canterbury, Krypta der Kathedrale

man natürlich jede Gelegenheit wahr, eine Altar weihen zu lassen. 72 Bischöfe sollen an der Weihe inmitten der Baustelle teilgenommen haben. Für den Kreuzaltar, der noch im 17. Jahrhundert inmitten des Schiffs vor der Vierung stand, war auch das Herimannkreuz bestimmt, das sich heute im Diözesan-Museum befindet. Auf der Vorderseite ist Christus am Kreuz dargestellt. Dabei hat man aus dem Besitz der ottonischen Kaiserfamilie ein antikes Lapislazuliköpfchen für das Haupt Christi verwandt. Auf der Rückseite knien fürbittend Äbtissin Ida und ihr Bruder Hermann II., Erzbischof von Köln (1036–56), zu Füßen Mariens. In der Gestaltung des Kreuzes griff man auf das Reichskreuz zurück, das inzwischen in die Hände der nächsten Dynastie gefallen war. Heute befindet es sich in der weltlichen Schatzkammer in Wien. 1056 starb Idas Bruder, dessen Wahl man noch mit der Erlauchtheit seiner Abkunft begründet hatte. Ihm folgt Anno (1056–75), aus einfachen ritterlichen Verhältnissen – zum Entsetzen der besseren Kreise, wie die Quellen überliefern. Aber da Äbtissin Ida 1060 stirbt, muß sie nicht mehr erleben, wie Erzbischof Anno 1065 die endlich vollendete Kirche weiht. Trotz aller Veränderungen des 12. und 13. Jahrhunderts, aller Zerstörungen und des rekonstruierenden Wiederaufbaus ist Idas Baukonzept immer noch zu erkennen. Westbau, Langhaus und Kleeblattchor bilden eine Raumabfolge von sich steigernder Großartigkeit, die von der Krypta noch betont wird.

Das Herimannkreuz belegt, welchen Reichtum die Kirchenschätze einst bargen, für den schon Kaiserin Theophanu Ende des 10. Jahrhunderts einen kostbaren Teppich gestiftet hatte. Auch zu einem weiteren Prunkstück hat wohl Ida zumindest noch den Auftrag erteilt, zu den beiden Türflügeln, die einst den Zugang zur Nordkonche schlossen (Farbt. 18). Hier, zur Stadt hin, berichteten sie, in Nußbaumholz geschnitzt, auf Eichenbohlen befestigt, von Leben und Passion Christi. Diese Botschaft ermöglichte den Zugang zur Kirche. Das war die Botschaft, die sie jedem Besucher verkünden sollten, in kräftig geschnitztem Relief und in lebhaften Farben, die besonders in den oberen Teilen der Tür noch gut erkennbar sind.

ST. MARIA IM KAPITOL

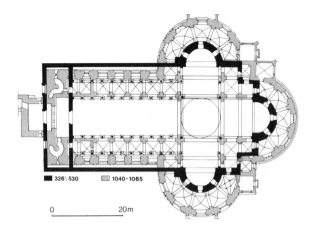

St. Maria im Kapitol, Grundriß mit eingetragenem Grundriß der Geburtskirche in Bethlehem. Nach Otmar Schwab

Wie bei frühchristlichen Vorstufen und Vorbildern, etwa den Holztüren von Santa Sabina in Rom, werden die Szenen von kräftigen Wulsten gerahmt. Knäufe schützen die Oberfläche, wie bei Buchdeckeln Edelsteine das geschnitzte Elfenbein hüten. Flechtbänder rahmen die Szenen, begrenzt von Wirtelstäben. Noch einigermaßen zu erkennen sind die kurzen lateinischen Texte, die den Inhalt der Szenen aufgreifen, erklären und ergänzen.

Als Holztüren stehen sie einzigartig unter der vergleichsweisen Fülle der mittelalterlichen Bronzetüren. Die Kosten für dieses Material wird Ida kaum gescheut haben. Fehlten ihr die Techniker für den aufwendigen Guß? Oder wollte man bewußt auf die Spätantike zurückgreifen wie mit dem kleinen Lapislazuliköpfchen am Herimannkreuz? Durch Verwandtschaften in Buchmalerei, Elfenbeinschnitzerei und Skulptur kann gezeigt werden, wie es Rudolf Wesenberg ausführlich getan hat, daß die Türflügel noch von Ida in Auftrag gegeben wurden und zur Weihe 1065 wohl vollendet waren.

Der heutige Zustand und auch die Reihenfolge der Reliefs entspricht nicht mehr der ursprünglichen Planung. Am unteren Rand der Türflügel ist angestückt worden. War hier Holz defekt oder hatte man zu kurz gemessen? In den Ablauf der Szenen sind die vier untersten Felder auch nicht zu integrieren. Hermann Schnitzler hat sie als die Versuchungen Christi erkannt. Ein Feld von diesen ist sogar noch in unserem Jahrhundert verlorengegangen. Die groben Schmiedenägel, mit denen die Reliefs befestigt sind, und Vertauschungen lassen auf eine hastige Reparatur vor langer Zeit schließen. All das mindert nicht die kaum glaubhafte Tatsache, daß diese Tür erhalten geblieben ist.

Die Erzählung beginnt oben auf dem linken Türflügel mit der Verkündigung. Zu Engel und Maria tritt als dritte Gestalt wohl eine Magd hinzu. Die Heimsuchung, die Begegnung Marias mit Elisabeth, der Mutter Johannes des Täufers, füllt das querrechteckige Feld. In gleichmäßigem Rhythmus folgen dann auf beiden Flügeln je vier kleine hochrechteckige Felder, dann ein querrechteckiges Feld. Diese Abfolge wird darunter noch einmal wiederholt. Die höheren Versuchungsszenen fallen dabei aus dem Rahmen.

Zurück zur Erzählung. Hier ist als Nächstes wohl die Reihenfolge vertauscht. Auch vom Bildaufbau her würde man erst die Geburt und dann die Verkündigung an die Hirten sehen wollen. Darunter stehen die Heiligen Drei Könige vor Herodes – an der falschen Adresse, und im nächsten Bild erscheinen sie anbetend vor Maria mit dem Kind. Im folgenden Feld warnt der Engel Joseph, in der Mitte des Reliefs thront Maria mit ihrem Kind auf dem Esel, geborgen auf der Flucht, während Joseph zwei Ringelbrote (oder ein erster Beleg für Flönz?) als Vorrat auf dem Stecken mitführt. Danach erzwingt der Rhythmus der Flächen die Verteilung des Bethlehemitischen Kindermordes und seiner Vorgeschichte auf vier Felder. Erschreckt vernimmt Herodes die Nachricht vom Abzug der Heiligen Drei Könige. Mit übergroßen Münzen in der Hand suchen seine Abgesandten Rat bei einem Schriftgelehrten.

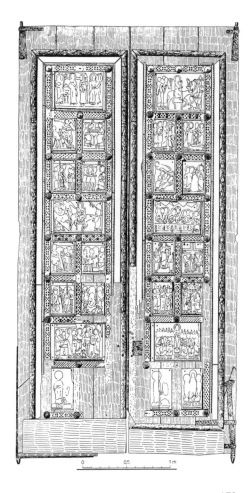

St. Maria im Kapitol, Holztüren

ST. MARIA IM KAPITOL

Dann werden die Soldaten ausgesandt, und es folgt der Kindermord. Die Bewegung des mörderischen Wütens kreist um die erstarrte Verzweiflung der Mutter, die ihre Kinder im Schoß zu bergen sucht. Das Feld darunter verbindet Darbringung im Tempel und Taufe Christi im Jordan.

Nach Matthäus folgen der Taufe die Versuchungen Christi. Das hat wohl zur Verlegenheitslösung der vier unteren Szenen geführt, wovon die beiden auf dem rechten Flügel ja nun nichts zu suchen haben.

Auch auf dem rechten Türflügel bringt der Flächenverteilungsplan Schwierigkeiten. Der Einzug Christi in Jerusalem, Beginn der Passion, paßt sicher besser in ein querrechteckiges Feld. Aber die Heilung eines Blinden darunter und die Auferweckung des Lazarus gehören in die Zeit der öffentlichen Wirksamkeit vorher. Aus der Passion berichtet die Szene des Gebetes Christi am Ölberg, und die folgende greift wieder in die Zeit vor der Passion zurück. Sie schildert knapp, erläutert durch den Begleittext, die Einsetzung Petri. Breit wird dann das Abendmahl erzählt. Trotzdem finden, wie am Ölberg, nicht alle Jünger Platz. Bei den vier folgenden Feldern hätte eigentlich die Kreuzigung zuerst stehen müssen, gefolgt von der Szene mit den Frauen am leeren Grabe. Doch dann hätte man die Himmelfahrt nicht über zwei Flächen spannen können. Den Abschluß bildet eine Art Pfingstbild, in dem aber Christus ebenfalls dargestellt ist.

Ein genaueres Betrachten der Türen zeigt schon einige der Probleme auf, die immer wieder diskutiert worden sind. Aber dies sollte nicht den Eindruck der grandiosen Erzählfreude und Erzählkunst der Szenen vergessen lassen. Hier wird jenseits gesellschaftlicher Selbstdarstellung, wie sie in Äbtissin Ida und in ihren Geschwistern wirkt, der Glaube sichtbar, der die Menschen erfüllte und von dem sie alle erfüllt sehen wollten.

Es war ein stolzer Bau, den Erzbischof Anno 1065 weihen konnte. Die weitgespannten Konchen, gestelzte Halbkreise im Grundriß, werden mit schlanken Halbsäulen im Wechsel mit schmalen Pilastern gegliedert, Vorstufe der rheinischen Apsidengliederungen des 12. Jahrhunderts. Ein wohl über der Vierung geplanter Vierungsturm wurde nie vollendet. Er hätte das Gegengewicht zum Westbau gesetzt. Unter dem brutal durchgezogenen Dach ist heute nur zu ahnen, daß sich einst eine an St. Pantaleon erinnernde Dreiturmgruppe erhob. An Pantaleon erinnert auch die Rahmung der Fenster der Seitenschiffe mit Lisenen und Rundbogen, hier allerdings schon breiter gelagert. Auch im Innern haben die spätgotischen Fenster, heute teils mit Betonmaßwerk gefüllt, den Charakter der Seitenschiffe verändert. Hier, wie außen an den Konchen, werden die schlanken Säulen des Trikonchos vorbereitet. Im Schiff sind kräftige Pfeiler benutzt.

Ein solcher Bau von schlichter Großartigkeit genügt seinen Benutzern und Benutzerinnen nicht mehr, wenn an anderen Stellen in der Stadt reichere Formen auftreten. Man kommt sich altmodisch vor, auch wenn der eigene Bau für Groß St. Martin oder St. Aposteln und auch außerhalb Kölns als Vorbild dient. Die Eitelkeit wird mit der Umwandlung des Benediktinerinnenklosters in ein Stift mit 34 Kanonissen und 13 Kanonikern auch nicht geringer geworden sein. Die Damen, aus besten Kreisen des Adels stammend, betrachteten das Stift als eine Art Pensionat, betonten ihr Recht auf weltliche Kleidung und Heirat, wenn sich die

174

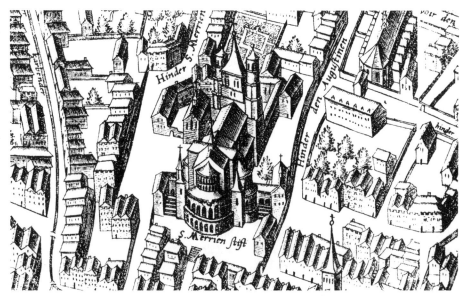

St. Maria im Kapitol, Ausschnitt aus dem Vogelschaustadtplan des Arnold Mercator von 1571. Kupferstich

Chance bot. Die Sitzengebliebenen hatten dann wenigstens die Möglichkeit, Äbtissin zu werden. Zu den Freiheiten der Damen gehörte es selbstverständlich auch, daß sie an standesgemäßen Festen teilnehmen konnten. So finden wir sie sittsam das Tanzbein schwingend in Anwesenheit Kaiser Maximilians I. auf dem Gürzenich im Jahre 1505, als in Köln Reichstag gehalten wurde. Ihre Kolleginnen von St. Ursula sind auch dabei, und bis drei Uhr in der Früh geht es hoch her.

Da ging man nach der feinsten Mode gekleidet, und so mußte auch die eigene Kirche auf dem neuesten architektonischen Stande sein. Und so beginnen die Umbauarbeiten bereits Mitte des 12. Jahrhunderts. Der Obergaden der drei Konchen erhielt größere Fenster. Innen wurden dabei die Fenster mit den heute wiederhergestellten Spitzbögen über Halbsäulen gerahmt. Außen entstand in dieser Zeit der Rundbogenfries über den sparsam verteilten Lisenen. Gleichzeitig wurden die Wände der Ostkonche im Bereich der Krypta und des Untergeschosses der Konche verstärkt. Rundbögen verbanden die übernommenen Pilaster miteinander, und von den Halbsäulen blieben nur die Ansätze der Sockel erkennbar. Das Achsfenster des Untergeschosses wurde erheblich vergrößert. Das Traufgesims machte nun einen Bogen um den oberen Abschluß des Fensters. Neben St. Gereon, wo der Chor sich im Bau befand, und dem entstehenden Trikonchos von Groß St. Martin konnte man sich wieder sehen lassen. Aber die architektonische Entwicklung ging weiter.

Mit der Errichtung des Trikonchos von St. Aposteln hatte sich endgültig die Zweischaligkeit der Wand in Köln durchgesetzt. Da konnten die Stiftsdamen in St. Maria im Kapitol

ST. MARIA IM KAPITOL

nicht untätig zusehen. Im Innern der Ostkirche wurden die Arkaden durch eine vorkragende Ausmauerung verstärkt. Die beiden westlichen Säulen der Ostkonche wurden zur Absicherung in Pfeiler verwandelt, und damit hatte man die Grundlage, um im Obergeschoß nun – ähnlich St. Aposteln – Doppelsäulen und einen Laufgang einzubauen. Außen wurden im gleichen Zuge eine Arkadenreihe im Fensterbereich und darüber Plattenfries und Zwerggalerie angebaut. Die zu Pfeilern umgewandelten Säulen waren auch in der Lage, die weiter nach Osten vorgezogene Giebelwand zu tragen. Diese ›Modernisierung‹ hat man beim Wiederaufbau nach dem Krieg nicht berücksichtigt. Statt der hochromanischen reichen Fassung (Abb. S. 179) hat man versucht, den vorhergehenden Zustand zu rekonstruieren. Mit den damit verbundenen Änderungen am Dachstuhl wird nun statt des bisherigen Zentralbaucharakters die Längsrichtung betont. Sie endete im Ostgiebel mit einer im Wiederaufbau nicht wiederholten Nische (Abb. S. 179). Hier war wohl, mit glitzernden Glasstücken als Augen, eine *Muttergottesskulptur* untergebracht, die heute innen aufgestellt ist. Sie trägt ihr Kind in einer merkwürdigen Haltung, die man erst versteht, wenn man das um 1180 entstandene Vorbild einer stehenden Muttergottes im Westen des Schiffs entdeckt. Diese war ursprünglich Teil eines Reliefs und folgt in der Darstellung der mitleidenden Zuwendung dem byzantinischen Vorbild der Eleöusa, der sich Erbarmenden, die schon auf die Passion Christi vorwegweist.

Diese bewegende Gestalt wird mit einer Legende aus dem Leben des heiligen Hermann Josef verbunden, und fast immer findet man daher einen besonders schönen Apfel zu ihren Füßen. Im glühenden Gebet zur Muttergottes bot einst Hermann Josef noch als Schulkind seinen Frühstücksapfel als Dank für die Erhörung, und Maria nahm ihn an. Auch der Hermann-Josef-Brunnen vor St. Georg greift dieses Wunder wieder auf.

Ein, zwei Jahrzehnte älter, aber aus der gleichen für Köln und die Umgebung sehr produktiven Werkstatt, ist die ältere der beiden *Plektrudisgrabplatten* (Farbt. 16). Dicht gereihte, parallel gezogene Falten des Gewandes akzentuieren die schlanke Gestalt. Sie trägt ein Spruchband mit dem Psalmvers: »DOMINE DILEXI DECOREM DOMUS TUE« in der linken Hand – Herr, ich habe den Schmuck deines Hauses geliebt. Über dem Haupt und links und rechts des Heiligenscheins wird die Stolze als ›S. PLECTRUDIS REGINA‹ – als die Heilige Königin Plektrudis – ausgewiesen. Offiziellen Erfolg hatten die Stiftsdamen mit diesem Bemühen, ihre Gründerin in die Reihen der Heiligen einzugliedern, nicht mehr. Bei der Qualität der Grabplatte, deren zarte Bewegung anrührt, die in Streckung der Figur und enger Faltenführung an die frühgotische Skulptur in St-Denis und Chartres erinnert, hätte man ihnen mehr Erfolg gewünscht. Mit dieser Grabplatte war eine neue Tumba inmitten des Schiffes abgedeckt, in die man die Gebeine aus dem fränkischen Kalksteinsarkophag überführt hatte. Eine zweite, jüngere Grabplatte hat entweder um 1280 diese ersetzt oder ist in einer zweiten Ebene darüber angebracht worden (Farbt. 17). Das wäre dann die früheste Doppeltumba der deutschen Kunst gewesen. Auch bei der zweiten Grabplatte – mit reichen Spuren der alten farbigen Fassung – ist der Einfluß französischer Skulptur zu spüren. Auffällig ist dazu der – nie gebaute – Vierungsturm, den ihr Kirchenmodell besitzt, das sie in der Hand trägt, um sich als Stifterin auszuweisen.

Die neue Grabplatte war wohl der Abschluß der Umbauarbeiten, die mit der ersten Grabplatte begonnen hatten. Denn zur Neugestaltung der Ostkirche gehört auch die Einwölbung der beiden schmalen Joche östlich der Vierung und Mitte des 13. Jahrhunderts die Einwölbung des Schiffes. Außen hat man damals am Trikonchos das Erscheinungsbild mit Strebebögen bereichert. Im Westen hatte man den Mittelturm erhöht und auch die Flankentürme verändert. Hier hing für Jahrhunderte die Sturmglocke der Stadt. Und so notiert man als Grundbuchdatierung: »eo anno quo campanile s. Mariae factum est« – in dem Jahr der Vollendung des Glockenturms von St. Maria. Die Eintragung führt in die Jahre zwischen 1172 und 1178. Auch die Vorhallen, angesetzt an die nördliche und südliche Konche, entstanden in diesen Jahren.

Die enge Verbindung zu Stadt und Rat, die schon die Sturmglocke bezeugt, hält an. Die großen Bittprozessionen regelmäßig einmal im Jahr, und in Tagen der Not gehäuft, führen unter Teilnahme des Rates vom Dom nach St. Maria im Kapitol. Oft wird hier zur Einführung eines neuen Bürgermeisters in sein Amt eine feierliche Messe gelesen, und als Bürgermeister Bruno Angelmecher am 18. März 1573 im Amt stirbt, feiert man ein prunkvolles Totenamt wieder in St. Maria im Kapitol. Noch ganz beeindruckt notiert das Ratsmitglied Hermann von Weinsberg in seinen Erinnerungen das Ereignis.

Diese enge Verbindung hatte ihre Vorteile für die vornehmen Damen. Manche von ihnen heiratet, trotz ihrer adeligen Herkunft, in die bessere Kölner bürgerliche Gesellschaft ein. Und umfangreich ist das Stiftungswesen der Kölner in St. Maria im Kapitol. Altäre, liturgische Gewänder, Gemälde, Glasfenster, ganze Bauten stiften die reichen Kölner. Die ersten Stiftungen lassen sich schon im 13. Jahrhundert nachweisen. Spürbaren Umfang nehmen sie Ende des 15. Jahrhunderts an und prägen teils noch heute das Erscheinungsbild der Kirche. Das Ehepaar Johann Hardenrath und Sibilla Schlössgin stiftete 1464 die Maßwerkchorschranken mit ihrem steinernen Gitterwerk. Ein Jahr später investieren sie noch mehr: Östlich an die Südkonche wird eine ganze Kapelle angebaut; Christus als Salvator wird sie geweiht. 1466 ist sie vollendet und dient mit ihrer Empore einer täglich gesungenen Messe. Für den Singmeister und seine Schule wird dazu das reizvolle Haus neben dem Dreikönigenpförtchen gebaut. Vom einst so reichen Schmuck der Kapelle ist wenig genug erhalten geblieben. Die Ausmalung ist untergegangen. Erhalten sind die Glasgemälde mit ihrer lebendigen Darstellung einer *Kreuzigung*. Erhalten sind auch die *Skulpturen Christi und Mariens* in Stein aus dem Umkreis des Nikolaus Gerhaert, der damals in Straßburg arbeitete. Den Glanz der Kunstwerke vermehrten noch Ende des 18. Jahrhunderts silberne Platten an den Wänden unterhalb der Wandmalereien; Ausdruck höchster Kostbarkeit, der die Kleinarchitektur in eine begehbare Goldschmiedearbeit verwandelte.

Das Gegenstück auf der Nordseite der Ostkonche stiftete Bürgermeister Johann von Hirtz 1493, daran anschließend entstand die Sakristei. Diese Modernisierungsarbeiten wurden mit dem Einbringen gotisierender Fenster in den Seitenschiffen fortgesetzt.

Ein kostspieliges Glanzstück unter den Stiftungen ist der *Lettner*, der nun nach umfänglichen Restaurierungsarbeiten wieder an seiner ursprünglichen Stelle in der Vierung untergebracht wird. Er entstand nach den Entwürfen Jan van Roomes in Mecheln. An der Spitze der

ST. MARIA IM KAPITOL

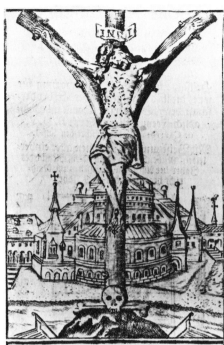

St. Maria im Kapitol, Gebetszettel mit Darstellung des Pestkreuzes, Kupferstich des 18. Jh. Kölnisches Stadtmuseum

Stifterfamilien stehen die Brüder Georg und Nikasius Hackeney, die mit ihren Frauen und weiterer Verwandtschaft wohl 1517 den Lettner in Auftrag gaben, als Nikasius sich als kaiserlicher Rat in Mecheln aufhielt. So begegnen die Hackeneyschen Pferdeköpfe mehrfach unter den Wappen. 1523 wurde er fertiggestellt, 1525 dann aufgestellt, nachdem der Rat sich bei der Statthalterin der Niederlande, Erzherzogin Margareta, und beim Herzog von Geldern um Befreiung von den Zollabgaben bemüht hat. In Nischen zwischen korinthischen Pilastern stehen Heiligen- und Prophetenfiguren, und über den Doppelwappen sind größere biblische Themen aufgegriffen: die Begegnung Abrahams mit Melchisedech, der Mannaregen, Verkündigung Mariens, Geburt und Anbetung der Heiligen Drei Könige, Beschneidung, Abendmahl und Gebet am Ölberg. Die strenge Architektur lebt aus dem Kontrast von weißem Kalkstein für die Skulpturen und Ornamente vor einem Hintergrund aus schwarzem belgischem Marmor. Damit hält die Renaissance – als Import – Einzug in Köln.

Neben den erwähnten Ausstattungsstücken bewahrt St. Maria im Kapitol noch eine ganze Reihe weiterer Schätze. Manches, wie der kostbare *Tragaltar* des späten 12. Jahrhunderts, befindet sich meist wohl verwahrt im Tresor. Anderes ist zu sehen. Erschreckend in seiner Darstellung eines zerquälten Körpers ist der *Gabelkruzifixus*. Am ›lebendigen Holze‹ hängt ein Mensch, dessen Leiden unvorstellbar gewesen sein muß. Hier fand der Beter des späten Mittelalters Antwort auf die Frage nach seinem eigenen Leid. Mit seinem Leiden nahm er Anteil an der Qual Christi. Ob dieser Kruzifixus aber mit dem zu identifizieren ist, der 1304 für den Kreuzaltar unter dem Lettner der Hackeneys geweiht wurde, erscheint fraglich. In seiner gekonnten und ausgereiften Art der Darstellung möchte man ihn eher im späten 14. Jahrhundert ansiedeln.

Aus der großen Ausstattungswelle des frühen 16. Jahrhunderts stammt noch die Darstellung der *Grablegung Christi*. Einer der Kanoniker des Stiftes, wohl Heinrich von Berchem, kniet als Stifter zu Füßen Christi. Spätgotische Architektur mit flammenhaft bewegtem Maßwerk rahmt die Figurengruppe.

Aus dem Umkreis des Hans Baldung Grien, vielleicht von einem seiner Mitarbeiter, der sich selbständig gemacht hat, stammt das große Tafelbild mit dem *Tod Mariens* auf der einen und der *Trennung der Apostel* auf der anderen Seite. Hier erscheint auf der Einfassung des Brunnens die Jahreszahl 1521. Das mächtige farbenreiche Bild könnte Teil einer großen Altaranlage gewesen sein. Klein, geradezu zierlich ist dagegen das *Triptychon* aus der Werkstatt des Hans von Aachen mit Anna Selbdritt im Zentrum, Johannes und der heiligen Katharina auf den Flügeln. Außen werden die Stifter von ihren Namenspatronen begleitet. Um 1600 ist es entstanden, italienische Süße wirkt sich hier aus.

Durch ihre Bemalung wirkt eine andere Kostbarkeit fast neugotisch, die *Limburger Madonna* (Abb. 47). 1504 hatte man sie wohl beim Brand des bedeutenden Klosters Limburg an der Hardt gerettet und dann vergessen. 1879 gelangte sie nach Maria im Kapitol. Alte Aufnahmen, die die hohe Holzskulptur ohne farbige Fassung zeigen, enthüllen den vollen Liebreiz, den jetzt die Ergänzungen (z. B. der Kopf des Kindes) verdecken.

St. Maria im Kapitol, Foto um 1890

ST. MARIA IM KAPITOL

St. Maria im Kapitol 1949

Meist nur zufällig entdeckt man ein Kuriosum: *Zint Mergens Repp*, die Rippe Mariens (Abb. 49), womit als Eigentümerin die Kirche St. Maria gemeint ist. Knochen eines Grönlandwals, darunter der gut 4 m lange Unterkiefer, sind mit Ketten im südlichen Seitenschiff an der Wand befestigt. Im Pleistozän, als der Rhein noch weit ausufernd in kühlem Klima dahinfloß, haben sich öfters Wale am Kölner Ufer getummelt. Auch heute kommt es ja manchmal noch vor. Grub man dann ihre Überreste aus dem Kies, Jahrhunderte, in diesem Fall Jahrtausende später, wunderte man sich. Nirgendwo ist überliefert, ob das beim Bau unserer Kirche oder zu anderer Zeit an anderer Stelle geschah. Zumindest hat man mit diesem Fund früh schon Kölns erstes und ältestes Museum eingerichtet.

Verläßt man St. Maria im Kapitol, sollte man – wenn man es beim obligaten Rundgang um den Bau nicht schon längst entdeckt hat – einen Blick auf das *Dreikönigenpförtchen* werfen. Um 1310 stellte man in die feine gotische Architektur eine Anbetung der Heiligen Drei Könige, deren Originale im Schnütgen-Museum bewahrt werden. Durch dieses Tor zu der Immunitätsmauer des Stiftes sollen die Reliquien der Könige in Köln eingezogen sein.

St. Maria Lyskirchen
Farbt. 31, 32; Abb. 50–51

Knapp südlich vor der römischen Stadtmauer, und vor dem Ausbau des Rheinufers im 19. Jahrhundert näher am Strom, steht die kleinste der bedeutenden romanischen Kirchen Kölns. Als Kirchlein – ecclesiola – wird sie erstmals im Jahre 948 in einer Urkunde Erzbischof Wichfrids erwähnt. Die Kölner Legende nimmt ein wesentlich höheres Alter für den der Muttergottes geweihten Bau in Anspruch. Sie bezeichnet die Krypta als Zelle des heiligen Maternus, des ersten Bischofs auf dem Kölner Bischofsstuhl.

Der historische Maternus ist tatsächlich der erste Bischof Kölns, den wir kennen. In den Quellen erscheint er zu Beginn des 4. Jahrhunderts, offensichtlich ein guter Bekannter Kaiser Konstantins des Großen. In Köln griff man indes weiter in die Vergangenheit zurück, machte ihn zum Schüler Petri und schließlich zu einem der 72 Jünger, die Christus ausgesandt hat. Und vermutete endlich in ihm den Jüngling von Naim, den Christus vom Tode auferweckte, und zugleich einen Verwandten Christi selbst.

Um so tiefer traf es die Kölner, daß man sein Grab in Köln nicht kannte und die Trierer Maternus ebenfalls für sich in Anspruch nahmen. Das konnte nur durch ein Wunder begründet worden sein. Dieses hatte zu Füßen des Chores von St. Maria Lyskirchen stattgefunden. In der Zelle des heiligen Maternus – diese vermutete man in der Krypta unserer Kirche – hatten seine Schüler entschieden, die zwischen den drei Bistümern Trier, Köln und Tongern strittigen Gebeine (alle drei hatte der apostolische Manager der Legende nach geleitet) selbst über ihre Ruhestätte entscheiden zu lassen. Man legte den Leichnam in ein Boot, welches zur Trauer der Kölner von selbst rheinaufwärts bis Rodenkirchen fuhr. Damit war die Richtung festgelegt. An der Landestelle hält wieder ein romanischer Bau die Erinnerung an diese Entscheidung für Trier als Ruhestätte wach.

Die Krypta ist Bauteil der romanischen Kirche, die zu Beginn des 13. Jahrhunderts um 1220 errichtet wurde, heute nur noch von außen zugänglich. Sie kann keine Zelle des Maternus gewesen sein. Eine Art archäologischer Probebohrung hat aber 1972 die Spuren von Vorgängerbauten erkennen lassen. Eine ältere Mauerecke verwandte römisches Baumaterial in Zweitnutzung, und ein jüngerer Mauerzug, schon mit Tuffstein verblendet, verlief genau in der Linie der Pfeiler des heutigen Schiffes. Wann in der Schiffer- und Fischersiedlung vor den Toren der römischen Stadtmauer erstmals eine Kapelle stand, ist dadurch nicht

ST. MARIA LYSKIRCHEN

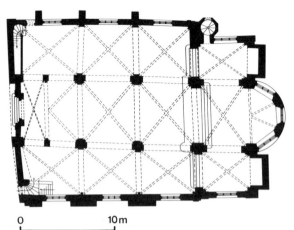

St. Maria Lyskirchen, Grundriß

zu klären. Es wird wohl auch wie viele Frühgeschichten der Kölner Kirchen nicht mehr zu klären sein.

· Die erste kleine Kapelle ist nach den gefundenen Spuren durch einen Saalbau ersetzt worden. Dessen Maße scheinen dann die Breite des Mittelschiffs der heutigen Kirche bestimmt zu haben. Es mag zu Beginn des 13. Jahrhunderts sowieso schwierig genug gewesen sein, den notwendigen Grund und Boden für die Erweiterung und den Neubau rings um die Kirche zu erwerben. Der verzogene, unregelmäßige Grundriß, dessen Fassade der Linienführung der Straße folgt und dessen nördliches Seitenschiff sich weiter ausdehnen konnte als das südliche, schildert diese Probleme ziemlich deutlich.

Seit 1067 gehörte St. Maria Lyskirchen nicht mehr zum Stift St. Severin, wie in der Urkunde Wichfrids von 948 erwähnt, sondern zur neuen Gründung Erzbischof Annos, dem Stift St. Georg. Damit ist schon die Ausnahmestellung unseres Kirchleins gekennzeichnet. St. Maria Lyskirchen ist und war immer Pfarrkirche. Schon der Name berichtet wohl davon. Mehrfach erscheint sie als Kirche eines Lisolph. Die Schreibweisen sind unterschiedlich, und einmal wird er sogar zum Heiligen befördert. Das war aber mit der Bezeichnung ›Kirche des Lisolph‹ nicht gemeint. Dahinter steht wohl der Name des Grundherrn, der sich hier eine Kirche erbaute, um für sich, seine Familie und seine Bediensteten Gottesdienst halten zu lassen. Das bezeichnet man als Eigenkirche. Diese Besitzverhältnisse sind aber schon 948 nicht mehr aktuell, als der Besitz St. Severin zugeschrieben wird. Aber ein Lisolph mag einst den allerersten Bau errichtet haben. Aus der Bezeichnung ›Kirche des Lisolph‹ wurde dann langsam Lyskirchen, so wie wir es heute gewohnt sind.

Für eine einem Stift zugeordnete Pfarrkirche war das Stift zuständig. Meist war einer der Kanoniker zugleich Pfarrer. Er verwaltete in dieser Zeit auch noch das Vermögen der Kirche, während der Zehnt, den die Pfarrangehörigen abgaben, dem Stift St. Georg zufloß. Dem Pfarrer stand nur ein kleiner Anteil daran zu. Denn das war ja der Sinn der Inkorpora-

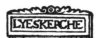

St. Maria Lyskirchen,
Ausschnitt aus dem
Holzschnitt von Anton
Woensam 1531

tion einer Pfarrkirche in ein Stift, daß das Einkommen der Stiftskanoniker vermehrt würde. Andererseits hatte damit das Stift auch die Sorge für die Pfarre und Pfarrkirche übernommen.

Aus der Bauzeit der Kirche liegen keine Nachrichten vor. Wir wissen weder etwas über die Finanzierung noch über Architekt oder Bauplanung. Erst aus dem folgenden 14. Jahrhundert sind uns Nachrichten über Stiftungen vornehmer Kölner Familien überliefert. Neue Altäre werden errichtet. Trotzdem kann man wohl mit Hans Vogts annehmen, daß im Jahrhundert zuvor, als der Reichtum der Kölner Patrizier noch frischer und die Baubegeisterung aller noch größer war, es im wesentlichen die Stiftungen der vornehmen Pfarrangehöri-

ST. MARIA LYSKIRCHEN

gen waren, die den Neubau ermöglichten. Die Stadt war gewachsen. Schon 1106 hatte man diesen Bereich in die Befestigungen mit Wall und Graben einbezogen. Danach wird die Zahl der Häuser und damit der Kölner, die zur Pfarre St. Maria Lyskirchen gehörten, weiter gewachsen sein. Man brauchte mehr Platz und eine modernere Kirche. Um die Ecke, in der Rheingasse, baute zur gleichen Zeit Werner Overstolz das Overstolzenhaus, das einzige der romanischen Patrizierhäuser, das erhalten blieb. Wenn man solche Privathäuser baute – und etwa siebzig lassen sich anhand alter Darstellungen und Pläne für Köln noch nachweisen, aber erheblich mehr wird es gegeben haben –, dann kann man sich den Eifer der vornehmen Kölner für ihre Pfarrkirche vorstellen. Sie konnte doch schlecht weniger prunkvoll aussehen als das eigene Haus.

Zuerst höhte man den Bauplatz wieder einmal auf. Das Hochwasserproblem ist ja bis in unsere Zeit akut geblieben. Am Portal sind einige Hochwassermarken notiert. Überzeugend ist jedenfalls auf dem Türsturz die Marke für das Hochwasser des 28. Februar 1784, das dazu mit kräftigem Eisgang verbunden war. Der erste nachrömische Fußboden liegt etwa 2,85 m unter dem heutigen. Der nächste, der des Saalbaus, liegt 1,70 m darunter, und der eigentliche Fußboden des romanischen Baus liegt immer noch 60 cm unter dem heutigen Boden.

Wie für Pfarrkirchen häufig, erbaute man eine Emporenbasilika. St. Johann Baptist, St. Kolumba oder St. Peter sind Beispiele dafür gewesen. Unter den Stiftskirchen entspricht nur St. Ursula diesem Typ, der gegenüber einer einfachen dreischiffigen Basilika mehr Raum für Besucher bietet. Allerdings plante man im Gegensatz zu all diesen Bauten bei St. Maria Lyskirchen nicht im gebundenen System. Es entsprechen beim gebundenen System zwei Joche des Seitenschiffes einem Joch des Mittelschiffes, wobei man jeweils Quadrate anstrebt. Daran war bei den beengten Grundstücksverhältnissen der Rheinvorstadt nicht zu denken. Man hätte dann die engen Emporen und Seitenschiffe kaum noch betreten können. Der vorhandene Raum wurde soweit wie möglich ausgenutzt.

Trotz der Veränderungen des 17. Jahrhunderts ist die ursprüngliche Konzeption noch gut zu erkennen. Schon im frühen 16. Jahrhundert hatte man mit den Fenstern im nördlichen Seitenschiff die Veränderungen begonnen. Das erste Fenster zeigt spätgotisch eine *Verkündigung* und neben einem neuen Mittelfeld eine *Muttergottes* in noch ungefügem Renaissancerahmen. Schon geschickter sind die *Kreuzigungsdarstellung* mit Maria Magdalena, Maria und Johannes und die *Kölner Heiligen Gereon, Helena und natürlich Maternus,* der allerdings – fast der Legende gemäß – nur zum Teil erhalten ist. Die baulichen Veränderungen, die hiermit begonnen wurden, setzten sich im 17. und vielleicht noch im 18. Jahrhundert fort. Einschneidend sind die Baumaßnahmen im Chorbereich und an den Emporen.

Im Chorbereich läßt man mit der alten Gewölbekappe, die niedriger ansetzte, auch Plattenfries und Zwerggalerie außen verschwinden und türmt eine barocke Galerie als Abschluß auf. Damit hat man zwar Raum für die hohen gotisierenden Fenster gewonnen, aber das Gleichmaß der Ostfassade verloren. Auf dem großen Panoramaholzschnitt des Anton Woensam des Jahres 1531 ist der vorherige Zustand noch zu sehen. In der Höhe des Plattenfrieses der beiden Türme setzte auch der Plattenfries der Apsis an. Darunter erkennt man reich gerahmte Fenster und am Nordturm einen kleinen Kapellenerker, von dem heute nur

40 St. Kunibert von Osten

41 St. Kunibert Kruzifixus des Bronzeleuchters

42 St. Kunibert Schiff nach Osten

44 St. Kunibert   Taufkapelle
43 St. Kunibert   Chorraum nach Nordosten

45 St. Maria im Kapitol Kleeblattchor von Nordosten

46 St. Maria im Kapitol Gewölbe der Hardenrathkapelle

47 St. Maria im Kapitol Limburger Madonna

48 St. Maria im Kapitol   Krypta nach Osten

49 St. Maria im Kapitol   Zint Mergens Repp

50 St. Maria Lyskirchen Schiff nach Nordosten

51 St. Maria Lyskirchen Schiffermadonna

52 St. Pantaleon
Westwerk von
Westen

noch der unterste Kragstein erhalten ist. Verschwunden sind auch das mit einem Dreipaß geschlossene Fenster und der Auslug am Giebeldreieck. Und statt des zierlichen Faltdaches müssen wir uns mit einem etwas schwerfälligen Rautendach begnügen. Der Südturm ist offensichtlich nie vollendet worden.

Da auch nach der Bauphase des frühen 13. Jahrhunderts die vornehmen Kölner Familien eifrig weiter stifteten, bleibt der unvollendete Südturm etwas rätselhaft. Er hätte die Ostfassade von St. Maria Lyskirchen zum genauen Gegenstück der gleichzeitig erbauten Stiftskirche St. Kunibert am anderen Ende des Kölner Rheinpanoramas werden lassen. Wollte man das nicht? Haben die Stiftsherren von St. Kunibert bei ihren Kollegen von St. Georg ein Wort zugunsten ihrer eigenen Eitelkeit eingelegt?

Auf Anton Woensams Holzschnitt ist auch die ursprüngliche Fächerform der Fenster der Emporen und Seitenschiffe noch zu sehen. Sie mußten ebenso wie die Fenster des Chores dem barocken Lichtbedürfnis weichen. Noch störender als die Veränderungen an den Fenstern sind die Eingriffe bei den Emporen. Sie sind zu weiten, etwas gedrückten Bögen geworden, die eine barocke Balustrade abschließt. Im westlichen Joch, auf der Westempore, kann man den ursprünglichen Zustand noch sehen. Ein rechteckiger Rahmen faßt eine dreifache Arkade zusammen. Die Emporen müssen tatsächlich ziemlich dunkel gewesen sein. Aber das war Absicht. So blieb reichlich Wandfläche für Wandmalereien. Diese sind auch heute noch der eigentliche Schatz der Kirche.

Vieles ist untergegangen. Nach der Konzeption der Gewölbemalerei zu urteilen, könnte man sich auf der Giebelwand über der Ostapsis die fehlende Kreuzigung vorstellen und in der Wölbung der Apsis selbst die Darstellung Christi als Richter des Jüngsten Gerichts. Beides fehlt im heute erhaltenen Bestand, während die Epiphanie, die Anbetung der Heiligen Drei Könige über dem Westportal (früh, um 1230 gemalt), chronologisch und theologisch am Anfang steht und zugleich die Patronin der Kirche in den Blick rückt.

Wohl erst Mitte des 13. Jahrhunderts hatte man sich entschlossen, die drei Gewölbe des Schiffs ausmalen zu lassen. Unter den Kölner Kirchen und im weiten Umkreis – von der ein Jahrhundert älteren Ausmalung der Doppelkirche in Schwarz-Rheindorf abgesehen – steht hier St. Maria Lyskirchen einzigartig da. Viele Kirchen mögen ähnliche Schätze besessen haben.

Die Ausmalung der Gewölbe folgt einem einheitlichen Programm. Im östlichen Gewölbe geben zwei weibliche Figuren mit Heiligenschein auf ihren Spruchbändern das Thema an. Die Nordseite lautet: »LEX PER MOYSEN DATA EST«, die Südseite: »GRATIA PER XRISTUM DATA EST«. So werden die beiden Figuren wohl auch das Gesetz, das durch Moses gegeben wurde, und die Gnade, die durch Christus gegeben wurde, verkörpern. Ganz gebildet wird zur Schreibung des Namens Christi das X als griechisches Chi verwandt. Demonstrativ gebildet war man ja auch sonst in unserer bürgerlichen Pfarrkirche. Denn fein säuberlich nach Altem Testament auf der Nordseite und Neuem Testament auf der Südseite werden nun auf den folgenden Feldern sich entsprechende Szenen zusammengestellt.

◁ 53 St. Pantaleon   Blick ins Westwerk

ST. MARIA LYSKIRCHEN

Das ist eine typologische Interpretation des Alten Testamentes. Sie sieht neben dem einfachen historischen Verständnis des Textes oder neben einer moralischen, ethischen Interpretation in den Ereignissen des Alten Testamentes schon Ereignisse, die das Neue Testament schildert, angedeutet, vorherverkündet, präfiguriert. Ausgehend von den Prophezeiungen des Alten Testamentes, die auf Christus bezogen sind, fand man nach dieser Methode fast für jedes alttestamentarische Ereignis ein ›entsprechendes‹ im Neuen Testament. Ähnliches Vorgehen sieht man am Klosterneuburger Altar, am Bibelfenster in Mönchen-Gladbach oder am Makkabäerschrein in St. Andreas, jeweils in ›gebildeten‹ Verhältnissen. Eine Fülle von Schriftbändern übernimmt zusätzliche Erklärungen, und in den spitzen Zwickeln der Gewölbefelder stehen Propheten für das Alte Testament und Geistliche unterschiedlichen Ranges für das Neue Testament als Interpreten bereit.

Das erste, *östliche Gewölbe* zeigt auf der Südseite aus dem Neuen Testament:
1. Die Verkündigung 2. Die Geburt Christi
3. Die Darstellung im Tempel 4. Die Taufe Christi im Jordan
Dem entsprechen auf der Nordseite aus dem Alten Testament (von rechts nach links):
1. Die Verheißung Isaaks an Abraham 2. Die Geburt Isaaks
3. Die Aufopferung Samuels im Tempel 4. Das Bad des Naeman auf Befehl des Propheten Eliseus

Auch im *mittleren Gewölbe* werden die Felder wieder zwischen Nord- und Südseite aufgeteilt. Ein kräftiges Ornamentband bildet jeweils die Grenze:
1. Die Verklärung Christi 2. Der Einzug Christi in Jerusalem
3. Das letzte Abendmahl 4. Die Geißelung Christi
Dem entsprechen wiederum im Norden:
1. Moses mit den Gesetzestafeln 2. Salomos Einzug in Jerusalem
3. Das Gastmahl des Ahasver 4. Hiob auf dem Misthaufen
Die Mitte des Gewölbes zeigt hier nur blauen, goldgesternten Himmel. Im folgenden, *westlichen Gewölbe* wird die Mitte von den vier Kardinaltugenden eingenommen: Klugheit, Stärke, Gerechtigkeit und Mäßigung (die gerade Wasser in ihren Wein gießt).
In diesem Gewölbe wird die neutestamentarische Erzählung fortgesetzt:
1. Kreuzabnahme 2. Christus befreit Adam und Eva aus der Hölle
3. Die Himmelfahrt Christi 4. Die Ausgießung des Hl. Geistes an Pfingsten
Dem entsprechen wieder auf der Nordseite:
1. Die Anbetung und Zerstörung der ehernen Schlange 2. Samson mit den Toren von Gaza
3. Die Himmelfahrt von Elias und Enoch 4. Elias im Opferwettkampf mit den Baalpriestern

Es fällt auf, daß die Kreuzigung selbst im neutestamentarischen Bericht fehlt. Aber sie wurde durch eine in den Quellen erwähnte Kreuzigungsgruppe oder auch durch eine der untergegangenen Wand- oder Gewölbemalereien im Chorbereich geboten.

St. Maria Lyskirchen, östliches Gewölbe

Vielleicht ein Jahrzehnt später, der ›Zackenstil‹ der Linienführung ist noch etwas unruhiger geworden, wird auf dem südlichen Chorgewölbe die Szenenfolge aus der *Nikolauslegende* entstanden sein. Unter den gesamten Malereien sind dies die am besten erhaltenen.

ST. MARIA LYSKIRCHEN

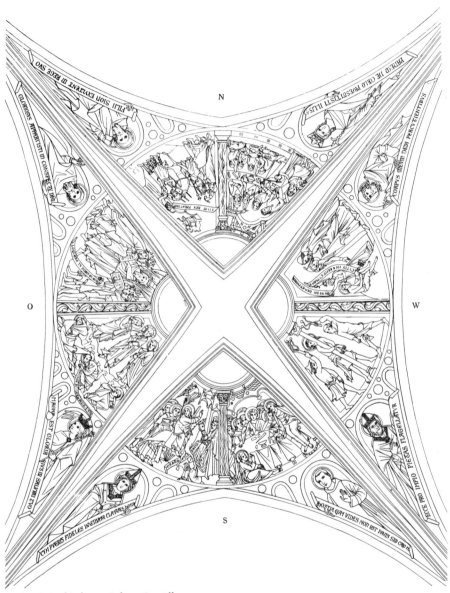

St. Maria Lyskirchen, mittleres Gewölbe

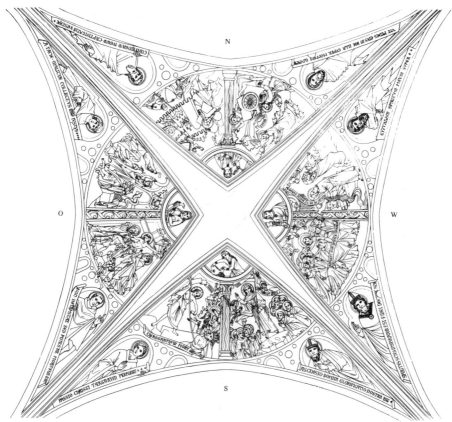

St. Maria Lyskirchen, westliches Gewölbe

Der Kult des heiligen Nikolaus war durch die Übertragung seiner Reliquien von Myra in Kleinasien nach Bari in Süditalien, per Raub, populär geworden. Eine Säule seiner Grabeskirche war schwimmend aus Anhänglichkeit seinem Schiff gefolgt. Und die wunderbare Rettung von Schiffbrüchigen aus Seenot, die auch in St. Maria Lyskirchen erzählt wird, hat ihn zum Patron der Schiffer gemacht. Verständlich, daß man ihn auch in Köln nahe dem Rheinufer inmitten einer Siedlung von Schiffern gerne verehrte. Eine Nikolausbruderschaft der Schiffer wurde ganz offiziell aber erst 1670 begründet.

Die Szenenfolge beginnt in der östlichen Gewölbekappe mit der aufschlußreichen Kindheit unseres Heiligen. Sein Vater zeigt sich äußerst erstaunt darüber, daß er an Fasttagen nur einmal die Mutterbrust nimmt, und im Zwickel darunter sieht man ihn als Neugeborenen bereits in der Wanne stehen. Die nächste Szene schildert die Bischofsweihe. Dann folgt die

ST. MARIA LYSKIRCHEN

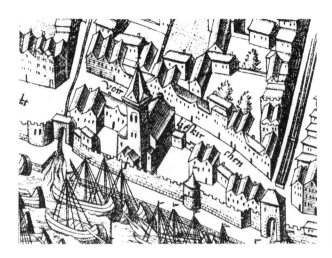

St. Maria Lyskirchen, Ausschnitt aus dem Vogelschaustadtplan des Arnold Mercator von 1571. Kupferstich

erwähnte Rettung von Schiffbrüchigen und als Abschluß seiner Lebensgeschichte der Tod des Heiligen. Man sieht, wie die Seele des Heiligen mit Mitra von Engeln in den Himmel getragen wird. Drei Szenen schildern dann eine zusammenhängende Wundergeschichte. Ein Jude, am Hut gut zu erkennen, hatte seine Schätze nachts durch eine Nikolausdarstellung als Wächter geschützt. Vergeblich, Diebe tragen alles davon. Am nächsten Morgen sieht man den Juden, dem vor Eifer der Hut hoch geht, das Bild schlagen. Die Diebe aber, denen Nikolaus erscheint, bringen reumütig ihre Beute zurück. Es fehlt als Ende der Geschichte die Bekehrung des Juden und seiner Familie. Statt dessen wird ein weiteres Wunder kurz angedeutet. Drei Generäle Kaiser Konstantins waren von ihm unschuldig verurteilt worden. Man sieht sie mit gefesselten Händen im Stock sitzen. Aber schon erscheint Nikolaus und befreit sie, indem er im Traum Konstantin auf den Irrtum aufmerksam macht.

In der gegenüberliegenden Chorkapelle auf der Nordseite ist die ebenso populäre *Katharinenlegende* geschildert worden. Hier waren bei der Aufdeckung der Malereien bereits die Felder der Nordseite untergegangen. Die Szenenfolge, die wohl wieder ein Jahrzehnt später entstand, beginnt im Westen. Katharina verweigert das Götzenopfer vor dem Kaiser und disputiert erfolgreich mit den Philosophen von Alexandria. Diese werden daraufhin als Christen in der nächsten Szene Opfer der Henker und im Kessel verbrannt. Katharina erhält währenddessen hohen Besuch im Gefängnis, der sie aber auch nicht von ihrem Glauben abbringen kann. In der nächsten Szene wird von Engeln das Rad, auf dem sie nun sterben soll, zerschlagen. Dann wird sie aufgehängt und gepeinigt. Die beiden letzten, ergänzten Darstellungen zeigen sicher zu Recht, wenn auch frei entworfen, die Enthauptung und den Transport ihres Körpers auf den Sinai.

Spätere Reste von biblischen Szenen hat man auf der Westempore entdeckt. Sie stammen aus der Zeit um 1330. Zumindest ein Jahrhundert lang hat man sich also bemüht, biblische Geschichte für jeden Besucher der Kirche lebendig werden zu lassen.

Im Barock wurden, wohl im Zuge der Umbauarbeiten, die Gewölbe und Malereien übertüncht. 1879 hatte man während der Restaurierungsarbeiten schon einen Vertrag zur Ausschmückung der Gewölbe mit einem Dekorationsmaler geschlossen, als dieser dann beim Abkratzen der alten Anstriche den erstaunlichen Fund meldet. Matthias Göbbels, damals Kaplan an St. Maria im Kapitol, bekommt den Auftrag zur Restaurierung. Das heißt für den Schüler August von Essenweins, daß gründlich gearbeitet wird. Alles wird freigelegt und sauber mit leuchtenden Ölfarben übermalt. Wo etwas fehlt, wird frei ergänzt. Das Katharinengewölbe ist ein gutes, etwas abschreckendes Beispiel für diese Technik. 1934 hat man die Malereien von der inzwischen nachgedunkelten Ölfarbe befreit. Den Krieg haben sie überstanden, aber nicht ohne Verluste. Durch das zerstörte Dach konnte Regenwasser eindringen. Vor wenigen Jahren sind die Malereien wieder restauriert worden. Aber sie lohnen jeden Aufwand, auch die Nackenschmerzen des Besuchers.

Bei anderen Stücken der Ausstattung kann man sich auch von den Nackenbeschwerden wieder erholen. Dazu gehört der *Taufstein*. Nur die Blattkapitele zeigen, daß er in die zweite Hälfte des 13. Jahrhunderts gehört. Die groben Köpfchen würde man sonst leicht für älter halten. Er trägt einen barocken Deckel. Eine der beiden schönen *Madonnen* der Kirche haben der Architekt Karl Band und der Bildhauer Elmar Hillebrand in einer neuen Glorie bei ihrer Neugestaltung des Altarraums in reinem Nierenstil verarbeitet. Ein denkmalschutzwertes Ensemble. Sie gehört wie die zweite Madonna nicht zum ursprünglichen Bestand. Erst 1885 kam sie als Geschenk in die Kirche. Auch die ›Schiffermadonna‹, etwa ein Jahrhundert jünger, um 1420 entstanden, ein bezauberndes Beispiel des Weichen Stils (Abb. 51), ist wohl erst nach der Säkularisation aus Walberberg hierher gelangt. Bis 1868 stand sie außen an der Kirche in einer Nische und grüßte die vorüberfahrenden Schiffer. Eine andere Kostbarkeit, die der Kölner Ratsherr Gobelinus Schmitgen 1524 der Kirche stiftete, ein kostbarer *Flügelaltar* mit der Beweinung Christi von Joos van Cleve, ist nur in einer Kopie von Kaspar Benedikt Beckenkamp erhalten. Das Original ist – rechtmäßig – auf einigen Umwegen ins Städelsche Kunstinstitut nach Frankfurt gelangt. Auch der Kirchenschatz birgt noch einige Kostbarkeiten. Neben dem nördlichen Aufgang zur Empore hat Peter Hecker in seiner expressionistischen Manier die Tradition der Schifferkirche noch einmal als *Wandmalerei* festgehalten.

Zum Schluß sollte man das *Westportal* nicht übersehen. In der Enge der Straße geschieht das leicht. Zwar sind die 1614 gestifteten Türflügel nur fragmentarisch erhalten, aber die Rahmung der Erbauungszeit gehört zu den Spitzenleistungen der Bildhauer in Köln in diesen Jahren. Reiche Ornamentik, prächtige Girlanden, Kapitele mit kleinen Vögeln im Pflanzendickicht, Böses abwehrende Löwenköpfe rahmen ein einst vielleicht gemaltes Tympanon. Jetzt schmückt nur noch ein Rundbogenfries im Halbkreis gezogen die Fläche und bringt Motive in Erinnerung, die wohl entlang den Pilgerstraßen von Santiago de Compostela – wie in der Vorhalle von St. Andreas – nach Köln gewandert sind. Der Türsturz, giebelförmig zugeschnitten, zeigte auf seinem Medaillon ursprünglich ein Lamm. Die nicht mehr ganz exakt lesbare Inschrift lautet wohl: »SE DOLET HOC TITULO STRATA RABIES INIMICA«. Besonders das ›strata‹ ist nur zu lesen, wenn man sich auf Aegidius

ST. MARIA LYSKIRCHEN

Gelenius verläßt, der die Inschrift Anfang des 17. Jahrhunderts zu entziffern versuchte, und hier »stratam« vermutete. Soll sie bedeuten, daß vor diesem Zeichen des apokalyptischen Lamms dahingestreckt die feindliche Wut sich grämt?

Zumindest hat sich die Restaurierungswut des 19. Jahrhunderts nicht lange über den hohen spätgotischen Giebel der Fassade mit seinen gotisierenden Fenstern gegrämt. Man hat Giebel und Fenster Ende des 19. Jahrhunderts neoromanisch ersetzt. Nach den vorhandenen Abbildungen könnte man den alten Zustand wiederherstellen. Aber wichtiger wäre es, das Faltdach des Nordturmes zu erneuern. Das gäbe dem Rheinpanorama der Stadt einen neuen reizvollen Effekt. Auf Anton Woensams Rheinpanorama entdeckt man am Turm mit seinem Faltdach dazu einen kleinen Holzverschlag. Hier war – zumindest im 14. Jahrhundert, wo sein Lohn in den Stadtrechnungen erscheint – ein Wächter untergebracht. Wahrscheinlich beobachtete er den Schiffsverkehr auf dem Rhein. Zugleich mag er die städtischen Waffen gehütet haben, die wohl auf den Emporen gelagert waren. Eine bürgerliche Pfarrkirche war so für viele Zwecke nutzbar zu machen. Später werden die Waffen allerdings im Zeughaus untergebracht worden sein, in dessen jüngstem Bau, um 1600 errichtet, heute das Kölnische Stadtmuseum untergebracht ist. Hier sind noch Waffen erhalten, die einst wohl schon auf den Emporen von St. Maria Lyskirchen lagerten.

Noch auf anderem Wege ist St. Maria Lyskirchen in die Geschichte eingegangen. Der erste Kölner Drucker, Ulrich Zell, hat seit 1466 in der Pfarre gewohnt und gearbeitet und sein Druckerzeichen ›Impressum apud Lyskirchen‹ mit einer Mariendarstellung versehen.

Druckerzeichen des Ulrich Zell

Groß St. Martin

Farbt. 23, 33; Abb. 36–39

Kein Blick auf die Rheinfront Kölns, kein Stadtpanorama ist denkbar ohne den spätromanischen Turm der ehemaligen Benediktinerklosterkirche Groß St. Martin im Herzen der Altstadt.

Doch nach dem großen Luftangriff des 2. März 1945 war es fast so weit: Schon 1942 waren die Dächer des Schiffs und die Helme des Turms und seiner zierlichen Begleiter abgebrannt. Nun fielen auch die oberen Geschosse des Turms, die Gewölbe des Schiffs und seine Westwand mit der Vorhalle den Bomben zum Opfer. Einer der markantesten Punkte der Stadtsilhouette schien für immer ausgelöscht. Verzweiflung und Zweifel griffen mit dem Ende des Krieges um sich. Wie, wann, mit welchen Mitteln sollte hier je wieder aufgebaut werden? In der wichtigen Vortragsreihe des Jahres 1947 unter dem Thema »Kirchen in Trümmern« meinte der Kunsthistoriker Otto H. Förster: »Wir wollen in Groß St. Martin die Gewölbe wieder schließen, aber uns versagen, den Turm allzu eilfertig wieder hinzuzaubern. Es ist viel besser, wenn er einige Zeit als Stumpf stehenbleibt und noch andere nach uns daran erinnert, was wir hatten und warum es uns genommen worden ist – bis, vielleicht in hundert Jahren, der Tag kommt, wo uns ein großer Meister den Turm plant, der so schön oder schöner ist als der gewesene«. Viele stimmten ihm damals zu; aber 1963 war der Turm in seiner alten Gestalt wiedererstanden. Auf andere Bauten hatte man verzichten können, St. Kolumba blieb Ruine, St. Alban wurde zum Mahnmal. Aber das Stadtbild ohne die Silhouette dieses Turmes war den Kölnern unerträglich, auch wenn es noch zwanzig Jahre dauern sollte, bis auch die Kirche wieder erneuert war. Zugleich schlossen sich die Wunden der Altstadt, und Groß St. Martin wurde wieder zum Zeugen einer lebendigen Vergangenheit inmitten modernsten Wohnens, das Joachim Schürmann glänzend gestaltet hat.

Die Fülle der Bauarbeiten in und rings um Groß St. Martin auf der einst der römischen Stadtmauer und dem römischen Hafen vorgelagerten Insel brachte den Archäologen die Gelegenheit, der Vorgeschichte von Groß St. Martin nachzugehen. Ein kleiner Ausschnitt aus ihren Grabungen ist in der neuen Krypta der Kirche zugänglich. Er hilft, die frühe Geschichte der Abtei zu klären.

Denn die Anfänge des Klosters Groß St. Martin bieten für Historiker, Kunsthistoriker, Archäologen und jeden Besucher einige reizvolle Probleme. Die erste konkrete Nachricht

GROSS ST. MARTIN

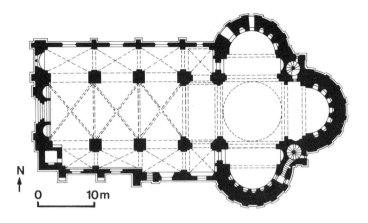

Groß St. Martin, Grundriß

zum Kloster bringt die Lorscher Chronik in ihrem Bericht über Erzbischof Bruno von Köln (954–65). Er war zuvor in Lorsch Abt gewesen. In der Art eines Nachrufs wird erzählt, daß Bruno in Köln drei Klöster erbaut habe (construxit): St. Pantaleon, St. Andreas und endlich Groß St. Martin. Von St. Pantaleon und St. Andreas ist bekannt, daß dort schon vorher Kirchen standen. Und erbauen heißt nun schließlich nicht gründen. Wahrscheinlich gab es auch an der Stelle von Groß St. Martin schon einen Bau. Zu diesem Schluß verleiten jedenfalls die Legende und das Patrozinium. Aegidius Gelenius schreibt die Stiftung von Groß St. Martin Pippin und seiner Gemahlin Plektrudis, die uns ja auch in St. Maria im Kapitol begegnet, zu. Sie hätten im Jahre 708 die Mönche Wiro, Plechelmus und Otger unterstützt, die einige Jahre vorher vom Schotten Tilmon gegründete Kapelle in ein Kloster zu verwandeln. Das ist eine späte Erfindung. Mit dieser Legende werden aber gern die beiden Köpfe am Kapitell der Arkadeninnenseite des südwestlichen Vierungspfeilers erklärt. Die Frau mit den langen Zöpfen sei Plektrudis und der bärtige König daneben daher Pippin. Die Legende ist nicht schlecht erfunden.

Das Patrozinium: der Heilige, auf den die Kirche geweiht ist, als dessen Eigentum sie gilt, der Heilige Martin, war als Bischof von Tours der populärste Heilige der Franken. Der größte Teil der Kirchen, die seinen Namen tragen, ist im 7., 8. und 9. Jahrhundert entstanden. Und daß ausgerechnet das Heilige Köln damals keine Martinskirche bekommen haben sollte, erscheint unwahrscheinlich.

Die in den letzten zwanzig Jahren in und rings um Groß St. Martin durchgeführten Ausgrabungen, inzwischen abgeschlossen, aber noch nicht abschließend publiziert, unterstützen diese Vermutung. In römischer Zeit hat man die Rheininsel zuerst als Sportplatz, mit einem großzügigen Wasserbecken, verwendet. Im 2. Jahrhundert dann wurden große Lagerhallen, horrea, angelegt, weil der Hafenbetrieb offenbar gewachsen war. Teile der Sockel von Pfeilern, die die Lagerräume in dreischiffige Hallen gliederten, sind in der Krypta zu sehen. Die Außenmauern der Halle hat man beim späteren Bau von Groß St. Martin für die Fundamentierung benutzt. Aber die Pfeilersockel zeigen, daß die Lagerhallen schon vorher nicht mehr als Lagerhallen benutzt worden sind. Die massiven Sandsteinblöcke sind mit kräftigen Schlägen abgearbeitet worden, damit man unten ein Profil gestalten konnte. Das läßt sich an den in der Krypta sichtbaren Sockeln gut erkennen. Die recht unterschiedlichen Profile und die Flächen darüber zeigen noch glatten Verputz und eine Schicht Tünche. Auch ein stehengebliebener Rest des Fußbodens, des Estrichs, der zu dieser Bauphase gehört, ist auf der Südseite sichtbar. Drei Schichten kann man unterscheiden. Keramikscherben, die man dort gefunden hat, könnten in die karolingische Zeit gehören. Damit käme man der Zeit der legendären Gründung des Klosters unter Pippin und Plektrudis schon recht nahe.

In der Krypta steht man an manchen Stellen noch auf dem sauber zusammengefügten Plattenboden des Sportplatzes. In der Nordkonche entdeckt man sogar die Umrandung und den Plattenboden des Schwimmbeckens, das zu ihm gehörte. Es war im 1. Jahrhundert bald nach der Gründung der Colonia Claudia Ara Agrippinensium angelegt worden. Etwa ein Jahrhundert später wurden, wie bereits erwähnt, über der schon Jahrzehnte zuvor aufgegebenen Sportanlage die vier Lagerhallen erbaut. Ihr Boden lag gut 1,5 m höher; ihn hat man bei der Wiederbenutzung des Geländes in karolingischer Zeit planiert und mit einer neuen Schicht Estrich abgedeckt. Damals erhielten die Pfeiler ihre mühsam erarbeiteten Profile, die in die Zeit von Plektrudis und Pippin gehören könnten. Für diese Wiederverwendung eines römischen Baus hatte man sich die kleinste der vier Hallen ausgesucht. Eine Seite des Hofraumes, fast so groß wie der Platz über der heutigen Tiefgarage nördlich von Groß St. Martin, war nur mit einer Mauer abgeschlossen. Zwei Seiten, im Westen und im Osten, waren in voller Länge mit Hallen belegt, und auf der Südseite, unter Groß St. Martin, lagen zwei kürzere Hallen. Zwischen beiden blieb ein etwa 12 Meter breiter Zugang frei; er liegt fast im Westen des heutigen Schiffes. In einer der folgenden Bauphasen wurde er überbrückt, als man im Westen eine Dreiturmgruppe errichtete. Bei den Grabungen hat man das schwere Fundament des Mittelturms mit gut 12 × 10 Metern Grundfläche gefunden, begleitet von zwei kleineren Fundamenten für Flankierungstürme. Auch in der Krypta sind spätere Bauphasen erkennbar. Knapp westlich der Westseite des Trikonchos verläuft die westliche Abschlußmauer einer älteren Kryptenanlage, die man zugeschüttet hat, als der spätromanische Kleeblattchor erbaut wurde. Auf der Westseite dieser Mauer ist ein schweres Altarfundament erkennbar. Auf der Ostseite, gegenüber dem heutigen Altar der Krypta, erkennt man nachträglich geschlossene Öffnungen mit kleinen Pfeilern und eine ebenfalls nachträglich eingefügte Nische mit Verputz und Tünche. Diese Nische wurde, wie Rolf Lauer vermutet, für die Reliquien des hl. Eliphius errichtet. Der östliche Abschluß der Krypta ist nicht genau zu erkennen.

Baunachrichten haben wir ausreichend. Aber das heißt leider nicht, daß man sie immer mit den archäologischen Ergebnissen exakt in Übereinstimmung bringen könnte. Aus der Lorscher Chronik wissen wir, daß Erzbischof Bruno hier gebaut hat. Das könnte zur Dreiturmgruppe passen, auch die Krypta entspräche seinem Bauvorhaben: Er schenkte der Kirche Gebeine des heiligen Eliphius, die er aus Toul mitgebracht hatte; für ihre Aufbewah-

211

GROSS ST. MARTIN

Groß St. Martin um 1120, Nachzeichnung einer Miniatur

rung wäre eine Krypta der geeignete Ort gewesen. Und noch einer der eifrigen erzbischöflichen Bauherren Kölns hat sich hier betätigt: Dem immer wieder lebhaft träumenden Erzbischof Anno (1056–75) erscheint mahnend der heilige Eliphius im Traum, woraufhin er zwei Türme errichten läßt (duas turres a fronte sanctuarii). Dieser Hinweis seiner Lebensbeschreibung spricht für zwei Türme am Chor der Kirche, ähnlich wie er sie für St. Gereon bauen ließ. Die Neuanlage des Kleeblattchores hat ihre Spuren völlig verschwinden lassen. Eine Miniatur des 12. Jahrhunderts hält diesen Bau fest, Westwerk und zwei Türme am Chor sind zu erkennen. Auf dem Dach sieht man einen hölzernen Aufbau, der an ähnliche Dachreiter von St. Caecilien und St. Aposteln erinnert.

Die übrigen Nachrichten zur frühen Geschichte der Abtei sind verworren und verwirrend. Den Bau von Erzbischof Bruno scheinen noch keine Mönche, sondern Kanoniker genutzt zu haben. Sie führten mit dem Recht auf Eigentum und ohne Gehorsamspflicht, im Zölibat gebunden, ein wesentlich freieres Leben als das sich im 10. Jahrhundert reformierende Mönchstum. Aber die wenigen Kanoniker, die an Groß St. Martin lebten, wurden entweder vertrieben oder zu Mönchen, als Erzbischof Everger (985–99) die Mönche des Klosters von St. Vitus in Mönchen-Gladbach nach Groß St. Martin in Köln verlegte. Da sich nun der Heilige Vitus im Traum – wieder einmal – über diesen Raub beklagte und Everger mit der Hölle drohte, kehrten die Mönche bald nach Mönchen-Gladbach zurück. In Groß St. Martin zogen nun »schottische« Mönche ein. Das waren Iren, deren religiöser Wandertrieb sie in die Fremde des Kontinents geführt hatte. Ihr erster Abt, Minnborinus Scottus, soll das Kloster zwölf Jahre lang geleitet haben.

Die Verwirrungen beginnen mit seinem Amtsantritt. Denn es gibt eine Quelle, die Chronik des Marianus Scotus, die seinen Amtsantritt vor die Regierungszeit Evergers legt. Marianus Scotus, der 1056 in Groß St. Martin Mönch wurde, das Kloster aber bald verließ und

1082 in Mainz starb, muß sich geirrt haben, obwohl er für seine Zeit, die Wirren des Investiturstreites, eine gute Quelle bleibt. Er beschäftigte sich auch eifrig mit Chronologie. Bei seiner Berechnung des Geburtsjahres Christi hat er sich allerdings um gut zwanzig Jahre vertan. Die Gründung des Klosters schreibt er Erzbischof Everger zu. Damit kann nur die Umwandlung des Stiftes etwa 988 in ein Kloster gemeint sein, als die Mönche aus Mönchen-Gladbach eingesetzt wurden.

Bis ins 11. Jahrhundert spielen die irischen Benediktiner in Groß St. Martin noch eine wichtige Rolle im geistlichen Leben der Stadt. Abt Helias (1004–42) war seit 1019 zugleich Abt des Klosters St. Pantaleon. Danach ging es mit dem irischen Einfluß langsam zu Ende, und Anfang des 12. Jahrhunderts übernahm Groß St. Martin, wie schon zuvor St. Pantaleon, die Gewohnheiten und Lebensformen der von der Abtei Siegburg ausstrahlenden Reform.

Ringsum war inzwischen die Kölner Altstadt gewachsen. Ihre Anfänge liegen im Dunkel. Langsam, nachdem Köln unter Erzbischof Hildebold (etwa 787–818) aus einem Ort in gefährdeter Grenzlage zu einer Metropole geworden war, werden Schiffahrt und Handel entlang dem Rhein wieder gewachsen sein. Die bescheidenen Anfänge von entsprechenden Anlagen am Rheinufer sind Mitte des 10. Jahrhunderts schon wichtig genug, um sie mit neuen Befestigungsanlagen an die römische Stadtmauer anzubinden. Irgendwann wird endgültig der versumpfte römische Hafen zugeschüttet, und die Kaufleute bauen auf dem Grund und Boden des Erzbischofs – ihm zahlen sie Zins für die Grundstücke – erst Hütten, dann Häuser. Ein reger Markt für Güter aller Art bildet sich. Köln wird reich. Dieses Wirtschaftswunder muß die Zeitgenossen überwältigt haben. Für die wachsende Bevölkerung der Altstadt entsteht St. Brigiden als zum Kloster Groß St. Martin gehörige Pfarre und Pfarrkirche. 1172 wird sie erstmals erwähnt, aber ihre Patronin Brigida, eine der großen Heiligen Irlands, weist darauf hin, daß die Pfarre zumindest einige Jahrzehnte älter sein muß. In der Baugeschichte der Kirche Groß St. Martin macht sie sich immer wieder bemerkbar, und die Gebeine aus dem Friedhof der Pfarre haben zusammen mit denen der Mönche in der neuen Krypta eine neue Ruhestätte gefunden. Eine Inschrift im Fußboden hält dort die Erinnerung fest. Nur einen etwas mißlichen Schreibfehler am Ende der Inschrift sollte man doch noch beseitigen.

Die gewachsene Bevölkerung und der gewachsene Reichtum machen sich bis heute als Architektur bemerkbar. Unser bester Anhaltspunkt ist eine Weihenachricht, die ein spätmittelalterliches Bruderschaftsbuch überliefert. In Bruderschaften schloß man sich bei oft gleichem Beruf zu gemeinsamen Gottesdiensten, zur Fürsorge für das Begräbnis der Mitglieder und auch zur allgemeinen Geselligkeit zusammen. Die Weihenachricht schildert, daß Erzbischof Philipp am 1. Mai 1172 den Bau geweiht habe, der von den Almosen der Gläubigen erbaut sei, die Abt Gottschalk wortgewaltig dazu ermahnt habe. Den Hauptanteil an dieser Sammelaktion muß allerdings sein Vorgänger Adalrad (1149–69) geleistet haben. Er stiftete am Ende seines Lebens großzügig für die Beleuchtung des Baus, der, wenn solche Stiftungen verzeichnet werden, meist weitgehend fertig ist. Adalrad stiftete Ackerland, die Mieteinkünfte von zwei Häusern in der Mühlengasse und eine Fuhre Wein für die Beleuch-

GROSS ST. MARTIN

tung von zwei Altären und die Hälfte der Einkünfte aus einem Haus am Rhein für die Beleuchtung des Hospitals.

Zur Versorgung der Kranken und als Altenheim von den Mitgliedern der Gemeinde gestiftet, wird das Hospital 1157 in die Obhut und Verwaltung des Klosters übertragen, in der es allerdings nicht lange bleibt. Dabei wird erwähnt, es sei nach dem Stadtbrand von 1150 wiederaufgebaut worden. Wahrscheinlich haben wir damit einen Anhaltspunkt für den Beginn der spätromanischen Bauarbeiten an Groß St. Martin. Auch die Kirche könnte von einem Stadtbrand, der, wie die Kölner Königschronik verzeichnet, einen Teil der Stadt zerstörte, in Mitleidenschaft gezogen worden sein. Zu diesem Datum paßt auch, daß die neu begonnene Kirche mit mächtigem Vierungsturm über dem Kleeblattchor und kurzem Schiff an die Doppelkapelle von Schwarzrheindorf erinnert. Diese hatte sich Arnold von Wied auf seinem Burgsitz erbauen lassen, als er noch Dompropst in Köln war. Die Weihe feierte er am 24. April 1151 in Gegenwart Friedrich Barbarossas und eines glänzenden Hofstaats schon als erwählter Erzbischof von Köln (1151–56). Manches andere an Architektur wäre vielleicht von Arnold von Wied noch zu erwarten gewesen, der binnen weniger Jahre das finanziell und geistlich zerrüttete Erzbistum wiederherstellte, wäre er nicht bei einem Wettlauf in Xanten gestürzt und kurz darauf gestorben.

Weitere Baunachrichten über Groß St. Martin haben wir für die Zeit zwischen 1150 und 1172 nicht. Auch die beiden erwähnten sind nicht sehr überzeugend. Die Weihenachricht ist spät überliefert und der Brand nur zu vermuten. Aber kunsthistorische Überlegungen stützen das Ergebnis ab.

Vorbild der Dreikonchenanlage, des Kleeblattchores, des unteren Drittels der Ostanlage, ist in Köln der Trikonchos der Kirche St. Maria im Kapitol. Er war 1065 von Erzbischof Anno geweiht worden und hatte keine direkte Nachfolge gefunden. Aber in den Jahrzehnten um 1100 herrscht in Köln auch eine auffällige Ruhe auf dem Bausektor. Erst im Untergeschoß der Doppelkapelle der Burg des Kölner Erzbischofs Arnold von Wied in Schwarzrheindorf wird in bescheidenem Ausmaß das Kölner Vorbild wieder zitiert. Der Trikonchos ist allerdings keine Kölner Erfindung. Er geht auf frühe christliche Grabkapellen und besonders auf die Anlage der Geburtskirche in Bethlehem zurück. Das ist am Beispiel des Trikonchos von St. Maria im Kapitol schon genauer dargelegt. Der mißglückte Zweite Kreuzzug 1147–49, der König Konrad III. (1138–52) bis nach Jerusalem führte, wird die Vorstellung von den Stätten des Heiligen Landes wieder belebt haben. Arnold von Wied hatte als Kölner Dompropst den König begleitet.

Das Vorbild St. Maria im Kapitol wird an Groß St. Martin sowohl vereinfacht als auch verändert. Auf die eindrucksvollen Säulenumgänge wird verzichtet. Damit ist der zentrale Raum straffer zusammengefaßt. In den tiefen und steilen Nischen des Untergeschosses bleibt der Säulenumgang trotzdem noch angedeutet. Gleichzeitig dienen die Nischen als Vorspiel für den Laufgang des Obergeschosses. Die Säulen, die vor den Nischen einen Rundbogen tragen, geben mit ihren strengen Blattkapitellen ein gutes Beispiel der grundsätzlich konservativen Haltung der Kölner Architektur. In Gestaltung und Dekoration greifen sie auf ottonische und karolingische Vorbilder zurück, erinnern auch an ein Kapitell,

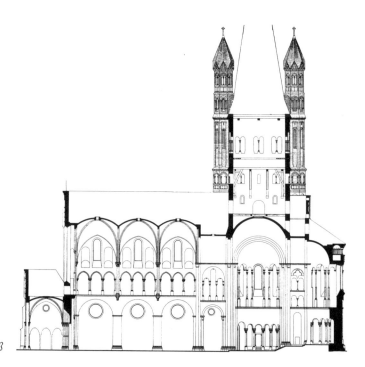

Groß St. Martin, Aufriß

das bei den Grabungen unter dem Dom gefunden wurde. Über den Säulen, deren Kapitelle zusätzliche Blockaufsätze tragen, um mehr Höhe zu überbrücken, folgt glatte Wand unter dem Gesims des Laufgangs. Das ist in Nord- und Südkonche mehr zu spüren als im Osten. Hier macht sich die Erhöhung des Bodens um ein paar Stufen bemerkbar, die einst den Altar aus dem Niveau des Chorgestühls der Mönche heraushoben. Trotzdem spürt man auch hier noch, daß diese Flächen nach malerischer Ausgestaltung verlangen, wie sie bis zur Zerstörung in immer wieder neuer Gestalt gegeben war. Der Säulenumgang, auf den der Architekt im Untergeschoß verzichtet hat, wird nun in elegantester Form im Obergeschoß vorgeführt.

Die Überlänge der Pfeiler – auf quadratischem Sockel ein achtseitiger, an Basaltsäulen erinnernder, dann erst ein schlanker runder Schaft, ein zierliches Kapitell, ein Blockaufsatz und fast noch ein Kapitell – hat oft dazu verführt, ein späteres Baudatum als unseren Zeitraum zwischen 1150 und 1172 anzunehmen. Eine gotische Steilheit scheint Vorbild zu sein, und der Wechsel zwischen enger, fensterloser Pfeilerstellung und weiterer, fensterrahmender Stellung in lebendigem Rhythmus betont den Eindruck.

Die Bauuntersuchung Walther Zimmermanns aber, durch die Zerstörungen des Krieges möglich gemacht, und die Überlegungen Werner Meyer-Barkhausens haben diesen Eindruck als täuschend erwiesen. Walther Zimmermann hat keine Bauunterbrechung zwischen Ober- und Untergeschoß im Trikonchos feststellen können. Der Stumpf, den der Krieg

GROSS ST. MARTIN

stehengelassen hatte, war in einem Zuge entstanden. Und die Steilheit des Raums wird verständlich, wenn man die Lage des Baus bedenkt. Am Rheinufer, in bester Baulage des Mittelalters, erreicht der Trikonchos von Groß St. Martin innen von Nord nach Süd einen Durchmesser von gut 25 Metern. St. Aposteln, am Neumarkt mit reichem Grundbesitz bedacht, bietet gut 30 Meter. Auch stehen am Rheinufer – im Mittelalter – längst höhere Häuser als am Neumarkt. So streckt sich der Bau über sie hinaus. Muß doch Frömmigkeit in diesem Zeitalter demonstrativ gepredigt werden. Das Auftreten Bernhards von Clairvaux 1147 hatte das gelehrt. Seine – französische – Predigt rührte alle zu Tränen, die deutsche Übersetzung anschließend niemanden mehr. Die Gebärde entzündete, nicht das Wort. Ähnliches gilt wenige Jahre später für die Mahnung der Heiligen Hildegard von Bingen an Klerus und Volk in Köln.

Die Richtung enger und weiter Arkaden, je nachdem ob ein Fenster eingeschlossen wird oder nicht, wirkt auf uns zwar elegant, ist aber eigentlich noch Unbeholfenheit im Umgang mit der Doppelschaligkeit der Wand. Werner Meyer-Barkhausen hat auf das Problem hingewiesen, das eine Mauerstärke von bald 3 Metern für den Architekten bedeutet. Umgibt er außen Fenster und fensterlose Wand mit gleichmäßigen Arkaden und Säulenabständen, kann er innen nicht das gleiche Bild erzielen, denn der äußere Umfang der Mauer ist ja erheblich länger als der innere. Für das Fenster braucht er sogar mehr Raum, die Gewände treten zurück, und das Innenmaß wird durch die Mauerstärke sowieso erheblich kürzer. Das hat den Rhythmus der Abstände der Pfeiler zur Folge. Der Architekt von St. Aposteln hat das Problem gelöst. Er verbindet die Säulen zwischen den Fenstern, die außen Mauer von der Fläche eines Fensters umspannen, innen zu einer Doppelsäule. Und um diese Säulen nicht zu lang strecken zu müssen, werden sie vor einen Pfeiler von entsprechender Höhe gestellt. Ein ruhiges, ausgewogenes Bild entsteht.

Damit wird verständlich, weshalb man sich entschlossen hat, den Baubeginn von Groß St. Martin mit dem Stadtbrand des Jahres 1150 und der Weihe des Jahres 1172 in Verbindung zu bringen. Die scheinbare Nähe zur Gotik ist durch die Enge des Bauplatzes und das Experimentieren des Architekten zu erklären.

Experimentiert wird noch mehrfach während des Baus. Ein zeitlicher Anhaltspunkt ist in den Annalen des Prämonstratenserklosters Floreffe in der Nähe von Namur gegeben: Sie berichten für das Jahr 1185 vom Brand der Kirche St. Martin in Köln. Was dabei vernichtet worden ist, wissen wir nicht, aber es mag einer der Anlässe gewesen sein, bei denen man über die Baupläne neu nachdachte. Auf die ursprünglich geplanten Emporen wurde nun – wie in St. Andreas – verzichtet. Und so einheitlich aus einem Guß, wie Groß St. Martin auf den ersten Blick auch wirkt, ist es nicht; allein schon sorgfältiges Schauen belehrt uns eines anderen. Das beginnt beim mächtigen Turm mit seinen vier Ecktürmchen. Der quadratische Mittelteil sollte wohl ursprünglich gar nicht so hoch werden. Auf halber Höhe zeigen sich Plattenfries und Zwerggalerie, die man als Abschluß erwarten würde. Gab es hier einen Wettlauf im Höhenrausch, vielleicht mit dem Damenstift St. Quirin in Neuss?

Erkennbar ist auch, daß die beiden westlichen Ecktürmchen nicht gleich mitgeplant waren. Zuerst scheint man noch nicht einmal Seitenschiffe angelegt zu haben. Denn die

Groß St. Martin, Inneres. Federzeichnung von A. Lange

Arkadengliederung der Apsiden auf beiden Seiten läuft einfach weiter, wird von den Wänden der Seitenschiffe überschnitten. Im Obergeschoß sieht der Übergang der Apsidengliederung zum Schiff etwas besser aus. Aber die beiden Räume über den Seitenschiffen, auf denen die westlichen Ecktürme stehen, wirken immer noch wie angestückt. Und vom Statischen her gesehen waren die beiden Türmchen gefährliche Wagnisse. Das hat man erst jetzt, nach dem Krieg, mit einem soliden Betonkorsett in den beiden Räumen beseitigt. Das so selbstverständlich wirkende Bild des Turmes ist Schritt für Schritt entstanden. Wenn man das weiß, braucht man auch keine entfernten Vorbilder, wie den ein Jahrhundert zuvor erbauten Vierungsturm der Westminster Abbey in London oder den etwa gleichzeitigen Westturm von Ely zu bemühen, sondern spürt, wie aus den gewohnten Chorflankentürmen durch Verdoppelung die Viererguppe wird. Die Zeitgenossen muß das, was hier entstand, tief beeindruckt haben. In Köln gibt St. Aposteln architektonische Antwort, und der wachsende Baueifer des Domkapitels ist vielleicht auch hier angeregt worden.

GROSS ST. MARTIN

Auch beim Bau des Schiffes hat man immer wieder neue Pläne entwickelt. Am Ansatz der Apsiden war schon zu sehen, daß zuerst nur ein einschiffiger Raum entstehen sollte, wahrscheinlich flach gedeckt geplant. Auf der Südseite hatte man sogar die alte Seitenschiffswand zum Teil schon abgerissen. Sie ist im Westen neu erbaut worden. Auf der Nordseite wurde die alte Wand mit Spuren verschiedener Bauepochen in voller Länge wieder in den Neubau einbezogen.

Die Datierung des wiederbenutzten Mauerwerks der Seitenschiffswände, das auf den Fundamenten der römischen Lagerhallen ruht, ist nicht geklärt. Aber auch das neuere Mauerwerk darüber gab zumindest zwei Bauphasen preis. Eine deutliche Baufuge, Zeichen einer Bauunterbrechung oder eines teilweisen Abrisses, im letzten, westlichen Joch des Schiffes belegt, daß der schon gotisch wirkende Westabschluß mit seinen hohen, gestaffelten Fenstern nachträglich angefügt wurde. Damals, Mitte des 13. Jahrhunderts, hat man auch aus den schon stehenden, etwas älteren Wänden über den Seitenschiffen den Gang und die Nischen des Triforiums herausgestemmt. Nur so gelang es, die gewünschte Leichtigkeit zu erreichen. Auch die eleganten Konsolen für die Dienste des Gewölbes hat man jetzt erst eingefügt und das Gewölbe geschlossen. Es trat vielleicht erst zu dieser Zeit an die Stelle einer flachen Holzdecke. Insgesamt hat man das Schiff dabei noch einmal um 5 Meter verlängert und zum Schluß die Vorhalle angefügt, die nach dem Kriege nicht wieder aufgebaut worden ist. Sie fehlt. Aber nach den einengenden Bauten rings um die Kirche besteht wohl kaum noch eine Chance, sie zu erneuern und der zu einfachen Fassade ihr ursprüngliches Gesicht zurückzugeben. Nur die beiden Säulen in ungleichen Abständen links und rechts des Portals zeigen noch, wo die Vorhalle angesetzt war. Auch das Portal selbst, dreifach gestuft mit eingestellten Säulen mit Schaftringen, hatte schwer Schaden genommen. Es ist aber in seiner alten Gestalt wiedererstanden.

Ebensowenig wie man den ungleichen Säulenabstand bereinigt hat, ist die ungleichmäßige Westwand »bereinigt« worden. Im 19. Jahrhundert hätte man das wohl getan. Aber so bleibt, wenn man etwas genauer hinschaut, immer noch erkennbar, daß sich das südliche Seitenschiff nicht so ausdehnen konnte, wie es eigentlich sein müßte. Hier stand die zum Kloster gehörige Pfarrkirche St. Brigiden im Wege. Der Grundriß zeigt schon, daß das Seitenschiff in den beiden westlichen Jochen enger wird und schließlich den nordwestlichen Turm der Pfarrkirche mit ins Seitenschiff einbeziehen mußte. Bis zu den Zerstörungen des Krieges waren noch die Ansätze der Gewölbe der Pfarrkirche zu erkennen, die man Anfang des 19. Jahrhunderts abriß. Die Pfarrgemeinde übernahm damals, als mit der Säkularisation das Kloster aufgelöst wurde, den größeren Bau, und so wollte man sich wenigstens von den Unterhaltskosten für den kleineren trennen. Auch den Turm, der im Seitenschiff aufragte, hat man damals bis in Dachhöhe abgetragen. Bauherren vergessen meist während der mühseligen Bauzeit und im Jubel der Vollendung eines Bauwerks, daß anschließend die ebenso mühselige und kostspielige Zeit der Bauerhaltung beginnt. Sie dauert an, und ihre Probleme wachsen mit dem Alter des Bauwerks. Für Groß St. Martin setzen unsere Kenntnisse gut ein Jahrhundert nach der Vollendung ein. 1378 greift ein in der Nähe ausgebrochenes Feuer auf das Dach des großen Turmes über. Der Rat der Stadt stiftet noch im gleichen Jahr die

*Groß St. Martin,
Ausschnitt aus dem
Holzschnitt von Anton
Woensam 1531*

beachtliche Summe von 100 Goldgulden, und im Jahr darauf ermöglicht ein Ablaßbrief zusätzliche Einnahmen. Und noch 1401 stiften die Eheleute Konrad und Druda von Gluwel (Gleuel) 500 Goldgulden für den Turm, dafür soll am Altar der Peterskapelle täglich eine Messe für ihr Seelenheil gelesen werden. Trotz weiterer zusätzlicher Bemühungen geschieht aber nicht viel.

Es können nur notdürftige Reparaturen ausgeführt worden sein; denn bei einem schweren Sturm im Jahre 1434 werden drei der Giebel, die zwischen den Ecktürmen zu viert standen, heruntergeweht. Auf einer Darstellung der Ursulalegende im Wallraf-Richartz-Museum, um 1411 entstanden, sind sie noch zu sehen, und kein Dach schützt sie auf dieser Wiedergabe

GROSS ST. MARTIN

vor Winddruck. Zwei der Giebel schlagen über dem Hochaltar durch das Gewölbe, einer zerstört drei Häuser auf dem Fischmarkt.

Auf die Wiederherstellung der Giebel wird verzichtet. Einst sah der Turm im Abschluß dem Westturm von St. Aposteln ähnlich. 1455 wird eifrig Geld für die notwendigsten Reparaturen gesammelt, aber nur 300 Gulden bringt man zusammen. Den Rest der Kosten von gut 700 Gulden stiftet Ewald von Bacharach der Alte.

Verfall und Erneuerung des Turmes mit seinem nun gewohnten gotischen Knickhelm spiegeln Niedergang und Reform des klösterlichen Lebens. Schon im 13. Jahrhundert hatte sich vieles im Leben der Mönche an das Leben der Stiftsherren angenähert. In den Urkunden wird das für uns dadurch besonders spürbar, daß die Mönche, meist Söhne gutbürgerlicher oder patrizischer Familien Kölns, über eigene Einkünfte oder gar Besitzungen verfügen. Und aus den Stiftungen für Seelenmessen empfangen sie wie Stiftsherren Präsenzgelder, jeder Teilnehmer erhält seinen Anteil am Ertrag der Stiftung; Gebet machte sich bezahlt.

Aus einer solchen Stiftungsurkunde ist zumindest einer der altgedienten Mitarbeiter am Bau der Kirche in den ersten Jahren des 13. Jahrhunderts bekannt. Dieser Rudengerus vermacht sein Haus dem Kloster, damit jeweils am Todestag seiner beiden Frauen und an seinem eigenen und am Tage der Weihe der Kirche Messen gelesen und die Gelder aus den Mieteinkünften verteilt werden können. Zusätzlich vermacht er sieben Mark Silber, die etwa acht Jahresmieten für das Haus entsprechen, zum Kauf von Steinen und einen beachtlichen Betrag für einen Kelch. Der Abt bezeichnet ihn in der Urkunde als »getreulich am Bau unserer Kirche arbeitend«. Architekt des Baus war er wohl kaum, das hätte man deutlicher ausgedrückt, aber einer der Spitzenverdiener auf der Baustelle muß er schon gewesen sein, um so für seine Seele und die seiner Frauen sorgen zu können, mit denen er natürlich nacheinander verheiratet war.

Die kostspieligen Bauarbeiten hatten trotz aller Stiftungen zu finanziellen Schwierigkeiten für das Kloster geführt. Mißwirtschaft, die wir heute als schlechtes Management bezeichnen würden, und Verbrauch der Einkünfte für private Zwecke statt für den Bau kamen hinzu. Klagen über das Leben der Geistlichkeit lassen sich aus jedem Jahrhundert zitieren. Kein Wunder auch, daß die Bettelorden einen solchen Aufschwung nehmen. Aber auch in den alten Orden entstehen Reformbewegungen, die sich für die Benediktiner in der Bursfelder Kongregation zusammenfassen. Schon Jakob von Wachendorp (1439–1454) hatte damit begonnen, auch der Rat hatte dazu aufgefordert, und unter Abt Adam Meyer (1454–1499) tritt Groß St. Martin sogar mit einer führenden Persönlichkeit an die Spitze der Bewegung. Nur ein Mönch entzieht sich. Alle anderen reformieren sich und ihre Gemeinschaft, und auch die Finanzen werden in Ordnung gebracht.

Das reformierte Leben strahlt aus, bringt neue Stiftungen, die den Raum schmücken. Eine davon hat man 1949 nach den Zerstörungen wiederentdeckt. Im Westen des nördlichen Seitenschiffs sind große Teile eines reichgearbeiteten spätgotischen Rahmens mit den Figuren von Adam und Eva und einem Propheten gefunden worden. Sie gehören wohl mit ihrem Gerank zum *Kreuzaltar*, den 1509 Johann von Aich stiftete. Wenige Jahre später bringt er es zum Bürgermeister von Köln, von denen es allerdings immer zwei gleichzeitig gab. Auch die

220

ruhige, vornehme *Kreuzigungsgruppe* des Altars ist erhalten und ebenso die mehr betrachtende als verzweifelte *Grablegungsgruppe*. Zusammen mit dem romanischen *Taufstein*, dem schönsten dieser Zeit in Köln, mit seinen Seerosen in die klare Form des Steins gespannt (Abb. 37), ergibt sich eine Erinnerung an den mittelalterlichen Glanz der Ausstattung.

Diese ist nicht erst den Aufräumungsarbeiten der Säkularisation zum Opfer gefallen. Schon 1660 und 1669 hat man die Einrichtung des Chores verändert und die Altäre neu errichtet, und Anfang des 18. Jahrhunderts wurde modern ausgemalt und eine neue Orgel aufgestellt. 1749 zerstört man die Grabplatten der Äbte und erhöht die Fußböden in Chor und Altarraum, und schließlich, im Schwung klassizistischer Aufklärung, wird die ganze Ausstattung nach den Entwürfen Ferdinand Franz Wallrafs zwischen 1789 und 1798 erneuert, mit verringerten Altären und wieder moderneren Gewölbemalereien.

Diese Arbeiten sind noch nicht abgeschlossen, da bricht die Säkularisation über Groß St. Martin herein. Der letzte Abt des Klosters, Gerhard Felix Ohoven, wurde Pfarrer der neuen Gemeinde St. Martin, die auch die Kirche des Klosters übernahm, während St. Brigiden aufgehoben und Schritt für Schritt abgebrochen wurde. Auch die Gebäude des Klosters fielen dem »Fortschritt« zum Opfer. Noch heute aber sieht man, daß der Zugang der Mönche über den nördlich gelegenen Kreuzgang erheblich tiefer lag als der Westeingang des 13. Jahrhunderts. Daran erkennt man, daß der Boden des Kreuzgangs wohl seit dem 10. Jahrhundert nicht mehr höhergelegt wurde. Ringsum, und damit für den Neubau des Kirchenschiffs, stieg das Bodenniveau – dank dem niedrigen Nievau damaliger Straßenreinigung. Das gilt entsprechend auch für den Zugang zur Nordkonche und das Niveau der angrenzenden Benediktuskapelle mit dem Neubau der Sakristei darüber.

Victor Hugo sah 1839 auf seiner von unermüdlichem Schreiben begleiteten Rheinreise die letzten Steine des Kreuzgangs fallen. Die nun freigelegte Nordseite sah elend aus. Dem nördlichen Seitenschiff fehlten bis jetzt Fenster in ausreichender Zahl. 1843 wurde die nördliche Seitenschiffswand erneuert und mit den heutigen Rosettenfenstern versehen. Auch der nordwestliche Flankierungsturm, der wegen Baufälligkeit 1789 abgetragen worden war, wurde nun erneuert. Immer noch fehlte der südwestliche Flankierungsturm, der schon 1527 abgestürzt war.

Er wurde erst im Rahmen umfassender Restaurierungsarbeiten wiederhergestellt, die seit 1857 geplant wurden. Nach den Plänen Heinrich Nagelschmidts wurde die Vorhalle verkürzt, das südliche Seitenschiff dem nördlichen angeglichen und schließlich 1875 auch das südwestliche Vierungstürmchen erneuert.

Seit 1864 liefen daneben die Arbeiten an der neuen Innenausstattung, die August Essenwein entworfen hatte. In der präzisen Systematik des späten 19. Jahrhunderts versuchte man die Gesamtheit von Theologie und Heilsgeschehen in Wandmalerei und Fenstern zusammenzufassen. Eine Fülle, der wir wohl heute kaum noch gewachsen wären. Der letzte Krieg hat Spuren davon übriggelassen. Diese versucht man zu erhalten, da sonst in kaum einer der romanischen Kirchen Kölns noch etwas vom Glanz dieser Zeit zu sehen ist. Die Frage ist nur, ob man mit dem Bewahren von Fragmenten, wie den Mosaiken rings um den neuen Altar und den Schemen der Ausmalung nicht gerade die Absicht des 19. Jahrhunderts unter-

GROSS ST. MARTIN

läuft, ein volles, vollständiges Programm zu bieten. Gerade vor Stückwerk schreckte man ja zurück. Auch die Reste der Ausstattung des späten 18. Jahrhunderts werden wieder aufgestellt, die Skulpturen Peter Josef Imhofs für das Programm Ferdinand Franz Wallrafs. Damit beginnt der mühsame Weg, eine neue Ausstattung zu erarbeiten, damit auch die letzte der großen romanischen Kirchen Kölns wieder für eine Gemeinde nutzbar wird, ihren Sinn wie seit Jahrhunderten erfüllt.

Zum Schluß sei ein Denkmal nachgetragen, das einem leicht entgeht. Auf dem Wege zu Groß St. Martin sollte man am Alter Markt am Hause Nr. 24 nicht vorübergehen, ohne einen vorsichtigen Blick nach oben zu werfen. Hier hat der Kölner Jupp Engels von Ewald Mataré die Figur eines *Kallendressers* neu schaffen lassen, die einst am Hause Nr. 40 dargestellt war. Die »Kalle« ist die Regenrinne, und das andere ein menschliches Endprodukt, das normalerweise in einer Regenrinne nichts zu suchen hat. Eine der Legenden, die sich damit verbunden hat, greift auf die schwierigen juristischen Verhältnisse der Reichsstadt Köln zurück. Sie macht uns die Rolle der Abteien und Stifte in der Stadt unnachahmlich sichtbar. Nach dieser Version hätten empörte Bürger die ursprüngliche Figur am Hause gegenüber dem Rathaus angebracht, um ihren Unwillen gegen den Rat Luft zu machen. Hatte doch dieser einen Übeltäter – wenn auch mit Einwilligung des Abtes – aus der Immunität des Klosters, in die er geflüchtet war, herausgeholt und in Haft genommen. Die Immunität, genau durch Mauerzüge festgelegt, war nicht der städtischen Obrigkeit unterstellt, ihre Büttel hatten nur mit Genehmigung des Propstes oder Abtes Zutritt, und Steuern konnte die Stadt in diesem Gebiet auch nicht erheben. Deshalb gingen die Kölner hier auch gerne den billigeren Wein der geistlichen Institutionen trinken, der ja auch aus den besten Lagen stammte, die man sich frühzeitig gesichert hatte. Grund genug für manchen Unwillen anderer Wirte und die Trauer über manchen Steuerausfall. Für uns ein erneuter Anlaß, sich bewußt zu machen, wie sehr sich mit der Französischen Revolution das Leben geändert hat.

◁ *Groß St. Martin, Ansicht von Norden. Nach M. Moret, Le Moyen Age Pittoresque, um 1840*

St. Pantaleon

Farbt. 10–12, 15, 19; Abb. 52–59

Noch heute liegt St. Pantaleon, Zeuge der Anfänge großer mittelalterlicher Architektur in Köln, so »still und von der lästigen städtischen Unruhe entfernt«, wie es Ruotger, der Biograph des Gründers rühmt. Die Atmosphäre des von Erzbischof Bruno (953–965) gegründeten Benediktinerklosters wirkt noch nach. Die Reste des Immunitätsbezirkes der Abtei, ihre heute als Altersheim genutzten Gebäude, lassen Distanz zur Stadt entstehen – auch wenn die Finanzämter sich direkt davor niedergelassen haben.

Wie bei anderen Kölner Kloster- und Stiftsgründungen ist auch St. Pantaleon nicht ohne Bezug auf Vorhandenes entstanden. Eine Kirche des Heiligen wird bereits in der Bestätigung angeführt, die König Lothar II. am 15. Januar 866 für die Güterumschreibung Erzbischof Gunthars ausfertigt. Genauer gesagt war Gunthar zu diesem Zeitpunkt nicht Erzbischof. Er war von Papst Nikolaus I. des Amtes enthoben worden, da er bei der Lösung der Eheprobleme Lothars II. politische Rücksichten höher bewertet hatte als kirchliches Recht. Trotzdem verwaltete er sein Bistum weiter. Und gerade in dieser problematischen Situation war natürlich eine Bestandsaufnahme des Besitzes und der Einkünfte verständlich, um allen die notwendigen Einkünfte zu sichern. Die Güterumschreibung selbst ist nicht erhalten, aber die Bestätigung zählt neben den großen Stiften in Köln, Bonn und Xanten erstaunlicherweise auch St. Pantaleon als zugehörig zum Schatz und zum Besitz des Doms. Unter den Besitztümern und Gütern in der Erzdiözese muß die Kirche doch schon eine herausragende Rolle gespielt haben. Wurden von hier aus die weiten erzbischöflichen Besitzungen westlich der römischen Stadt verwaltet?

Aber im Gegensatz zu den alten Stiften, die die Bestätigung erwähnt, die zumindest im 7. Jahrhundert und teils erheblich früher entstanden waren, war St. Pantaleon noch jung. Reliquien des Heiligen scheinen aus Byzanz erst im frühen 8. Jahrhundert das Abendland erreicht zu haben. Es mag Erzbischof Hildebold, der erste Geistliche am Hofe Karls des Großen gewesen sein, der vor den römischen Mauern Kölns dem Heiligen eine Kirche errichtete. Die Schicksale der wohl bescheidenen Kirche sind unklar. Hat sie unter dem Überfall der Normannen zur Jahreswende 881/82 gelitten? Oder ist ihr Zustand 955, als sie von Ruotger als ungepflegt und fast schon Ruine beschrieben wird, altersbedingt? Trotz oder wegen des Zustandes der Kirche wird sie bewußt von Bruno gewählt, um das Pallium entgegenzunehmen. Er hatte Abt Hadamar von Fulda nach Rom gesandt, um für ihn das schmale weiße Band, mit sechs schwarzen Kreuzen bestickt, als Zeichen seiner Würde zu empfangen. Den Aufenthalt in Rom hatte Hadamar noch für einen anderen Auftrag Brunos genutzt. Er hatte Reliquien des heiligen Pantaleon erworben. Waren die Kölner Reliquien verloren? Jedenfalls war nun die Gegenwart des Heiligen in seiner Kirche, deren Patron er war, wieder gesichert.

Das spricht für eine weit vorausschauende Planung Brunos. So wie er, seinen Bruder Kaiser Otto den Großen (936–73) unterstützend, den Westen des Deutschen Reiches reorganisiert, so formt er auch in Köln die Aufgaben der Kirchen neu. Die Kanoniker von St. Maria im Kapitol setzt er in St. Andreas ein. St. Maria im Kapitol beziehen Benediktinerinnen. Zahlreich sind die Reliquien, mit denen er die Bedeutung des Heiligen Köln noch steigert. An fast allen Kirchen wird gebaut. Mit dem neuen Kloster St. Pantaleon entsteht zugleich das erste Kölner Benediktinerkloster, geistliches Zentrum nicht nur für die Vorstadt, deren Erwähnung von der neuen Blüte Kölns zeugt.

Im Jahre 964, kurz vor seinem Tode, setzt er den Mönch Christian aus St. Maximin in Trier als ersten Abt ein. Dieser verwaltet das Amt bis zum Jahre 1001. Er hätte einiges über die Baugeschichte der Kirche zu erzählen gehabt, die unter Mühen in den nächsten Jahrzehnten errichtet wird. Da er es nicht getan hat, bleiben wir bei vielen Fragen auf Schlußfolgerungen und Vermutungen angewiesen. Das beginnt mit der Frage nach der Gründung des Klosters. Die zumindest verfälschte Gründungsurkunde vom 22. Mai 964 ist wie die Einsetzung des Abtes ein Anhaltspunkt. Aber zu diesem Zeitpunkt können wir bereits ein funktionierendes Kloster voraussetzen. Die Gebäude des Konventes sind erstellt, und ein Kreuzgang steht wohl auch schon. Von ihm hat man nach dem letzten Krieg sogar noch einige Bögen entdeckt. Sie sind, einbezogen in den Bau des Altenheimes, nordöstlich der Kirche zu sehen. Die Grabungen vor und nach dem letzten Krieg haben, aufgearbeitet von Helmut

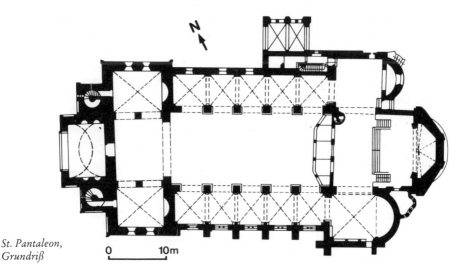

St. Pantaleon, Grundriß

ST. PANTALEON

Fußbroich, wesentlich zur Klärung der Baugeschichte beigetragen. Für den 866 erwähnten Vorgängerbau, in dem Bruno 955 das Pallium entgegennimmt, ist durch die Grabungen erkennbar, daß er nur im Bereich des nördlichen Querhauses gestanden haben kann. Dort lassen sich seine Spuren allerdings auch nicht nachweisen, da die 1892 dort eingebaute Heizung alle möglichen Spuren beseitigt hat. Aber der ungewöhnliche Ansatz des Kreuz-gangs und das Fehlen von Spuren an anderer Stelle lassen diesen Schluß zu. Wann aber ist das alte Kirchlein beseitigt worden? Wann ist daher mit dem heutigen Bau in seiner ersten Form begonnen worden?

In den für die Anfänge des Klosters zu reichlich fließenden Quellen werden uns die Jahre 953, 954, 956, 957 und 964 als Gründungsdaten angeboten. Da Ruotger, Mönch in St. Pantaleon, der im Auftrag von Brunos Nachfolger Folkmar Brunos Biographie verfaßt, die Berufung der Mönche nach dem Empfang des Palliums ansetzt, kommt frühestens das Jahr 956 in Frage. Acht Jahre später ist die Einrichtung so weit gediehen, daß ein Abt eingesetzt werden kann. Dieses Jahr 964 wird dann in der Kölner Königschronik, die Anfang des 12. Jahrhunderts in St. Pantaleon begonnen wird, benutzt, um auch alle anderen Kenntnisse zur Gründungsgeschichte anzuhängen: das Legen von Fundamenten und den Fund der Reliquien des heiligen Maurinus. Sehr genau nahm man es also nicht; denn die Gebeine des heiligen Maurinus sind erst 966 gefunden worden.

Nicht nur diese Großzügigkeit spricht gegen einen Baubeginn erst 964. Kann man sich wirklich vorstellen, daß der zweite Mann im Deutschen Reich, der für seinen Bruder, Kaiser Otto den Großen, den Westen des Reiches verwaltet, nur die Klostergebäude errichten sollte und mit dem Bau der Kirche wartete? An finanziellen Mitteln hat es ihm sicher nicht gefehlt, das belegt schon sein großzügig Baugelder verteilendes Testament.

Vor Beginn der Bauarbeiten hat man die Reste der römischen Villa, die teils noch oberirdisch zu erkennen war, eingeebnet. Ihre Mauerzüge liegen teils parallel, teils senkrecht zu den Mauerzügen der ottonischen Kirche. Man darf wohl annehmen, daß die Kirche des 9. Jahrhunderts für ihren Bau, wie auch an anderen Stellen in Köln, römische Mauerteile wiederbenutzt hatte. Damit war die um etwa 45° abweichende Orientierung auch der heutigen Kirche programmiert. Sie entspricht auch dem Gefälle des Geländes, dem Pantealeonshügel. Noch vor Baubeginn wird mit einer teils über einen Meter hohen Planierungsschicht ein einigermaßen ebenes Baugelände geschaffen. Hier beginnt man zwei Bauten gleichzeitig: eine einschiffige Kirche mit Westwerk und zwei Annexbauten, die zum Chorbereich hin in den Saal der Kirche geöffnet sind, und einen kleinen Zentralbau. Seine Mauerzüge sind vor dem heutigen Westwerk in der Pflasterung mit rotem Ziegelstein nachgezogen worden. Er gibt uns bis heute Rätsel auf.

Im Innern achtseitig, sind an die Seitenflächen abwechselnd gerundete Nischen und rechteckige Anbauten angesetzt. Solche Zentralbauten im Zusammenhang mit Kirchen dienten entweder als Grab- oder Reliquienkapellen, oft aber auch als Taufkapelle. Der kleine Bau ist anscheinend nie vollendet und bald, als man die Kirche nach Westen verlängerte, nicht mehr beachtet worden. Was plante Bruno hier? Eine Reliquienkapelle, wie er sie nach seinem Testament für den heiligen Privatus erbaut hatte und eine zweite für den heiligen Gregorius

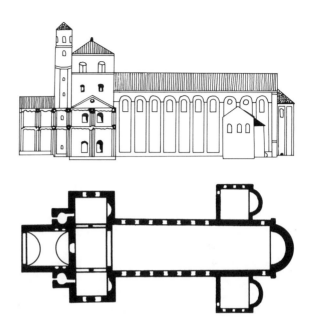

St. Pantaleon, Rekonstruktion,
Grundriß und Ansicht nach
P. A. Tholen

stiftete? Eine Grabkapelle für sich selbst, dessen Bescheidenheit Ruotger so preist? Die Frage wird wohl nicht mehr zu lösen sein.

Das Westwerk seiner Kirche war sicherlich noch längst nicht vollendet, als Erzbischof Bruno im Jahre 965 unerwartet früh starb. Sein Biograph Ruotger berichtet, daß die Geistlichkeit des Domes seinen Leichnam nur widerwillig herausgab. Aber am 19. Oktober wird er in der Kirche der heiligen Märtyrer – der Bau ist neben dem heiligen Pantaleon auch noch den heiligen Cosmas, Damian und Quirin geweiht – beigesetzt. Dafür wählte man wohl sofort die Krypta. Ihre Anlage als Ringstollenkrypta mit einem westlichen Quergang ist ja prädestiniert dafür. Ob auch Bruno sich das so gedacht hatte? Quellen des späten 15. Jahrhunderts und danach meinen, er wäre zuerst im Kreuzgang begraben worden.

1696 zerstörte man die Krypta, um die massiven Fundamente für den barocken Altar legen zu können. Erst nach dem letzten Krieg hat man sie, mit flacheren Betongewölben, wiederhergestellt. Dabei ist sie nach Westen erweitert worden, und man bekommt Einblick in das Kellergeschoß der einstigen römischen Villa. Inmitten der Krypta steht nun wieder an der ursprünglichen Stelle der römische Sarkophag aus rotem Sandstein mit den Gebeinen des Heiligen (Abb. 59). Übrigens ist Bruno ein gutes Beispiel dafür, daß nicht alle unsere mittelalterlichen Vorfahren klein waren. Man schätzt seine Größe auf immerhin 1,90 m. Den schon bei einer ersten Wiederentdeckung des Sarkophages im Jahre 1747 zerbrochen vorgefundenen Deckel ersetzt nun eine von Sepp Hürten gestaltete Platte. Die östliche Fensternische der Krypta erinnert mit ihren aufgelegten Wulstrippen noch an eine Umgestaltung der Krypta im frühen 13. Jahrhundert.

ST. PANTALEON

Helmut Fußbroichs Untersuchungen zu den Grabungen haben gezeigt, daß der Chor des ersten Bauversuches der Kirche eingestürzt ist. Die Apsis ist in sich zusammengefallen und hat dabei auch einen großen Teil der Gewölbe der Krypta zerschlagen, die man danach etwas erweitert wieder aufgebaut hat.

Von diesem Einsturz berichtet der Mönch Stephan in seinem im Auftrage Abt Christians um 980 verfaßten Bericht über die Auffindung der Reliquien des heiligen Maurinus und der damit verknüpften Wunder. Er betont ausdrücklich, daß der Bau ganz von selbst, ohne Mithilfe der Mönche, aus der Macht Gottes, ohne daß irgend etwas sonst beschädigt worden sei, einstürzte. Das trägt er allerdings sehr wohlgefällig vor. Der angefangene Bau erschien ihm mit seinen gut fünfzig Metern Länge als zu eng, sowohl für die wachsende Gemeinschaft der Mönche wie für den Ruhm des dort begrabenen Erzbischofs. Als man danach Gruben für die Fundamente aushebt, stößt man auf das Grab des Märtyrers Maurinus. Die Begeisterung über den kostbaren Fund, mit dem das Kloster endlich einen vollständigen eigenen Heiligen aufweisen kann, wird durch eine Reihe von Wundern weiter gesteigert. Das wird auch die Baukasse noch gefördert haben.

Diese war von Erzbischof Bruno schon in seinem Testament des Jahres 965 mit einem beachtlichen Startkapital versehen worden. Er setzt darin neben kostbaren Geschenken 100 Pfund Silber für die Vollendung des Klosters und 300 Pfund für die Erweiterung der Kirche aus. Offensichtlich teilte Bruno die später von Stephan formulierte Meinung, daß der von ihm begonnene Bau zu klein geraten war. Die Maßverhältnisse zwischen Höhe des Saals und Länge, mit einem schlichten Westwerk abgeschlossen, wirken tatsächlich beengt. Nun wird der Saal um fast 10 Meter verlängert und ein erheblich aufwendigeres Westwerk angeschlossen. Insgesamt wächst der Bau um etwa die Hälfte! Am 24. Oktober des Jahres 980 kann Erzbischof Warin die vollendete Kirche weihen. Die Gebeine des heiligen Maurinus hatte man, da die Kirche durch Einsturz der Apsis und Verlängerung im Westen eine einzige Baustelle war, in der Benediktus-Kapelle untergebracht. Sie wird, vom Kreuzgang aus zugänglich, nach H. Fußbroich, einer der ersten Bauten der Abtei überhaupt gewesen sein. Damit war in der neuen Gründung des Ordens, bedrängt vom weltlicheren Vorbild der Stiftskanoniker ringsum in Köln, der Ordensstifter gegenwärtig.

Bisher wurde gern die Vollendung des Baus zeitlich später angesetzt. Aber nichts spricht dafür. Es wird in den Quellen, die für Pantaleon ja eher zu reichlich fließen und wo die Mönche sich selbst als Chronisten betätigen, keine weitere Weihe in den nächsten Jahrzehnten erwähnt. Notiert wird eifrig. Aber von Kaiserin Theophanu, die als byzantinische Prinzessin Gemahlin Kaiser Ottos II. wurde, also angeheiratete Nichte Brunos war, wird nur erzählt, daß sie die Kirche reich beschenkte und sich dort begraben ließ. Das wichtigste Geschenk sind 984 die Reliquien des heiligen Albinus aus Rom. Auf ihn überträgt man später, um ihn nicht mit dem heiligen Alban von Mainz zu verwechseln, die Legende des heiligen Alban von St. Albans in England. Für das Kloster sind die Gebeine ein wertvoller Schatz. Zusätzlich werden noch reiche Geschenke für die Verschönerung der Kirche erwähnt. Das werden Teppiche wie für St. Maria im Kapitol oder kostbare Geräte gewesen sein. Bei der Vielzahl von Quellen, die Theophanus Vorliebe für St. Pantaleon, den auch in

St. Pantaleon, Zeichnung von H. Bruin, 1544

ihrer Heimat verehrten Großmärtyrer, erwähnen, hätte doch wenigstens eine von Bauarbeiten gesprochen. Und, wie gesagt, kann man sich wirklich vorstellen, daß Bruno zu geizig war, sein Kloster mit einer Kirche auszustatten? Auch erwähnen die Quellen der nächsten Jahrzehnte nichts von einer Übertragung seiner Gebeine an einen neuen Ort. Erst im späten 15. Jahrhundert wird ein Denkmal am Eingang vom Kreuzgang zur Kirche auf seine erste Ruhestätte bezogen. Sollte es nicht eher die Mönche beim Einzug in die Kirche daran erinnern, den Stifter ins Gebet einzuschließen? Gebete für das Heil der Seele des Stifters zu kumulieren, war schließlich der Gründungsauftrag des Klosters. Es ist auch in dieser Zeit noch nicht ungewöhnlich, seine Bauplanung so rasch zu ändern und einen Einsturz als Anlaß zu nehmen. Auch Erzbischof Heribert erlebt das gleiche beim Bau seines Klosters in Deutz und muß für den zweiten Anlauf erfahrenere Architekten herbeirufen.

Kaiserin Theophanu, die die Pfalz Nymwegen als Lieblingsaufenthalt gewählt hatte, wird 991 vor dem Altar des hl. Albinus wohl im Westwerk begraben. Dabei ist auch ihr Sohn, Kaiser Otto III., zugegen, der die Mönche wieder reich beschenkt, damit sie eifrig für das Seelenheil seiner Mutter beten. Er ahnte wohl nicht, daß sie auch ihn bald mit einschließen würden. Als Otto III. im Jahre 1002 in Rom stirbt, wird sein Leichnam auf dem Wege nach Aachen zuvor auch in St. Pantaleon aufgebahrt. Doch der Aufstieg zur vom Bischof unabhängigen Reichsabtei ist St. Pantaleon nicht gelungen.

Aber in Köln nehmen die Äbte zeitweise einen hohen Rang ein. Ein Privileg Papst Benedikts VII. gestattet ihnen seit dem Jahre 976, bei bestimmten Gelegenheiten den Erzbischof

ST. PANTALEON

zu vertreten und Sandalen und Dalmatika als Teil bischöflicher liturgischer Gewandung zu tragen. Diese intensiven Beziehungen zur kaiserlichen Familie und zum Papst – auch das Privileg freier Abtswahl springt dabei heraus – reichen jedoch nicht aus, um vom Erzbischof unabhängig zu werden. Das gelingt nur wenigen und keinem der Kölner Klöster und Stifte.

Die Architektur der Kirche gehört, trotz aller Veränderungen und Restaurierungen, zu den großen Leistungen der ottonischen Baukunst, Vorstufe und Vorspiel zum Glanz des romanischen Köln. Wie Günther Binding gezeigt hat, griff Bruno mit seinem ersten Bauplan (auch das spricht übrigens für einen Baubeginn zu Lebzeiten) auf die Kirche des Klosters Lorsch zurück. Hier war er vor seiner Berufung zum Kölner Erzbischof Kommendatarabt gewesen, von seinem Bruder eingesetzt, Nutznießer der Einkünfte. So übel sich oft sonst diese Institution auswirkte, hier hat sich die Klosterkirche, die 774 im Beisein Karls des Großen geweiht wurde, als Vorbild eingeprägt. Das gleiche kaiserliche Vorbild Karls des Großen, das 962 der Bruder mit seiner Kaiserkrönung in Rom wiederholt, wird in der Architektur zitiert. Auch in den durch Rundbögen verbundenen Lisenen der Wände des Saalbaus, innen unterhalb der Fenster, außen die Fenster rahmend, wird Römisches ebenso zitiert wie die Aula regia der Aachener Pfalz. Das Baumotiv läßt sich im nahen Umkreis an

St. Pantaleon, Ansicht von Südwesten. Aus dem Skizzenbuch von J. Finckenbaum, 1664/65. Kölnisches Stadtmuseum

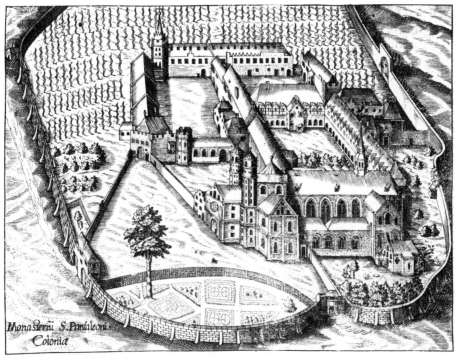

St. Pantaleon, Ansicht von Süden. Kupferstich 1636

der Basilika in Trier, an der letzten Fassung des römischen Prätoriums in Köln wie im karolingischen Aachen verfolgen. Ein kaiserlicher Raum wird zur Aula Christi. Das Westwerk, sowohl in der unvollendeten ersten Fassung nach Lorscher Vorbild wie in der zweiten Fassung, bringt noch ein weiteres Bild ins Spiel. Die Dreiturmgruppe ist auf Münzen, Siegeln und in Handschriften, wie Günter Bandmann dargestellt hat, für das hohe Mittelalter Zeichen für Stadt. Ein für jedermann, nicht nur für die Gebildeten lesbares Symbol. Aber es wurde nicht als Abstraktion verstanden, vielmehr als Abbildung. Und dann gewinnt das Westwerk ein unglaubliches Gewicht, die Stadt, die es abbildet, ist für jeden zeitgenössischen Betrachter das Himmlische Jerusalem, das am Ende der Zeiten, nach dem Jüngsten Gericht, auf Erden erscheinen wird. Unsere mittelalterlichen Vorfahren wird es noch mehr beeindruckt haben als uns. Kannten sie doch Steinbauten fast nur von Kirchen zu dieser Zeit, und die Fachwerkbauten ihrer Stadt werden ihnen ein anderes Gefühl für Größen vermittelt haben, als wir es, mit Hochhäusern aufgewachsen, besitzen. Solche Bilder prägen sich ein, wirken nach. Daß die noch von Bruno begründete Stiftskirche St. Patroklus in Soest, wie die Grabungen nachgewiesen haben, ein vergleichbares Bauprogramm verfolgte, wundert kaum. Aber noch gut zwei Generationen später baut man eine etwas verkleinerte Kopie des

ST. PANTALEON

Westwerks für das Stift St. Chrysanthus und Daria in Münstereifel. Dabei hätte man Mitte des 11. Jahrhunderts längst auf andere Vorbilder zurückgreifen können.

In anderer Form haben die Bauerfahrungen der Mönche von St. Pantaleon weiter im Osten, in Hildesheim, nachgewirkt. Dort stirbt Propst Goderamnus von St. Pantaleon, dessen Lebensweg G. Binding geklärt hat, als Abt des Klosters St. Michael. Hier ist für die Klosterkirche eine faszinierende Zahlensymbolik erschlossen worden, die man gerne einmal an St. Pantaleon überprüft sähe. Denn Goderamnus, der als Propst durch Bischof Bernward nach Hildesheim berufen und 1022 Abt des Klosters wurde, hat eventuell eine Vitruv-Handschrift besessen, die heute im Britischen Museum aufbewahrt wird. Hat er sich schon in Köln mit Baufragen beschäftigt und ist als Baufachmann nach Hildesheim gerufen worden? Ein verführerischer Gedanke.

Man gerät damit leicht in den Bereich der nicht mehr nachprüfbaren Legendenbildung. Sie hat sich bei der großen Architektur von St. Pantaleon schon im Mittelalter festgesetzt. Hier verehrte man, auch nachdem Erzbischof Anno die Reliquien nach Dortmund überführt hatte, den heiligen Reinold. Er war als Mönch, so berichtet die Legende, in St. Pantaleon eingetreten und vom Abt mit der Aufsicht über die Bauleute beauftragt worden. Er scheint seine Vertretung des Bauherrn ernster genommen zu haben, als es den Handwerkern lieb war. Jedenfalls findet man ihn erschlagen im Wasser des Stadtgrabens wieder, wunderwirkend, und entdeckt dann auch noch, daß er ein Nachkomme Karls des Großen war.

Die Aufgabe des Klosters war es, für das Seelenheil des Stifters zu beten. Die um 968 verfaßte Lebensbeschreibung des Stifters Bruno aus der Feder des Mönchs Ruotger trug, indem sie einen Heiligen schildert, auf ihre Weise dazu bei. Mit dem Grab der Kaiserin Theophanu, ihren Geschenken und denen ihres Sohnes, Kaiser Ottos III., vermehrten sich diese Aufgaben noch. Es scheinen teils mehr als fünfzig Mönche damit betraut gewesen zu sein; denn 1251 beschränkt Papst Innozenz IV. wegen der wirtschaftlichen Schwierigkeiten des Klosters ihre Zahl ausdrücklich auf fünfzig. Damals ist die erste Blütezeit des Klosters vorüber, obwohl wir in vielem auf Vermutungen angewiesen bleiben. So hat jüngst Eckhard Freise wahrscheinlich gemacht, daß der große Goldschmied Roger von Helmarshausen zu Beginn des 12. Jahrhunderts als Mönch und Goldschmied in St. Pantaleon gewirkt und hier sein nicht nur für Goldschmiede wichtiges Handbuch konzipiert hat, das dann als die ›Schedula de diversis artis‹ seine gesammelten Kenntnisse publizierte. Darin wird, bis heute eine spannende Lektüre, der Erfahrungsschatz der Zeit in Metallhandwerk, Buch- und Wandmalerei und der Verarbeitung von Glas zusammengefaßt. Zwar verläßt Roger, dessen Werk meist unter dem Namen Theophilus Presbyter kursiert, wohl 1121 St. Pantaleon – auf den Grund ist später noch zurückzukommen –, aber Werkstätten werden sowohl vor wie nach seiner Zeit hier produziert haben.

Trotzdem ist es schwer, einzelne Arbeiten in St. Pantaleon zu lokalisieren. Waren es Kölner, Laienbrüder, Mönche oder Fremde, die die einzigartigen *Skulpturen für die West-fassade des Westwerks* schufen? Die Fragmente, Ende des 19. Jahrhunderts bei den umfang-reichen Restaurierungsarbeiten entdeckt, werden heute im sogenannten Kapitelsaal aufbe-wahrt. Matthias Untermann hat sich intensiv mit dem Programm beschäftigt. Nimmt man

55 St. Pantaleon Detail des Lettners

◁ 54 St. Pantaleon Blick aus dem südlichen Seitenschiff ins Westwerk

56 St. Pantaleon Detail des Lettners

57 St. Pantaleon Gewölbe der Schatzkammer

58 St. Pantaleon Untergeschoß der Schatzkammer

59 St. Pantaleon Sarkophag Erzbischof Brunos

60 St. Severin von Südosten

61 St. Severin Chor nach Osten

62 ST. SEVERIN Schiff nach Osten

63 St. Severin Chor von Nordosten

64 St. Severin Nördliche Nebenapsis

66 St. Severin   Ausgrabungen
65 St. Severin   Kreuzgang
67 St. Severin   Krypta

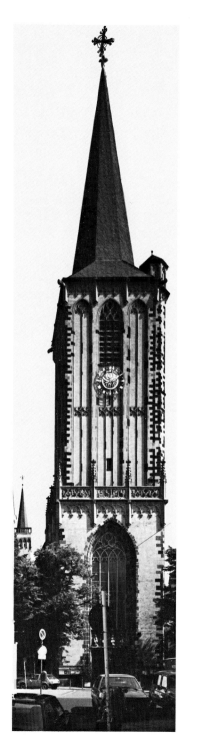

70 St. Ursula von Südosten

69 St. Ursula Westbau von Nordwesten

68 St. Severin Westturm von Westen

72 St. Ursula   Empore auf der Nordseite des Schiffes mit doppelseitigen Reliquienbüsten
71 St. Ursula   Schiff nach Nordosten   74   St. Ursula   Schiff nach Westen ▷
73 St. Ursula   Grabmal der Hl. Ursula

nun aber das Westwerk als 980 vollendet an, sind wahrscheinlich neben die Gestalt Christi, deren Haupt zu den eindrucksvollsten Köpfen des Mittelalters zählt (Farbt. 19), die damals populären Heiligen Maurinus und Pantaleon gestellt. Die Reliquien des Albinus erreichen das Kloster erst 984. In einer Zweiergruppe darunter treten zwei Engel als Torwächter des Himmlischen Jerusalem auf. Entstand in derselben Werkstatt, die man gerne in St. Pantaleon vermuten möchte, auch kurz zuvor der Gero-Kruzifixus für den Dom? Gemeinsam stehen diese Arbeiten an den Anfängen der großfigurigen Skulptur des Abendlandes, die uns erhalten ist.

Spuren anderer künstlerischer Techniken haben die Grabungen und Restaurierungen erbracht. Wenige Reste der Ausmalung, darunter ein Stück des perspektivisch gesehenen Mäanderfrieses, der den Raum unter der flachen Decke abschloß, sind erhalten. Die Grabungen haben mit Schlacken und Feuerungsrinnen Spuren einer Bronzegießerei zwischen Kreuzgang und Saalbau erbracht. Spätestens bei der Erweiterung der Kirche um Seitenschiffe Mitte des 12. Jahrhunderts sind die Spuren der Werkstatt überdeckt worden. Sie wurde wohl um 1000 vom Mönch Froumond geleitet, der 1012 starb, aber zuvor seine Kenntnisse über den Bronzeguß schriftlich niederlegte.

Weniger sicher ist man sich heute in der Lokalisierung der großartigen Werkstatt, die Ende des 12. Jahrhunderts den *Maurinus-* und *Albinusschrein* geschaffen hat, die in der Schatzkammer im Kapitelsaal aufgestellt sind. Sind der Fridericus und jener Herlivus Prior, die an der Sockelleiste des Maurinusschreins als Gravierungen erscheinen, Mitglieder des Konventes von St. Pantaleon? Die schriftliche Überlieferung läßt so große Lücken, daß die Vermutung weder bestätigt noch widerlegt werden kann. Aber gut erkennbar ist selbst in der Nachzeichnung, daß der Fridericus, der anscheinend als Goldschmied seinem Auftraggeber und Prior gegenübertritt, erst nachträglich mit eingefügt wurde. Beide flehen nun mit der angeschnittenen Inschrift den heiligen Johannes um Fürbitte an, dessen in Silberblech getriebene Gestalt in der Arkade darüber verloren ist. Das gleiche Schicksal erlitten auch die übrigen Reliefs der Apostel, dazu Johannes der Täufer und Paulus. Nur auf dem Dach, wo das weniger kostbare Kupfer vergoldet wurde, sind die Darstellungen verschiedener Martyrien erhalten. Auf der einen Seite sind Laurentius auf seinem Rost, die Steinigung des Stephanus, Bartholomäus, dem die Haut abgezogen wird, und Petri Kreuzigung zu erkennen. Eine Szene ist nicht exakt zu bestimmen. Das gilt auch für die andere Seite; hier sind die Enthauptung des Apostels Paulus, die Kreuzigung des Andreas an einem T-förmigen Kreuz und Johannes der Evangelist im siedenden Öl zu bestimmen. Die durch einen Kreis hervorgehobene Szene in der Mitte zeigt das Martyrium des Maurinus, nur die letzte bleibt nicht zu erklären. Die Dachreliefs sind hier wie auch am zweiten Schrein der Schatzkammer für die Reliquien des heiligen Albinus später, um 1200 und zu Beginn des 13. Jahrhunderts, entstanden. Aber auch sie sind nicht die eigentlichen Prunkstücke des Schreins. Das sind die großen *Emailplatten* des Erzengels Michael und des Cherub (Farbt. 10, 11), denen gegenüber die Gegenstücke, der Seraph und Erzengel Raphael, schon wieder schwächer erscheinen. Mit ihren kräftigen, fein schattierten, aber nicht verlaufenden Emailfarben, dem sicheren Fluß

ST. PANTALEON

St. Pantaleon, Detail der Sockelleiste des Maurinusschreins

der feinen Stege, die im ausgehobenen Kupferfeld stehen blieben, sind sie der Höhepunkt kölnischer Emailkunst.

Wenige Jahre später entstand der *Albinusschrein* für die Reliquien des Märtyrers, die Kaiserin Theophanu dem Kloster geschenkt hatte. Es wird um 1186 gewesen sein. Dieses Datum der Übertragung der Reliquien wird im 17. Jahrhundert überliefert, und schon der lebendigere Schwung der Arkaden bestätigt das. Auch hier sind nur die späteren Reliefs des Dachs erhalten. Sie zeigen einmal die Legende des Albinus mit Unterweisung und Taufe, Verhör vor dem Richter, Geißelung und Enthauptung. Auf der anderen Seite das Leben Christi mit Geburt, Kreuzigung, Auferstehung und Himmelfahrt. Glanzvoll gestaltet sind die in Bronze gegossenen und vergoldeten Firstkämme des Schreins. Sind sie und ihre Gegenstücke am Siegburger Annoschrein in der aus den Grabungen bekannten Bronzegießerei entstanden? Den Auftrag zur Erhebung der Reliquien gab Abt Heinrich von Horn (1196–96). Die Reliquien wurden dann zur Verehrung ausgestellt, und wieder spät, aber ausdrücklich wird berichtet, daß der Schrein aus den Stiftungen der Gläubigen finanziert wurde, und das werden zum großen Teil Kölner gewesen sein.

Aus derselben Werkstatt stammt das ebenfalls in der Schatzkammer bewahrte *Albertus-Kreuz*. Wieder blieb das ›wertlose‹ Kupfer mit dem herrlichen Email erhalten, und die wohl in Silber getriebene Gestalt Christi ist verloren. Einige Fragmente von den Schreinen, allein schon Stück für Stück eine Kostbarkeit, und jüngere Goldschmiedearbeiten runden das Bild.

Für die künstlerische Betätigung der Mönche des hohen Mittelalters und der von ihnen unterhaltenen Werkstätten haben wir noch mehr mögliche Mutmaßungen frei. Wie fleißig war das Skriptorium der Abtei? Ist hier neben den Notizen der Kölner Königschronik, die wohl in St. Pantaleon entstanden sein kann, auch Buchmalerei betrieben worden? Blühte hier schon bald nach der Gründung durch Bruno die ottonische Kölner Malerschule? Eine Fülle von Fragen bleibt noch offen.

Bei dem Eifer, mit dem Kölner Erzbischöfe immer wieder auf den Lebenswandel ihres Klosters achteten, kann man aber eigentlich erwarten, daß neben dem Beten für das Seelenheil auch das Arbeiten nicht zu kurz kam. Schon Erzbischof Bruno hatte die Mönche für seine Gründung aus St. Maximin in Trier geholt, das sich zu einem Zentrum der Reform benediktinischen Mönchtums nach dem Vorbild des lothringischen Gorze entwickelt hatte. Reformiert wurde in St. Pantaleon in den folgenden Jahrhunderten mit konstanter Regelmäßigkeit. Ohne einschneidende Folgen scheint es gewesen zu sein, daß mit Abt Elias (1021–42), der zugleich Abt von Groß St. Martin war, iro-schottischer Einfluß spürbar wurde. Um so aufregender war der Eingriff Erzbischof Annos II. (1056–75), der ja auch die Reliquien des heiligen Reinold nach Dortmund weggab. Er zwang die Mönche gegen Ende seiner Herrschaft, die Regeln seines auf dem Siegburger Michaelsberg gegründeten Klosters zu übernehmen. In Siegburg folgte man den Regeln von Fruttuaria, einem oberitalienischen Kloster, dessen Lebensführung Anno begeistert hatte. Die Gewohnheiten von Fruttuaria wieder stammten aus Cluny, dem großen Zentrum benediktinischer Reform. Aber es gab natürlich einen ganz wesentlichen Unterschied: Im Gegensatz zum unabhängigen Cluny, dessen Einfluß, Macht und Reichtum zu dieser Zeit kaum zu überbieten waren, blieben Annos reformierte Klöster weiter dem Bischof untertan. In Pantaleon entschied er, daß die Mönche, die den Siegburger Gewohnheiten nicht folgen wollten, das Kloster verlassen müßten. Alle diese Gewohnheiten beriefen sich auf die benediktinische Ordensregel, aber sie füllten sie unterschiedlich aus. Nun waren es meist Söhne aus Kölner Familien, die daraufhin unter erbittertem Protest das Kloster verließen. Der Abt und manche andere blieben und paßten sich an. In Köln erregte das Geschehen Ärger und Aufsehen. Als dann 1074 ein Aufstand der Bürger gegen Anno ausbrach, hätte man fast die neueingesetzten Mönche erschlagen. Aber wie häufig in Köln blieb es beim Ausbruch des Volkszorns, und die Geschichte des Aufstandes blieb ohne Märtyrer.

Danach herrschte erst einmal Ruhe. Sie war bald mit einem Nachlassen der Disziplin verbunden. Statt ein gemeinsames Leben zu führen, bezogen die Mönche eigene Einkünfte wie Kanoniker an Stiften. Um die Einkünfte auf gutem Niveau zu halten, wurde die Zahl der

St. Pantaleon, Ausschnitt aus dem Holzschnitt von Anton Woensam 1531

ST. PANTALEON

Mönche weiter auf 36 herabgesetzt. Mit dieser Entwicklung versiegte auch der Baueifer. Von der Mitte des 12. Jahrhunderts bis zur Mitte des 13. Jahrhunderts, während der großen Zeit der Kölner Architektur der Romanik, sah man dagegen manche Arbeiten durchgeführt. Für einen Neubau fehlten allerdings wohl Geld und Mut. Aber Mitte des 12. Jahrhunderts erweiterte man das Langhaus auf drei Schiffe. Die hohen Lisenen des stolzen Saalbaues wurden durchbrochen und Seitenschiffe angefügt, wie sie sich ähnlich an St. Caecilien wiederfinden. Aus dem Jahre 1216 berichtet dann die Kölner Königschronik in einer wohl wieder in St. Pantaleon geschriebenen Fortsetzung von der Neuweihe des Hauptaltares und der Nebenaltäre in den Querhäusern. Auch die im Winkel zwischen Chor und südlichem Querhaus errichtete Katharinenkapelle, die Miniaturausgabe eines Trikonchos, wird damals geweiht. Anlaß war laut Königschronik die Beschädigung der Ecken der Altarplatte. Diese wiederum, aber das wird nicht gesagt, war wohl auf die Bauarbeiten zurückzuführen, denen wir die spätromanische Gestalt des südlichen Querhauses verdanken. Man entdeckt die zu dieser Zeit übliche zweigeschossige Gliederung der Wand und als Konsole der Südseite des Bogens zum Seitenschiff das Vorderteil eines römischen Löwen. Auch am Kreuzgang ist zu dieser Zeit gebaut worden. Erhalten ist dort der sogenannte Kapitelsaal, der heute als *Schatzkammer* genutzt wird (Abb. 57, 58). Mit seiner Fensteröffnung ins Seitenschiff hinein hat der Raum vielleicht schon früher als Reliquienkammer einem ähnlichen Zweck gedient. In der Unregelmäßigkeit der Rippen seiner Kuppel spürt man noch gut, wie mühsam und langsam gotische Ideen in die romanische Bautradition des Kölner Handwerks eindringen.

Nach diesen romanischen Aktivitäten kommt es erst im frühen 16. Jahrhundert wieder zu Bauarbeiten. Inzwischen war der weitere Niedergang von Moral und Wirtschaft aufgehalten

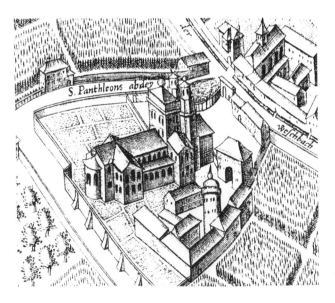

St. Pantaleon, Ausschnitt aus dem Vogelschaustadtplan des Arnold Mercator von 1571. Kupferstich

St. Pantaleon 1946

worden. Seit 1469 war auch St. Pantaleon Mitglied der reformfreudigen Bursfelder Kongregation. Aus den sanierten Finanzen kann Abt Johannes Lünink (1502–14) den eleganten spätgotischen *Lettner* errichten lassen (Abb. 55, 56). Ein kleines Wappen über dem mittleren Korbbogen, inmitten des reichen spätgotischen Formen- und Figurenprogramms, zeigt einen Sperling als Wappentier des Abtes. Darunter weist die heilige Veronika das Schweißtuch mit dem Abbild des Gesichtes Christi vor. Darüber steht Maria mit dem Kind, dem sich Albinus und Pantaleon zuwenden. Wieder etwas tiefer, links und rechts davon, halten zwei Mönche mit ihren Kerzen Wache und gedenken sicher auch Theophanus und Brunos zu ihren Füßen. Dazwischen sind vier Evangelistenfigürchen des 17. Jahrhunderts gesetzt. Weiter außen stehen Johannes und Quirinus unter ebenfalls reich gearbeiteten Baldachinen. Auch die noch erhaltenen Figuren des Apostels Paulus und des heiligen Gereon, die jetzt nebenan an den Pfeilern stehen, gehörten zum Lettner. Versetzt ans Westende des Schiffs und nun wieder zurückversetzt, hat er einige Verluste hinnehmen müssen. Trotzdem bleibt er ein Spitzenwerk später Gotik in Köln.

Ansprechend zurückhaltend ist die moderne Gestaltung mit dem *Kreuzaltar* von Elmar Hillebrand und der Bemalung der Rückwand durch Clemens Fischer. Über dem Kreuzaltar ein *Kruzifixus* des 14. Jahrhunderts, ein zurückhaltendes Beispiel aus der Reihe der sogenannten Pestkreuze, wie wir sie auch aus St. Georg oder St. Maria im Kapitol kennen.

Die große Verwandlung des Kirchenraums, die die Zerstörungen des letzten Krieges fast völlig rückgängig gemacht haben, folgte aber erst im 17. Jahrhundert. Abt Heinrich Spichernagel beauftragte 1618 Christoph Wamser, der den Bau der Kölner Jesuitenkirche St. Mariae Himmelfahrt leitete, mit der Einwölbung von Mittelschiff und Chor. Es ergab sich, daß man Obergaden und Chor dafür erneuern mußte, aber schon 1622 waren die Arbeiten abge-

ST. PANTALEON

schlossen. Das war sicher auch darauf zurückzuführen, daß Christoph Wamser auf Bauleute und Baumaterial aus dem heimatlichen Elsaß, aus Molsheim, zurückgriff. Von dort lieferte man die Steine für die Rippen des Gewölbes, und den besonderen Zorn der Kölner Handwerker erregte natürlich die süddeutsche Konkurrenz. Hier machte sich die Unabhängigkeit der Abtei von der Stadt bemerkbar; alle Versuche, die ›Fremdarbeiter‹ aus Köln loszuwerden, scheiterten. Die noch erhaltenen *Glasfenster* lieferte der Kölner Glasmaler Heinrich Braun. Der Glanz des Klosters war nun so weit wieder hergestellt, daß der Kölner Erzbischof Maximilian Heinrich sich von 1673 bis 1684 mit seinem Hofstaat hier niederließ. Hier fühlte er sich sicherer als in seiner Bonner Residenz, und die Kölner scheinen keine großen Befürchtungen mehr gegenüber einem Erzbischof in ihren Mauern gehabt zu haben.

Abt Konrad Kochem (1687–1717) reichte die Ausstattung noch nicht aus. Er ließ die Kryptagewölbe zerschlagen, um den Boden des Chores tiefer legen zu können, das Gewölbe im bis dahin fast unveränderten nördlichen Querhaus einziehen und im südlichen Querhaus die Grabfiguren der Grafen von Moers aus dem 15. Jahrhundert in die Wand einmauern. Auch Kaiserin Theophanu, die jetzt im Sarkophag Sepp Hürtens wieder im Südquerhaus ruht, mußte weichen und Stellung im Chor beziehen. Der jetzige Hochaltar allerdings stammt erst aus der Mitte des 18. Jahrhunderts. Er entstand unter Abt Eberhard Schallenberg in den Jahren 1747–49.

Schon 1757 stürzte der südliche Seitenturm des Westwerks ein. 1766–68 mußte wegen Baufälligkeit der Mittelturm erneuert werden. Der nördliche Seitenturm wurde auf die gleiche Höhe wie der südliche abgetragen. In diesen Jahren muß auch der Westflügel des Westwerks, wohl beim Einsturz des Südturms, so beschädigt worden sein, daß man ihn abtrug. Der Leidensweg der Kirche setzte sich dann mit dem Einmarsch französischer Truppen in Köln im Jahre 1794 fort: Man nutzte den weiten Raum als Pferdestall, dann aber wieder als Pfarrkirche, Garnisonskirche und seit 1922 als katholische Pfarrkirche.

So ist das heutige Westwerk (Abb. 52, 53) mit seinem verkürzten westlichen Flügel, der fast doppelt so tief war, erst ein Ergebnis der Restaurierungen 1890–92. Auch die barocken Rettungsversuche waren im 19. Jahrhundert der Technik zum Opfer gefallen. Die Haube des Mittelturms hatte einer Plattform für den optischen Telegrafen weichen müssen, militärische Sicherheit an der Westgrenze Preußens war wichtiger. Aber da man sich für die Rekonstruktion der oberen Teile des Westwerks an die Zeichnungen des 16. und 17. Jahrhunderts und an das Modell in Münstereifel halten konnte, bleibt St. Pantaleon die erste Blüte nachrömischer Architektur in Köln.

St. Severin

Abb. 60–68

Vom dritten Kölner Bischof Severin ist nichts Genaues bekannt. Ausgedehnte, immer noch unpublizierte Grabungen unter seiner Kirche, die einen faszinierenden Blick in die Frühgeschichte der Kirche darüber ermöglichen (Abb. 66), haben die Probleme nur vermehrt. Severins Grab hat man nicht gefunden. Statt dessen hat Fritz Fremersdorf vielleicht die Gräber zweier Märtyrer, Asclinus und Pampilus, entdeckt, von denen das Martyrologium Hieronymianum berichtet: »In Agripina Asclini et Pampili«. Die Skelette, die inmitten der Apsis des ersten Baus unter St. Severin entdeckt wurden, wiesen keinerlei Verletzungen auf. Aber es gibt genügend Todesarten, die das Skelett unversehrt lassen. Außer diesem Fund und der Notiz im Martyrologium, die auf Köln und nicht auf eine bestimmte Kirche verweist, ist von ihnen nichts bekannt. Besser stehen wir mit Severin auch nicht da. Als Erzbischof Wichfried (924–53) wohl im Jahre 948 die Gebeine des heiligen Vorgängers aus dem alten verfaulten Sarg in einen neuen legt, verwundert er sich, daß bisher noch kein Teil der Kirche dem heiligen Severin geweiht ist. Heute, da Wilhelm Levison das Wachstum der Legende Severins untersucht hat, wundert man sich weniger darüber. Seine Untersuchung schließt mit dem Satz: »Unser Wissen über den Kölner Bischof beruht allein auf der Erzählung Gregors von Tours, die selbst schon den Charakter der Legende aufweist.«

Gregor von Tours erzählt Ende des 6. Jahrhunderts in seinem Sammelwerk über die Wundertaten seines heiligen Vorgängers Martin von Tours, daß der Kölner Bischof Severin am Tage des Todes des heiligen Martin den Chor der Engel zu dessen Empfang habe singen hören. Das führt in die Jahre um 400, aber gibt weiter keine Sicherheit; denn in Köln besinnt man sich erst zu Beginn des 9. Jahrhunderts auf Severin. Ende des 9. oder zu Beginn des 10. Jahrhunderts wird seine Legende nach dem Vorbild der Legende des heiligen Severinus von Bordeaux geformt. War die Überlieferung von der Existenz Severins in Köln untergegangen? Lernte man ihn erst durch Gregor von Tours wieder kennen? Hatte man die Märtyrer, wenn es welche waren, ebenso vergessen?

Diese offenen Fragen ärgern ein wenig, wenn man im Ausgrabungsgelände unter der Kirche und in den vielfach publizierten Ergebnissen, deren Schlußfolgerungen noch nicht vereinheitlicht sind, sieht, daß das Gebiet von St. Severin fast kontinuierlich für Begräbnisse genutzt wurde. Trotzdem haben die Überlebenden nicht für eine ausreichende historische Überlieferung gesorgt. St. Severin war als Grabkirche so beliebt, daß um 700 selbst zwei Bischöfe, Giso und Anno I., sich hier begraben ließen. Aber ihre Grabstätten kennt man

ST. SEVERIN

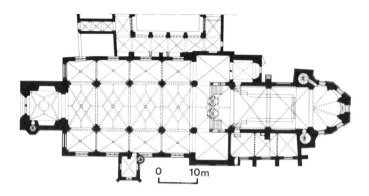

St. Severin, Grundriß

ebenso wenig wie die erste Severins. Wohl bei Gelegenheit der Sargerneuerung, von der die recht zweifelhaft überlieferte Urkunde von 948 berichtet, ist Severin in die Confessio im westlichen Teil der heutigen Krypta übertragen worden. Zwei tonnengewölbte Stollen sind parallel zu seiner ebenso überwölbten Grabstelle gezogen, ein weiterer Gang verbindet die beiden. Ursprünglich war es wohl eine Art Ringstollenkrypta, ähnlich wie im Alten Dom oder in St. Pantaleon. Der östliche Teil ist durch jüngere Bauten ersetzt. Aber bevor wir uns diesen zuwenden, sollte man einen Blick in die Ausgrabungen westlich davon werfen. Abgesehen vom Prätorium unter dem Spanischen Bau des Rathauses ist dies die spannendste Fundstätte Kölns. Die ungelösten Rätsel liegen weitgehend offen zu Tage, von einer Betondecke überspannt.

Der wichtigste Bauteil ist die kleine, 9,20 m lange und 7,60 m breite Kapelle mit einer gut erhaltenen 3,40 m breiten Apsis. Hier hat bis auf die genau west-östlich ausgerichteten Gräber der beiden eventuellen Märtyrer Asclinus und Pampilus eine Gruft der Stiftsherren im 17. Jahrhundert alle Spuren beseitigt. Die Gräber sind wieder zugedeckt. Das Kirchlein selbst ist nicht exakt nach Westen mit seiner Apsis ausgerichtet. Für seinen Bau, wohl Ende des 4. Jahrhunderts erbaut, nach dem reichen Anteil wiederverwendeten römischen Materials im Mauerwerk, hat man sich nach der nahegelegenen römischen Straße gerichtet. Mit dieser Datierung könnte das eine Friedhofskapelle oder vielleicht doch eine cella memoriae für die

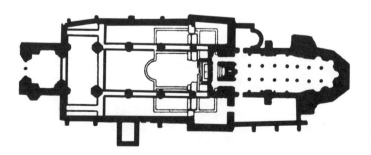

St. Severin.
Die Grabungen

beiden Märtyrer sein, die Bischof Severin errichtete. Spätere Gräber richten sich nach der Kapelle aus, die bald um Seitenschiffe erweitert wird. Und wohl im 6. Jahrhundert folgte eine Erweiterung nach Osten. Das scheint eine Art Vorhof der Vorhalle gewesen zu sein, deren Eingang genau im Bereich der heutigen Confessio lag. Hier vermutet man das ursprüngliche Grab Severins. Dieser Bau – vielleicht nur noch Ruine – wird etwa Mitte des 6. Jahrhunderts weit nach Westen verlängert, über schmalen Fundamenten eine einfache Fachwerkkonstruktion. Diese Grundform wird im 8. Jh. in Steinmauerwerk ersetzt. Hier entsteht, vielleicht von Bischof Anno I. begründet, die erste Stiftskirche im 8. Jh.

Danach, etwa im 10. Jahrhundert, folgte der für den heutigen Bau entscheidende Schritt. War die Kirche bisher immer noch nach Westen ausgerichtet, was nicht ungewöhnlich ist, wurde sie nun nach Osten orientiert. Die Vorform der Confessio entstand. Sie wurde wieder aufgenommen in den nächsten Bau, den im Jahre 1043 Erzbischof Hermann II. weihen konnte. Nach dessen eigener Beurkundung hatte Propst Sigeboldus den Bau, oratorium cum kripta, mit Unterstützung durch seinen Vorgänger Erzbischof Pilgrim begonnen.

Die massiven Fundamente und Mauern des 10./11. Jahrhunderts bestimmen noch die Gestalt des heutigen Baus. Seine Querhäuser sind durch eingestellte Säulen und niedrige Doppelarkaden abgetrennt. Die Breite des Schiffs und der Seitenschiffe ist geblieben. Das Schiff war kürzer, und der heutige spätgotische Turm hat einen 1393 abgebrochenen, östlich gelegenen Vorgänger gehabt. Die Mauern des Langchores des 11. Jahrhunderts sind noch in den Wänden des spätromanischen Chores enthalten. Von diesem salischen Chor aus hatte man durch zwei Fenestellae, schachtartige schmale Öffnungen, eine Verbindung zum Grab Severins darunter. Aus derselben Zeit stammt der westliche Teil der Krypta und der nördliche Nebenchor mit seiner Krypta. Das südliche Gegenstück ist um 1400 durch die Margarethenkapelle oben, die heute als Sakristei dient, und eine Krypta in den gleichen Maßen darunter ersetzt worden. Die Altäre der Südkrypta sind 1411 geweiht worden. Dieses Datum hat Aegidius Gelenius auf kaum verständliche Weise mit der Vollendung des spätgotischen Westturmes in Verbindung gebracht und damit für einige Verwirrung in der Baugeschichte gesorgt, die jetzt von Gerta Wolff geklärt wurde. Aber dazu später mehr; mit der Margarethenkapelle haben wir in der Baugeschichte schon vorgegriffen.

Mit dem salischen Bau, 1043 geweiht, scheint man lange zufrieden gewesen zu sein. Erst Ende des Jahres 1237 hören wir durch eine Urkunde des Bischofs Balderich von Semgallen, daß er im Auftrag des Erzbischofs Heinrich von Molenark die Severinskirche geweiht habe. Außerdem habe er den inmitten der Kirche stehenden Kreuzaltar auch zu Ehren der Märtyrer Cornelius und Cyprian geweiht und den Altar hinter dem Hochaltar zu Ehren des heiligen Aegidius und der heiligen Katharina. Das hört sich nach ziemlich umfangreichen Arbeiten an, die der Weihe vorausgegangen sein müßten. Für uns ist das nur in Krypta und Chor erkennbar. Die Krypta, im Westen, im Anschluß an die Confessio, mit Kreuzgratgewölben über quadratischen Pfeilern geschlossen, erhält nach Osten achtseitige Pfeiler und Kreuzrippengewölbe. Der Ostteil mit Fenstern und bewegter Wandgestaltung, Resten von Malerei und hängendem Schlußstein in der Ostapsis läßt fast vergessen, daß man sich in einer Krypta befindet (Abb. 67).

ST. SEVERIN

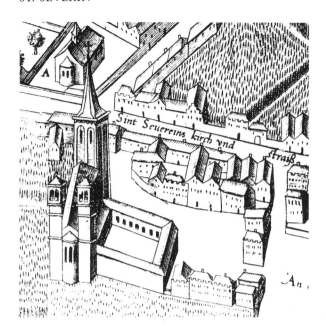

St. Severin, Ausschnitt aus dem
Vogelschaustadtplan des Arnold
Mercator von 1571. Kupferstich.

Der Chor wird außen, nach alter Kölner Tradition, von zwei Chorflankentürmen begleitet (Abb. 60). Sie rahmen die Apsis, die nicht gerundet ist, sondern fünf Flächen in unterschiedlichen Winkeln aneinanderstellt. Bewußt grob gehalten, aus Basaltsäulen gesetzt, von den Fenstern der Krypta durchbrochen, setzt erst über dem Kryptengeschoß die gegliederte Wand ein. Lisenen, durch Rundbogenfriese verbunden, grenzen die Flächen ab. Hoch in der Wand werden Rundfenster mit eingesetzten Sechspässen geöffnet. Im Obergeschoß umfängt jeweils nur ein flacher Bogen, weit gespannt, die Fenster. Ein Gesims und eine fast nur noch angedeutete Zwerggalerie unter dem mächtigen Traufgesims schließen das Bild. Wie an St. Kunibert hat man auf den Plattenfries verzichtet.

Der polygonale Schluß der Apsis, wie er ähnlich an den Querhäusern des Bonner Münsters oder in Boppard erscheint, verleitet leicht, nach zeitgenössischen gotischen Vorbildern zu suchen. Aber im konservativen Köln lohnt wohl eher der Hinweis auf St. Georg oder auf die ottonischen Querhäuser und den frühromanischen Chor von St. Andreas. Die Chorflankentürme erhielten in der zweiten Hälfte des 14. Jahrhunderts ihre heutige Form. Waren sie ursprünglich in den oberen beiden Geschossen, wie gewohnt, ins Achteck und dann ins Rund überführt worden? Jetzt setzen sie das Kantige, Kristallische der Apsis fort und ergänzen es mit den Helmen. Der Westturm gibt ihnen die gewichtige Antwort.

Das Innere des spätromanischen Chores (Abb. 61) bietet einen Fußboden in Opus alexandrinum, geometrisch aus gelblichem und schwarzem Marmor zusammengesetzt. Eine Kostbarkeit, wie man sie auch in St. Kunibert findet und aus St. Pantaleon kennt. Das reich geschnitzte Chorgestühl entstand Ende des 13. Jahrhunderts. Mit 62 Sitzen ist es großzügig bemessen. Man rechnet für St. Severin mit dreißig Kanonikern und meist zehn Vikaren. Zwei große Rundfenster im östlichen Joch des Langchores hat man im 14. Jahrhundert zugemauert. Sie waren mit weiten Achtpässen gefüllt. Gerahmt wurden sie von Wandmalereien, bei denen sich die Posaunen der Engel tief in die Wand hinein öffnen. Hier hat man Krüge eingelassen. Bei ihrer geringen Anzahl können sie als Schalltöpfe, wie man gerne annimmt, kaum gewirkt haben. Solche hat man dann auch eher unter dem Bodenbelag eingelassen, um die Resonanz zu verstärken. Aber eine Erinnerung an diese von Vitruv geschilderte Technik mag sich dahinter verbergen, zur Spielerei reduziert. Eigentlicher Blickfang des Chores ist und bleibt die Aufstellung des Severinusschreines. Zwar ist vom Schrein des 11. Jahrhunderts nur eine Scheibe in Goldemail erhalten, die als Leihgabe im Diözesanmuseum zu sehen ist. Sie zeigt Severin als Erzbischof thronend in feinstem Zellenschmelz nach byzantinischem Vorbild. Der Rest des Schmuckes fiel den französischen Kontributionen zum Opfer. 1819 wurde der Schrein neugotisch – ein sehr frühes Beispiel – erneuert und 1936 umgearbeitet. Aber das sieht man hinter dem Gitter des schützenden Gehäuses kaum. Dieses steht auf vier spätromanischen Säulen, so daß man bei Prozessionen frei unter dem Schrein hindurchgehen konnte. Dahinter verbirgt sich mit dem Aegidius-Chörlein eine Kostbarkeit. In die Wandfläche des Ostabschlusses der Apsis ist eine zierliche Nische eingelassen. Mit Rippen und hängendem Schlußstein ausgestattet ist das die Nische für den Altar, von dessen Weihe Bischof Balderich von Semgallen in seiner Urkunde berichtet. In Zusammenklang mit der Mahnung der Deesis-Darstellung im Gewölbe, Christus als Richter des Jüngsten Gerichtes mit Maria und Johannes dem Täufer fürbittend, ist hier im Chor die Stimmung einer Stiftskirche noch am deutlichsten zu spüren, die sonst durch die Verwandlung in Pfarrkirchen meist verlorengegangen ist.

Baunachrichten haben wir für die nächsten Jahrhunderte in reicher Fülle. Nur lassen sie sich nicht immer mit erkennbaren Baumaßnahmen verbinden. Ende des 13. Jahrhunderts hören wir vom Stifter Rutger Raitze, der als Bürgermeister und Gesandter am päpstlichen Hofe in Avignon für Köln tätig war. Sein Sohn wird als Dank für die Verdienste des Vaters um das Stift St. Severin 1322 als Kanoniker aufgenommen. Auch Rutgers Bruder Johannes erscheint als Stifter. Aus der noch bekannteren Familie Hardefust erscheint Bürgermeister Gobelin als Stifter, dessen Bruder Hildeger als Kanoniker zu St. Severin gehört. Schon 1286 hatte Papst Honorius IV. allen Gläubigen, die zum Bau von St. Severin beitrugen, einen Ablaß von vierzig Tagen verliehen. Im Jahre 1300 genehmigt Erzbischof Wikbold endlich die Veröffentlichung des Ablasses.

Die unausgeglichenen gotischen Formen im westlichen Joch des Schiffes werden in den Bereich dieser Stiftungsaktivitäten gehören. Ende des 14. Jahrhunderts beginnt dann das Großunternehmen der Neugestaltung von Schiff und Westturm (Abb. 62, 68), das sich bis ins 16. Jahrhundert hinziehen sollte. Die Finanzierung dieses größten Bauunterfangens im Köln dieser Zeit, wo der Dombau fast schon eingeschlafen ist, zeugt von großen Schwierigkeiten.

1393 stellt man fest, daß der alte, wohl noch romanische Westturm baufällig geworden ist. Niemand ahnte wohl damals, daß sich die Bauarbeiten anderthalb Jahrhunderte hinzie-

ST. SEVERIN

St. Severin, Lithographie von A. Wünsch nach J. P. Weyer, 1827

hen würden. Aber der ursprünglich willige Stifter, Herzog Wilhelm von Berg, geriet in Gefangenschaft und finanzielle Schwierigkeiten. Sein Sohn Adolf muß später ein wenig Ersatz geleistet haben. Trotzdem finden wir auf Gemälden mit Darstellungen aus der Ursulalegende noch Mitte des 15. Jahrhunderts den Westturm von St. Severin als Holzkonstruktion. Zwei Beispiele im Wallraf-Richartz-Museum dokumentieren das recht gut (WRM 715 und 721). Der Glockenstuhl stand, außen mit Brettern verkleidet, aber die Fassung in Stein fehlte. Noch 1506 verlieh Papst Julius II., der sonst mehr an seine eigenen Baupläne dachte, dafür einen Ablaß, und sein Nachfolger Leo X. wiederholte diese Großzügigkeit 1518. Die Kleine Kölner Chronik von 1528 vermerkt die Bauarbeiten für den »schoin herlich nuwe clock thoirn«, und im selben Jahr bitten Dekan und Stiftskapitel den Rat, seine Schulden zu bezahlen, damit sie den angefangenen Bau vollenden könnten. Auf dem Riesenholzschnitt mit dem Stadtpanorama von Köln, den Anton Woensam 1513 fertigte, und auf seinem Altarbild in St. Severin, wo der heilige Bartholomäus, Maria und St. Severin erscheinen, wird der Turm noch mit einem niedrigen Notdach gezeigt. Das Altarbild, auf dem der Gründer seine Kirche trägt, dokumentiert rote Ziegel. Erst in der zweiten Auflage des Holzschnitts von 1557 erscheint der hohe schiefergedeckte Helm. Ihn hat man nach dem Kriege annähernd wiederhergestellt, aber auf die zierlichen Zutaten des 19. Jahrhunderts verzichtet.

Der hohe Westturm (Abb. 68) ist der späte und südliche Vertreter eines Typs, der in der weiten Landschaft des Niederrheins entstanden ist. Ein Gegenstück ist der Turm des 14. Jahrhunderts der Salvatorkirche in Duisburg. Zwei Geschosse nur bilden den Turm. Die Pforte wird in den hohen Bogen des Fensters darüber einbezogen. Eine zierliche Balustrade setzt die Grenze zum nächsten, mit vorgeblendetem Maßwerk gezierten Geschoß, in der Mitte jeweils des oberen Drittels für die Schallarkaden durchbrochen. Weithin sichtbar, ist der Turm seit dem 16. Jahrhundert die südliche Dominante des Stadtpanoramas.

In der Zwischenzeit hat man auch das Schiff erneuert. Im November 1479 hatte man den Kanoniker Johann Stall zum magister fabricae gewählt. Er beaufsichtigte nun als Vertreter des Bauherrn, des Kapitels, die Bauarbeiten. Pfeiler und Netzgewölbe entstammen den folgenden Jahren. Die Beschaffung der Finanzen blieb nicht ohne interne Schwierigkeiten. Für den Baufonds wollte man einen Opferstock aufstellen. Dem widersprach wieder der Stiftspfarrer, der wohl um ihm zustehende Einkünfte fürchtete.

Zwischendurch hatte man zu Beginn des 15. Jahrhunderts den Kreuzgang erneuert (Abb. 65). Zwar ist nur noch die Hälfte, kräftig restauriert, auf der Nordseite der Kirche zu sehen, aber der Bereich bleibt eine der beschaulichsten Stellen, die Köln noch zu bieten hat. Neben den kostspieligen Bauarbeiten wurde für die Ausstattung gestiftet. Beim ›Meister von St. Severin‹ wurde eine Bildfassung der Legende des Titelheiligen in Auftrag gegeben, die in den Jahren um 1500 entstand. Sie schildert in zwanzig Tafeln, die im nördlichen und südlichen Seitenschiff aufgehängt sind, die Legende des Titelheiligen. Es beginnt damit, daß 1. Severins Vorgänger Euphrates abgesetzt wird. Er gilt als Häretiker. 2. Severin wird zum Bischof geweiht. 3. Seine Predigt. 4. Tod des hl. Martin von Tours. 5. Die bekannte Vision des hl. Severin bei dieser Gelegenheit. 6. Ein junger Edelmann verläßt auf Mahnung eines Engels

ST. SEVERIN

alles während der Hochzeit. 7. Ihm wird nach langer Buße offenbart, daß er mit Severin in den Himmel einziehen werde, und er wird zu einem zu Severins Ehren veranstalteten Gastmahl geführt. 8. Severins Wundertaten. 9. Severin wird im Traum aufgefordert, in seine Heimat Bordeaux zu reisen. 10. Er wird dort empfangen. 11. Er erweckt den Sohn eines Ehepaars vom Tode. 12. Severin stirbt in Bordeaux. 13. Er wird dort beerdigt. 14. Fürbitte Severins befreit Bordeaux von der Belagerung durch die Goten. 15. Unter Bischof Evergislus von Köln herrscht bereits seit drei Jahren Dürre. 16. Einem Geistlichen wird offenbart, daß erst mit der Rückkehr der Gebeine des heiligen Severin die Dürre ein Ende finden werde. 17. Die Kölner bitten in Bordeaux um die Reliquien. 18. Sie erhalten (einen Teil) in einem Schrein. 19. Ankunft in Köln. 20. Verehrung der Reliquien im Chor von St. Severin. Unter den einzelnen Szenen wird jeweils der zugehörige Text gegeben und der Stifter mit seinem Wappen abgebildet.

Vom selben Meister von St. Severin stammen noch zwei Altarflügel mit den Heiligen Agatha, Cornelius, Stephan und Helena. Am Ende des südlichen Seitenschiffs, ganz im Westen, ist auch ein Glasfenster erhalten, das im Umkreis des Meisters von St. Severin entstanden ist. Es gelangte erst 1825 in den Besitz der Kirche.

Ringsum entdeckt man eine Fülle von Grabdenkmälern der Stiftsherren, von teils hervorragender Qualität. Sie bilden den Hintergrund für einen Reichtum an Ausstattung, der ungewöhnlich ist. Im Chor findet man einen *Reliquienschrank* des späten 14. Jahrhunderts und ein *Wandtabernakel* des frühen 17. Jahrhunderts. Am südöstlichen Vierungspfeiler eine *Madonna* des späten 13. Jahrhunderts, die einst vielleicht zum Marienaltar der Krypta gehörte. Im südlichen Querhaus ein weiteres *Pestkreuz* aus der Mitte des 14. Jahrhunderts, zurückhaltend gegenüber anderen in Köln. Ein *schmiedeeiserner Leuchter* auf Steinsockel ist 1664 datiert. Er trug die von der Bauernbank, der Genossenschaft der Bauern im Bereich von St. Severin, gestiftete Kerze. Eine der größten ehemaligen Kostbarkeiten kann man nur in München besichtigen. Über die Sammlung der Gebrüder Boisserée gelangte das *Tafelbild der heiligen Veronika* mit der Darstellung Christi auf ihrem Schweißtuch in die Alte Pinakothek. Das kleine Bild hat dem ›Meister der heiligen Veronika‹ den Namen gegeben, von dem ein Wandbild mit einer Kreuzigungsszene in der Sakristei erhalten ist.

Bis auf die zentrale Platte ist auch ein Labyrinth untergegangen, das noch im frühen 19. Jahrhundert inmitten des Kirchenschiffs zu sehen war. Rund, in kleinen Steinen ausgelegt, bewegte sich der Weg durch das Labyrinth auf eine Marmorplatte mit zwei inkrustierten Gestalten zu. Sie befinden sich heute im erzbischöflichen Diözesan-Museum. Mit farbigem Marmor werden Theseus und der Minotaurus im Kampf geschildert. Den gehörnten Minotaurus sah man als antike Vorprägung der Gestalt des Bösen und Theseus als Beispiel des Erlösers. Vorbilder scheinen italienische Labyrinthe gewesen zu sein, als man Mitte des 12. Jahrhunderts hier das einzige aus deutschen Kirchen bekannte Labyrinth anlegte, mit dessen Interpretation schon der gelehrte Aegidius Gelenius nichts mehr anzufangen wußte.

Zum Schatz der Kirche gehören neben anderen Kostbarkeiten ein silbernes *Stabreliquiar* für den Bischofsstab des heiligen Severin und ein Horn mit Reliquien der Märtyrer Cyprian und Cornelius. Sie gelten als die Patrone der Kirche, die von Severin begründet wurde.

Einmal in der Woche, montags zur ›Hörnchensmesse‹, werden diese Reliquiare ausgestellt. So bleibt noch nach Jahrhunderten inmitten des ›Vringsveedel‹, reich an Kölner Atmosphäre, die frühchristliche Vergangenheit lebendig.

St. Ursula

Farbt. 24, 25; Abb. 69–74

Gerade acht Jahre, zwei Monate und vier Tage war die unschuldige Jungfer Ursula alt, deren Grabstein des 4./5. Jahrhunderts der Anführerin der elftausend Jungfrauen den Namen gab. Joseph Klinkenberg hat den abgearbeiteten Grabstein 1893 als Teil des dritten Pfeilers des südlichen Seitenschiffs unter der Tünche entdeckt. Wie eine Reliquie hatte man ihn im 12. Jahrhundert dort eingemauert. Man hat den Stein herausgelöst. Heute steht er im Obergeschoß des Römisch-Germanischen Museums.

Grab und Grabstein der kleinen Ursula waren Teil des großen Gräberfeldes nördlich der römischen Stadtmauer, entlang der Straße nach Neuss. Hier ist auch der Grabstein des jungen Mannes Etherius gefunden worden, den die Legende mit seinen fünfundzwanzig Jahren zum Bräutigam der heiligen Ursula gemacht hat. Wie viele andere in Köln war er Christ. Ein Christogramm unter der Grabinschrift gibt dem deutlich Ausdruck.

Das Christentum in Köln war schon zur Zeit Kaiser Konstantins im frühen 4. Jahrhundert wohl organisiert, und der Kölner Bischof Maternus nahm im Jahre 313 an einer Synode in Rom und 314 zusammen mit dem Kölner Diakon Macrinus an einer gallischen Synode in Arles teil. Dieses Christentum muß man vor Augen haben, wenn man sich mit der Frage von Märtyrern in Köln beschäftigt. Solche Geschehnisse sind von den Kirchenhistorikern des konstantinischen Zeitalters bewußt nicht erwähnt worden. Köln gehörte in der letzten großen Christenverfolgung zum Herrschaftsbereich des Constantius Chlorus, des Vaters Konstantins des Großen. Weder auf ihn noch auf seinen Sohn durfte der Makel eines Martyriums fallen. Sehr viele Märtyrer werden es trotzdem nicht gewesen sein. Nur im östlichen Mittelmeerraum, in Rom und im Süden Frankreichs hatten die Christen einen so großen Anteil der Bevölkerung gewonnen, daß sie als Bedrohung des traditionellen Glaubens empfunden wurden. Hier arbeiteten Volkszorn und Obrigkeit Hand in Hand. In unseren nördlichen Gebieten wird man die Christen mehr als Kuriosum empfunden haben, das man meist mit Nichtachtung strafte.

Diese Überlegungen helfen bei der Einordnung der letzten und wichtigsten Inschrift für St. Ursula. Die Clematius-Inschrift, die am Ursprung der Legendenbildung steht, hat nämlich bereits eine Fülle von Diskussionen und Überlegungen ausgelöst. Sie ist seit 1886 an der heutigen Stelle in der Südwand des gotischen Chores der Kirche eingemauert. Vorher saß sie, wie Wilhelm Levison berichtet, der sich am eindringlichsten mit der Inschrift beschäftigt hat, ein wenig tiefer, den Stab des vorgeblendeten Maßwerkes unterbrechend, auch in das links benachbarte Feld reichend. Das wird nicht die erste Unterbringung gewesen sein. Aber offensichtlich hatte man beim Bau des gotischen Chores die genaue Stelle wahren wollen, die die Inschrift schon im romanischen Chor einnahm. Auch hier ist nicht ihre erste Verwendung zu sehen. Ein »monasterium beatarum virginum« wird erstmals 866 in der Bestätigung der Güterumschreibung Erzbischof Gunthars erwähnt. Es ist noch mit Kanonikern, noch nicht mit Stiftsdamen besetzt. Weiter zurück läßt sich die Existenz des Stiftes nicht verfolgen. Die Inschrift aber muß bereits einige Jahrzehnte vorher bekannt gewesen sein. In den verschiedenen Versionen des Martyrologium Hieronymianum werden die Kölner Jungfrauen nicht erwähnt. Erst Wandalbert von Prüm 848 und Usuard 875 nehmen sie in ihre

St. Ursula,
Clematius-Inschrift

DIVINISFLAMMEISVISIONIB·FREQVENTER
ADMONIT·ETVIRTVTISMAGNAEMAI
ESTATISMARTYRIICAELESTIVMVIRGIN
IMMINENTIVMEXPARTIB·ORIENTIS
EXSIBITVSPROVOTOCLEMATIVSVC DE
PROPRIOINLOCOSVOHANCBASILICAM
VOTOQVODDEBEBATAFVNDAMENTIS
RESTITVIT·SIQVISAVTEMSVPERTANTAM
MAIIESTAEMHVIIVSBASILICAEVBISANC
TAEVIRGINESPRONOMINE· XPI· SAN·
GVINEMSVMFVDERVNTCORPVSALIQVIVS
DEPOSVERITEXCEPTISVIRGINIBSCIATSE
SEMPITERNISTARTARIIGNIB·PVNIENDX

Heiligenkalender auf. Während der ersten Blüte Kölns nach oder unter Erzbischof Hildebold zu Beginn des 9. Jahrhunderts ist die Clematius-Inschrift mit ihrer Erwähnung jungfräulicher Märtyrerinnen bekannt geworden. Wenn sie damals als Fälschung entstanden sein sollte, was immer noch für möglich gehalten wird, ist den Kölnern eine wissenschaftlich glänzende Leistung gelungen, die mehr als Hochachtung abverlangt. Mir erscheint wahrscheinlicher, daß man die Inschrift im Mauerwerk des nur noch als Ruine erhaltenen Kirchenbaus entdeckte, den die Ausgrabungen während des Zweiten Weltkrieges nachgewiesen haben. Nach ihrer Entdeckung muß die Inschrift anscheinend einige Zeit im Fußboden der neuen Kirche eingelassen gewesen sein. Jüngste Untersuchungen haben gezeigt, daß die Buchstaben im unteren Teil in romanischer Zeit nachgearbeitet worden sind, um die abgelaufenen Stellen wieder besser lesbar zu machen.

ST. URSULA

Die Inschrift lautet:

»DIVINIS FLAMMEIS VISIONIB(us) FREQUENTER
ADMONIT(us) ET VIRTUTIS MAGNAE MAI-
ESTATIS MARTYRII CAELESTIUM VIRGIN(um)
IMMINENTIUM EX PARTIB(us) ORIENTIS
EXSIBITUS PRO VOTO CLEMATIUS V(ir) C(larissimus) DE
PROPRIO IN LOCO SUO HANC BASILICAM
VOTO QUOD DEBEBAT A FUNDAMENTIS
RESTITUIT SI QUIS AUTEM SUPER TANTAM
MAIIESTATEM HUIIUS BASILICAE UBI SANC-
TAE VIRGINES PRO NOMINE X̄R̄Ī SAN-
GUINEM SUUM FUDERUNT CORPUS ALICUIIUS
DEPOSUERIT EXCEPTIS VIRGINIB(us) SCIAT SE
SEMPITERNIS TARTARI IGNIB(us) PUNIENDUM«

Durch göttliche flammende Visionen mehrfach
ermahnt und durch die Tugend der großen Majestät des Martyriums der himmlischen Jungfrauen,
die erschienen, aus dem Osten des Reiches
herbeigeholt, (hat), gemäß Gelübde, Clematius, senatorischen Ranges, auf
eigene Kosten, auf seinem Boden, diese Basilika,
wie er es nach Gelübde schuldete, von den Grundmauern auf
erneuert. Wenn jemand aber gegen die so große
Majestät dieser Basilika, wo die heiligen Jungfrauen für den Namen Christi ihr Blut
vergossen haben, (hier) irgend jemandes Leichnam
bestattet, mit Ausnahme der Jungfrauen, so wisse er, daß er
mit ewigen Höllenfeuern bestraft wird.

Manche Teile der Inschrift lassen sich nicht eindeutig in Sinn klären und übersetzen. So
könnte die Bestattungsausnahme, die Clematius zuläßt, sich durchaus auf andere Jungfrauen
als die Märtyrerinnen beziehen. Man müßte dann übersetzen »mit Ausnahme von Jungfrauen« und könnte einen spätantiken Jungfrauenkonvent postulieren.

Aber diese und andere Überlegungen führen zu weit ab. Uns interessiert vordringlich der
romanische Bau. Er umfängt mit seinen Mauern den spätantiken Bau, den die Grabungen
nachgewiesen haben. P. A. Tholen hat einen dreischiffigen Bau aufgedeckt, dessen Westabschluß bei einer Länge von 22 m noch nicht erreicht war. Von 18 m Breite wurden 8,20 m für
das Mittelschiff und 9,20 für die Apsis in Anspruch genommen. Die unpublizierten Gra-
bungsergebnisse sind bis in die jüngste Zeit mehrfach diskutiert worden, ohne daß über die
Veränderungen des spätantiken Baus in den folgenden Jahrhunderten eine einheitliche Mei-

nung erreicht worden wäre. Hier setzt aber auch schon der Eifer der mittelalterlichen Archäologen eine Grenze. Sie haben besonders im 12. Jahrhundert den Boden in der Kirche so durchwühlt, daß sie ihren Kollegen im 20. Jahrhundert die Arbeit fast unmöglich gemacht haben. Erkennbar ist jedenfalls der nachträgliche Einbau eines Ambos, einer Kanzel, wie man sie auch unter dem Dom, in Trier oder in Boppard gefunden hat. Auf der Südseite sind Erweiterungsmaßnahmen sichtbar geworden. Der Ambo ist durch einen mächtigen Altar ersetzt worden und dieser schließlich durch ein aufwendiges Reliquiengehäuse. Es wird im Boden der Kirche nachgezeichnet. Das ist wohl die ottonische Wiederherstellung, der Vorgängerbau der romanischen Kirche. Der mächtige Mauerblock barg in seinem westlichen Teil fünf und im anschließenden östlichen Teil zweimal drei rechteckige Öffnungen. Elf insgesamt. Die Grundlage für die späteren Elftausend ist gelegt, wobei schon im 9. Jahrhundert Lesefehler und ständig neue Entdeckungen von Reliquien Hand in Hand arbeiteten.

Trotz des meist in das späte 4. Jahrhundert datierten ersten Baus sind wir für die Grundlage von Geschichte und Legende auf die Clematius-Inschrift angewiesen. Sie ergänzen sich gegenseitig. Eine Basilika dieser Größe ist vor den Toren der Stadt nur als Märtyrergedächtniskirche zu verstehen – wie das auch für St. Gereon und St. Severin gilt. Bei diesen beiden Bauten wissen wir über die Märtyrer nichts. Für St. Ursula berichtet Clematius, der durch Visionen gemahnt aus dem Osten des Reiches herbeieilte, daß er den Bau über den Gräbern der Märtyrerjungfrauen wiederhergestellt habe. Christliche Jungfrauen hat es bereits in der Spätantike gegeben. Es sind Fälle aus den Verfolgungen bekannt, bei denen solche Jungfrauen das Martyrium erlitten. Hier in Köln scheint sich ein weiterer Fall abgespielt zu haben. Ihre Namen kennen wir nicht. Die Legendenbildung, die im 10. Jahrhundert zu voller Blüte gedieh, nennt eine Fülle von Namen. Mancher mag, wie der der heiligen Ursula, auf Funde von Grabsteinen zurückgehen. Für einige Jahrzehnte stand die heilige Pinnosa im Vordergrund. Neben ihr werden Martha und Saula erwähnt. Aber seit man im 10. Jahrhundert die Reliquien der heiligen Pinnosa nach Essen abgab, steht die heilige Ursula an der Spitze der Heiligenschar.

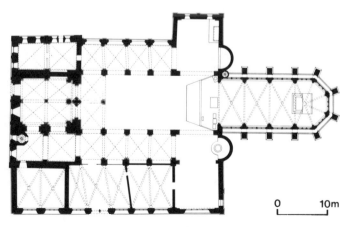

St. Ursula, Grundriß

ST. URSULA

Alles was wir bisher wissen, läßt darauf schließen, daß die Kirche über den Märtyrergräbern verfiel, ihre Geschichte in Vergessenheit geriet und erst mit der Wiederauffindung der Clematius-Inschrift zu Beginn des 9. Jahrhunderts ihre Verehrung neu einsetzte. Ein Märtyrerschicksal, das die Jungfrauen mit vielen anderen im Rheinland teilen, von Xanten bis Bonn. Ob der Ansatz kirchlichen Lebens, den das erste Wachstum der Legende und die Gunthar'sche Güterumschreibung bezeugen, im Normannensturm 881/82 unterging, ist fraglich. Bereits aus dem Jahre 911 wird eine Schenkung von Gütern in Boppard und Umgebung durch den Grafen und späteren König Konrad I. erwähnt. Waren es immer noch Kanoniker, die die Kirche der elftausend Jungfrauen betreuten?

Genaueres erfahren wir erst mit dem Jahre 922. Die Damen des Stiftes Gerresheim waren vor einem Überfall der Ungarn nach Köln geflüchtet. Gertrud Wegener hat die Übernahme von St. Ursula durch die Stiftsdamen aus Gerresheim gründlich untersucht. Der Ungarneinfall, bei dem die Damen gerade noch flüchten konnten, viele der Bauern getötet und die Gebäude des Stiftes geplündert und niedergebrannt wurden, scheint ins Jahr 919 zu fallen. Erst mit der Schlacht auf dem Lechfeld im Jahre 955 hat die ständige Bedrohung durch Plünderungszüge ein Ende gefunden. Mit dem Einzug der Stiftsdamen in St. Ursula, dicht vor den sicheren Mauern Kölns, machte Erzbischof Hermann I. (889–924) ein gutes Geschäft. Das Stift Gerresheim unterstand bisher nicht seiner Verfügungsgewalt, es war adelige Eigenkirche. Die im Moment wertlosen Güter übergaben die Stiftsdamen seiner Verfügungsgewalt und wurden in St. Ursula ansässig, die schon erzbischöfliche Eigenkirche war. Hier konnte der Erzbischof frei über die Besitztümer verfügen, wie sich am Beispiel von St. Aposteln zeigen läßt. Erzbischof Warin (976–984) schenkte 980 die damals noch unbedeutende Kirche mit ihren Einkünften dem Damenstift. Und schon zu Beginn des nächsten Jahrhunderts macht Erzbischof Pilgrim wieder ein selbständiges Kanonikerstift daraus.

Aber in den Anfängen hatten die Damen keinen Grund zu klagen. Erzbischof Hermann scheint auch baulich Kirche und Stiftsgebäude erneuert zu haben. Hierzu paßt der erwähnte große Altarblock mit den elf Öffnungen für Reliquien der Jungfrauen. Seine Nachfolger Wichfried (924–53) und Bruno (953–65) statteten das Stift zwar reich mit Gütern für den Unterhalt und mit Geschenken aus, aber von Baumaßnahmen wird nicht gesprochen. Das ist erst im Jahre 980 wieder der Fall. In diesem Jahr erhielt St. Ursula eine umfangreiche Schenkung Erzbischof Warins (976–85), bestimmt für die Beleuchtung der Kirche und die Reparatur der Dächer. Neben zahlreichen Gütern rings um Köln gehört auch die Kirche St. Aposteln zu dieser Schenkung. Einkünfte, die das Stift ja nicht lange genießen sollte. Aber die Reparatur der Dächer scheint die Bauprobleme für einige Zeit gelöst zu haben.

Die Entscheidung der ersten Kölner Äbtissin des Stiftes Lantswind, von Gerresheim nach Köln in die Hut des Kölner Erzbischofs zu ziehen, hatte sich als richtig erwiesen. Die Kanoniker, die zuvor hier ihren Dienst versahen, werden ihre Arbeit weiter getan haben. Im Gottesdienstleben des Stiftes bedurfte man ihrer Hilfe. In den ersten Jahrhunderten waren 40 Präbenden, Pfründen, für Kanonissen vorgesehen. Ihre Zahl nahm im 13. Jahrhundert rasch ab. Die Einkünfte, die bis dahin für das standesgemäße Leben von 40 adligen Damen

St. Ursula, Ausschnitt
aus dem Holzschnitt
von Anton Woensam
1531

ausgereicht hatten, verloren an Wert. Bald sind es neben der Äbtissin nur noch fünf Stiftsdamen, von denen wir hören. In solchen trockenen Zahlen zeichnet sich die wirtschaftliche Revolution des Mittelalters ab. Der Reichtum hat sich vom Land und der Landwirtschaft, von deren Erträgen das Stift lebte, in die Stadt und in die städtischen Wirtschaftsformen verlagert. Die allgemeine Erhöhung des Lebensstandards ist erstaunlich, verringert aber die wirtschaftliche Kraft der Stifte. Doch das kann zu einem guten Teil durch die Stiftungen der reich werdenden Bürger ausgeglichen werden.

Besonders reichlich werden sie seit 1106 geflossen sein. Beim Bau der neuen Verteidigungsanlagen, Wall und Graben, gegen Kaiser Heinrich V., wurden die ersten neuen Reli-

269

ST. URSULA

St. Ursula, der neue Helm. Kupferstich, 1682

quien gefunden. Trotz des Widerspruchs der Stiftsdamen gelangen die ersten Funde in den Besitz des Stiftes St. Kunibert. Eine Vision weist sie zum Trost auf einen anderen Sarkophag hin. Eine andere Vision klärt, warum man nun im römischen Gräberfeld auch die Gebeine von Männern und Kindern neben den elftausend Jungfrauen entdeckt, von denen die Legende bisher nur wußte. Bischöfe, Erzbischöfe, Könige, Prinzen, Ritter, ein Papst Cyriakus und andere Personen werden so gefunden. Die Legende von der englischen Prinzessin Ursula, ihrem Bräutigam Aetherius, der Fahrt nach Rom und der Rückkehr nach Köln mit Papst Cyriakus zum Martyrium durch die Hunnen wird nun ausgestaltet und abgeschlossen.

Der heilige Norbert, Gründer des Prämonstratenserordens, der uns schon bei Grabungen in St. Gereon begegnete, tritt auch hier als christlicher Archäologe auf. Eine nächtliche Vision gibt ihm den erfolgreichen Hinweis für seine Grabungen. Aber eine der ganz großen Grabungskampagnen spielt sich zwischen 1155 und 1164 ab. Unter den Äbten Gerlach und

Hartbern des Benediktinerklosters Deutz werden zahlreiche Gebeine erhoben und nach Deutz gebracht. Hier versieht man sie mit Tituli, Grabschriften, die möglichst ihren Namen und einen Hinweis auf ihre Tätigkeit verzeichnen. Als sehr fromm kann man diese Fälschungen, die der Deutzer Küster Theoderich verzeichnet, schon nicht mehr bezeichnen. Aber Reliquien verlangten nach Namen, nach persönlicher Geschichte. Und die Benediktinerin Elisabeth von Schönau hat manche zusätzliche Nachricht in ihren Visionen erhalten. Zahlreich sind auch aus den nächsten Jahrhunderten die Berichte über Reliquienfunde. Caesarius von Heisterbach berichtet sogar von einem Arbeiter Ulrich, der sich gewohnheitsmäßig mit Grabungen nach Reliquien beschäftigt, der erste hauptberufliche Archäologe Kölns. Teils beschränkte man sich beim Reichtum, den der Boden des ager Ursulanus barg, nur noch auf die Häupter der Heiligen. Zu Hunderten sind sie exportiert worden, und hölzerne Reliquienbüsten, in denen man die Schädel unterbrachte, sind seit dem späten 13. Jahrhundert in Fülle in Köln produziert worden. Bis in den Barock hinein kann man den Wandel der Formen in der Goldenen Kammer in St. Ursula (Farbt. 25) selbst verfolgen.

Im Gefolge der reichen Funde und dann wohl auch Spenden scheint der Gedanke an einen Neubau der Kirche entstanden zu sein. Die einzige Nachricht, die auf Bauarbeiten hinweisen kann, ist die Notiz der Weihe eines Altars zu Ehren der heiligen Cordula im Südflügel des Westbaus im Jahre 1135. Auf Grund dieser Nachricht und der Formen des Baus datiert man die noch gut erkennbare Emporenbasilika in das zweite Viertel des 12. Jahrhunderts. Fast zur selben Zeit entsteht, etwas kleiner und bescheidener, St. Mauritius. Mit diesen Bauten beginnt das große Jahrhundert kölnischer Kirchenbaukunst. Mauritius, im 19. Jahrhundert wegen Baufälligkeit, die großzügigen Neubauplänen sehr entgegenkam, abgerissen, bietet einen ähnlichen Grundriß, verzichtet allerdings auf Emporen und Langchor. Aber für das Benediktinerinnenkloster hat der Stifter, der Kölner Bürger Hermann, einen ähnlichen Westbau wie für St. Ursula errichten lassen. Auch dort verlängerte eine Bühne den nach Osten geöffneten Turmraum ins Schiff hinein.

Auch dort traten die östlichen Flügelbauten nicht, wie heute in St. Ursula, als Querhäuser in Erscheinung. Das ist, nachdem die gotischen Gewölbe des 14. Jahrhunderts im Zweiten Weltkrieg untergegangen sind, die einschneidendste Änderung des Raumbildes. Im Laufe der Veränderungen des 17. Jahrhunderts hat man hier die durchlaufenden Emporen im Bereich der Flügelbauten ausgebrochen und so die heutigen Querhäuser freigelegt. Das südliche ist dabei auch noch auf die Tiefe des inzwischen angefügten Seitenschiffes verlängert worden und erhielt sein gotisierendes Fenster. Der ursprüngliche Zustand war ein schmaler, hoher langgestreckter Raum, dem die Emporen eine reiche Wandgliederung gaben. Die Flügelbauten waren vom Schiff aus nicht zu erkennen. Die Längsrichtung des Baus war durch den romanischen Langchor fortgesetzt, der fast die Länge des gotischen erreichte.

Dieser fehlte an St. Mauritius, wie auch die Emporen und die flache Decke. Das ist das große Wagnis in St. Mauritius. In St. Mauritius hat man erstmals in Köln die Einwölbung eines Schiffs durchgeführt. St. Ursula ist als Emporenbasilika zum Vorbild für eine große Zahl von Pfarrkirchen geworden. In Köln ist dafür St. Maria Lyskirchen als Beispiel erhalten. Am Mittelrhein und Niederrhein begegnet man ihnen immer wieder.

ST. URSULA

Mit dem Bau der Kirche und der westlich vorgelagerten Stiftsgebäude waren offensichtlich erst einmal die finanziellen Mittel erschöpft. Aber die Ausstattung der Architektur konnte sich sehen lassen. Am Obergaden der Nordseite des Schiffs ist außer der alten Gliederung mit Rundbogenfries, den jeweils neben den Fenstern Säulen und dazwischen ein Pilaster tragen, noch der ursprüngliche Reichtum erhalten. Im Farbwechsel des Materials, Kalksinter für die Säulen und roter Sandstein für die Pilaster, setzt sich die Schmuckfreude fort. Dagegen sind die Fächerfenster des Seitenschiffes eine Erfindung der Restaurierungen des späten 19. Jahrhunderts. Für einige Jahrzehnte konnte man die Westempore noch nicht in Benutzung nehmen. Erst aus der Zeit um 1230 ist die Dotierung des Altars überliefert, damit der Turm zumindest fast vollendet. Dieser Zeit entsprechen auch seine Bauformen. Gründliche Erneuerungsarbeiten in der Mitte des 15. Jahrhunderts kennen wir aus den Urkunden, die geradezu von einem Neubau sprechen. Danach trug der Turm einen spätgotischen hohen Knickhelm, wie man ihn auf den Darstellungen des 16. Jahrhunderts wiedergegeben findet. Erst einem Blitzschlag am 9. März 1680 verdanken wir die heutige barocke Turmhaube, deren Krone als Abschluß die königliche englische Herkunft der heiligen Ursula in Erinnerung ruft. Bevor wir uns dem Chor zuwenden, seien noch zwei wesentliche Änderungen am Westbau nachgetragen, die erst im 19. Jahrhundert durchgeführt wurden. Außen hat man nach Abbruch des westlich vorgelagerten Kreuzganges bei der Restaurierung Ende des 19. Jahrhunderts die Schildbögen des Kreuzgangs an der Westfassade markiert. Das alte Foto dokumentiert diesen Zustand, den man nach den Zerstörungen des Zweiten Weltkrieges nicht erneuert hat. Innen hat man im Laufe dieser durchgreifenden Arbeiten im 19. Jahrhundert den weiten Bogen, der den Turm nach Osten öffnet, mit einer Bogenbrücke im Emporenbereich und zusätzlichen Granitsäulen im Untergeschoß verstärkt. Der Charakter der Stiftsempore mit ihrem Äbtissinnensitz in der Westwand des Turms ist damit verloren.

So wie Reste eines Plattenfrieses mit fein polierten Kalksinterplatten aus den römischen Wasserleitungen in der Empore noch an die Bauarbeiten des frühen 13. Jahrhunderts erinnern, so finden sich andere Reste im südlichen Seitenschiff. Hier hängen noch zehn Schieferplatten mit Resten von Malerei. Sie zeigen im Stil der Mitte des 13. Jahrhunderts die Gestalten von zehn Aposteln. Einige der Platten sind zu Beginn des 19. Jahrhunderts übermalt worden. Aber schon ein Blick auf die gebrochenen Linien der Gewandfalten zeigt, daß die Malereien erst nach dem Datum entstanden sein können, das die Rückseite der Philippusplatte nennt. Hier ist vermerkt, daß Bischof Walter von Carlisle, der auch in St. Aposteln weihend tätig war, am 14. Mai 1224 den Kreuzaltar weihte. Er wird vor den Chorschranken gestanden haben, zu denen unsere Platten gehörten. Aber auch die Inschrift scheint erst später angebracht worden zu sein. Zumindest kam Bischof Walter von Carlisle erst im Februar 1225 nach Köln. Zwei Apostelplatten fehlen, vielleicht auch eine dritte mit der Darstellung Christi, und eine genauere Vorstellung von der spätromanischen Anlage können wir auch nicht mehr gewinnen.

In den Jahren 1247 und 1267 reisen Dominikanerpatres mit Reliquien des Stiftes St. Ursula ins Bistum Paderborn, um dort, mit Ablaßbriefen versehen, Spenden für das Stift zu sam-

St. Ursula, Foto um 1890

meln. Die Aufgabe, von der dabei gesprochen wird, könnte der Bau des gotischen Chores gewesen sein. Ende des 13. Jahrhunderts noch wird er vollendet. Vielleicht haben sich aber auch hier die Bauarbeiten länger hingezogen. Noch 1338 wird für das ewige Licht gestiftet, und erst 1379 wird bestimmt, daß Kanoniker und Stiftsdamen an den Festen der Heiligen Barbara und Katharina im neuen Chor singen sollen.

Offensichtlich bewußt hat man elf Fenster zum neuen Chor zusammengestellt (Abb. 71). Sie prägen als gläserner Schrein das Erscheinungsbild. Der in Bronze gegossene moderne Firstkamm mit seinen zwei Knäufen, den Karl Matthäus Winter entwarf, betont den Schreincharakter. Die schlichten Grundformen erinnern an die etwas ältere Minoritenkirche. Auch dort reichen zwei Etagen für die Gliederung des Baus. Den Laufgang in Höhe der Fenstersohlbank, dessen Öffnungen durch die Strebepfeiler führen, finden wir dort ebenfalls, aber auch an der Elisabethkirche in Marburg. Innen sind die Stäbe des Fenstermaßwerkes und die Dienstbündel der Rippen bis zum Sockel durchgezogen. Die Kapitellzone ist bereits reduziert, auf Schlußsteine hat man verzichtet. Mittelpunkt des gotischen Chores ist der gotische Hochaltar, den man unter der barocken Überbauung im 19. Jahrhundert wiederentdeckte. Die elf Figürchen des Retabels sind allerdings Erneuerungen des Bildhauers Alexander Iven Ende des 19. Jahrhunderts.

Im Anschluß an die Vollendung des Chores wurden Gewölbe im Mittelschiff eingezogen. Hiervon sind nach den Zerstörungen im Zweiten Weltkrieg nur noch die reizvollen Konsolen zu sehen. Sicher ein Verlust, den die Holzdecke im Geschmack der fünfziger Jahre nicht ersetzen kann. Aber dafür ist die Obergadengliederung des romanischen Baus wieder freige-

ST. URSULA

St. Ursula, 1948

legt. Zusätzlich wurde die Kirche mit einem südlichen Seitenschiff erweitert. Was heute unter einem durchgehenden Dachstuhl vereint ist, ist allerdings erst im Laufe von Jahrhunderten gewachsen. Erst Ende des 15. Jahrhunderts hat das südliche Marienschiff durch die Stiftungen der Bürgermeisterfamilie Hirtze seine endgültige Gestalt erhalten. Ein weites offenes, viertes Schiff schloß sich auf der Südseite an. Hier hat man nach dem Kriege gesündigt und einen Raum für die Sakristei abgetrennt. Damit ist die Weite des Raumes verloren, die auch noch das südliche Querhaus mit einbezog.

Für diesen Raum stiftete um 1465 Johann vom Hirtze den berühmten *Altar mit Szenen des Marienlebens*, ein Triptychon, dessen Teile sich heute, bis auf eine Tafel in London, in der Alten Pinakothek in München befinden. Nach diesem Prunkstück der spätgotischen Kölner Malerschule hat der ›Meister des Marienlebens‹ seinen Namen erhalten – auch wenn heute angenommen wird, daß er diesen Großauftrag nicht allein mit seiner Werkstatt ausgeführt hat. Johann vom Hirtze, der in Köln studierte, mehrfach Bürgermeister war, Mitglied eines Ritterordens wurde und auf den Titel ›ritter‹ durchaus auch Wert legte, ist ein typisches Beispiel für Frömmigkeit, Repräsentationsbedürfnis und Stifterfreude dieser Zeit. Auch zu den Baukosten hat er wesentlich beigetragen. Sein Wappen erscheint neben seinem Porträt im Altar ebenso wie auf einem der Schlußsteine des Seitenschiffes. 1812 erwarben die Gebrüder Boisserée die Bilder aus dem Besitz der Kirche für 36 Louisdor. Auf dem Tauschwege gelangte die *Darstellung Christi im Tempel* nach London und die anderen schließlich 1827 durch den Ankauf durch König Ludwig I. von Bayern nach München. Das ist nur ein Beispiel unter vielen dafür, wie in Armut und Unkenntnis die Kölner Kirchen ihrer Schätze zu Beginn des 19. Jahrhunderts beraubt wurden.

Wenden wir uns lieber wieder einem Stifter zu, dessen Gaben der Kirche erhalten blieben. Es ist der kaiserliche Gesandte für die Friedensverhandlungen in Osnabrück, die schließlich zum Friedensschluß des Jahres 1648 zusammengefaßt wurden. Schon 1642, als kaiserlicher Gesandter in Köln, hatte der Herr Reichshofrat die Ausstattung des nördlichen Querhauses als Nikolauskapelle finanziert. Seit 1643 in Osnabrück eingesetzt, blieb er der Verehrung der Heiligen Ursula treu. Auch von der Ausstattung der Nikolauskapelle sind keine Spuren erhalten. Weder die Sterngewölbe noch die Veränderung der Apsis sind geblieben. Restaurierung des 19. Jahrhunderts und Zerstörungen des Zweiten Weltkrieges haben aufgeräumt. Erhalten blieb dagegen und gerade restauriert ist die *Goldene Kammer* (Farbt. 25). Diese Fortsetzung des südlichen Marienschiffs nach Westen, in Anlehnung an den Westbau als tresorartig abgesicherte Kammer, ist eines der eindringlichsten Beispiele barocker Reliquienverehrung. Das entspricht auch der Schilderung, die der Venezianer Contarini von unserem kaiserlichen Gesandten hinterlassen hat. Er bezeichnet ihn als in jeder Hinsicht mittelmäßig, hebt aber seine außergewöhnliche Frömmigkeit hervor. Venezianische Relationen, für die Lektüre des Rates in der Heimat bestimmt, sind selten höflich. Johann von Crane und seine Ehefrau Maria Verena haben sich aber hier ein Denkmal gesetzt, das man nicht mehr vergißt, wenn man es einmal gesehen hat. Die alte, schwere Eisentür, die vielleicht schon dem im 16. Jahrhundert erwähnten Vorgänger der Goldenen Kammer diente, verbirgt heute einen moderneren Nachfolger. Dann tritt man nicht mehr vor eine Reliquie, man geht mitten in das Reliquiar hinein, steht inmitten der Heiligen. Dekorativ, teils in Schriftform, sind Skeletteile hoch oben an den Wänden angeordnet. In barock rankendem Gehäuse schimmern Schädel hinter altem Glas, in kleinen Nischen darunter steht eine Sammlung von hölzernen Reliquiaren vom späten 13. bis ins 18. Jahrhundert. Ein Altar geht in diesem Schimmer fast unter. Es ist ein Ende und Höhepunkt von Reliquienverehrung, in dem man hier steht.

Johann von Crane und seine Gemahlin sind auch später noch häufig in kaiserlichem Auftrag unterwegs. Wohl auf dem Wege zum Deputationstag in Regensburg, wo er 1663 auch der Eröffnung des ewigen Reichstages beiwohnt, stiftet er im Jahre 1659 eine neue Hülle für das Grabdenkmal der heiligen Ursula. Der Legende nach hatte während einer Messe in der Kirche eine weiße Taube dem heiligen Kunibert den Ort des Ursulagrabes gewiesen. Dort hatte man ein Denkmal in Sarkophagform im 14. Jahrhundert errichtet. Dieses wurde nun mit schwarzem Marmor umgeben – durch die Öffnungen bleibt das gotische Denkmal sichtbar –, und obenauf liegt in hellem Marmor die Heilige mit der Taube zu ihren Füßen (Abb. 73).

Neben diesen für Köln ja seltenen Zeugen des Barocks besitzt St. Ursula noch eine Fülle von Kunstwerken vom Mittelalter bis in die Gegenwart. Einen erstaunlichen Schatz von

ST. URSULA

Kostbarkeiten verwahrt die Schatzkammer im Nordwesten der Vorhalle im Westbau. Der Reichtum an Reliquienbüsten, den man schon in der Goldenen Kammer bestaunt, setzt sich in der Kirche fort. Der *Ursula-Schrein* hinter dem Hauptaltar ist zwar bis auf wenige mittelalterliche Teile eine Arbeit Gabriel Hermelings aus dem späten 19. Jahrhundert, aber dafür ist der *Aetherius-Schrein,* um 1170, in der Goldenen Kammer mit seinen gerundeten Dachformen ein bemerkenswerter Einzelgänger unter den Schreinen des Rhein-Maas-Gebietes, reich an hervorragenden Emails. Spätromanisch ist auch der *Sarkophag der heiligen Viventia.* Die Tochter Pipins und Schwester der Heiligen Gertrud von Nivelles hatte man in St. Ursula zu begraben versucht. Das widersprach den Vorschriften der Clematius-Inschrift, und so fand man jeden Morgen den Sarkophag wieder über der Erde vor. Als Kompromiß steht er nun auf zierlichen Säulchen. Am nordwestlichen Vierungspfeiler findet sich eine reizvolle *Muttergottes* aus Kalkstein, aus den Jahren um 1330. Um 1456 entstanden die *Tafeln mit der Darstellung der Legende der heiligen Ursula.* Es ist der umfangreichste Zyklus, den wir kennen. Mit 31 Bildern auf den 19 Tafeln wird die Legende in der Fassung erzählt, die sie im hohen Mittelalter empfangen hat: vom Gebet der Eltern um Nachkommenschaft über Geburt, Taufe, Weihe der Jungfrau, Werbung der Gesandtschaft für Aetherius, Bau der Schiffe und Übungsfahrten, Abschied von den Eltern, Ankunft in Tiel, ersten Besuch in Köln mit einem interessanten Blick auf Deutz, Weiterfahrt nach Basel, Rom, Rückkehr nach Basel, nach Mainz mit der Taufe des Aetherius, die Fahrt nach Köln und schließlich das Martyrium unter den Pfeilen der Hunnen endet bis zum Tod der heiligen Ursula und ihres Bräutigams Aetherius vor den Mauern Kölns. Das belagerte Köln wird daraufhin durch eine Engelerscheinung von den Hunnen befreit. Man spürt in manchem das Vorbild Stefan Lochners, aber es kann keine Rede davon sein, daß hier seine Höhe der Kunst erreicht würde. Der Legendenbericht steht im Vordergrund.

Wenig später, um 1460, entstand die *Skulptur der heiligen Ursula als Schutzmantelheilige* in der kleinen nördlichen Apsis. Sie könnte aus der Werkstatt Tilmans van der Burch stammen. In der südlichen Nebenapsis – beide sind erst im 19. Jahrhundert über den alten Fundamenten erneuert worden – hat man einen *Kruzifixus* etwa derselben Zeit mit den jüngeren Skulpturen, um 1500, von Johannes und Maria verbunden. Beide standen vor dem Krieg hoch oben am Eingang zum Chor.

Gelungen ist auch die moderne Ausstattung mit den Arbeiten Karl Winters, dem Tabernakel von Hanns Rheindorf, den Bronzetüren Theo Heiermanns.

Literatur

Die wesentliche Literatur zu den romanischen Kirchen Kölns ist im Laufe der vergangenen Jahre immer wieder zusammengestellt worden: die Kunstdenkmäler der Rheinprovinz, die Paul Clemen initiierte, die drei Bände von H. E. Kubach und A. Verbeek zur romanischen Baukunst an Rhein und Maas und schließlich die von H. Kier und U. Krings herausgegebenen Bände, die aus Anlaß des Jahres der romanischen Kirchen in Köln erschienen sind. Zu diesen Bänden wird man ohnehin immer wieder greifen müssen. Die nachfolgende Auswahl kann nur ein erster Blick in das weite Forschungsgebiet der romanischen Kirchen Kölns sein, auf dem immer noch Neues zu finden ist.

Die Kunstdenkmäler der Rheinprovinz, hg. von Paul Clemen. Bd. VI und Bd. VII in je vier Abteilungen. Düsseldorf 1906–38

Kubach, Hans Erich, und Albert Verbeek: *Romanische Baukunst an Rhein und Maas*. 3 Bde. Berlin 1976

Kier, Hiltrud, und Ulrich Krings (Hg.): *Köln. Die romanischen Kirchen*. 3 Bde. Köln 1984

Bandmann, Günter: *Mittelalterliche Architektur als Bedeutungsträger*. Berlin 1951

Bandmann, Günter: ›Die vorgotische Kirche als Himmelsstadt‹, in: *Frühmittelalterliche Studien*, Bd. 6. Berlin 1972, S. 67–93

Binding, Günther, u. a.: ›Das spätrömische Atrium und mittelalterliche Stift von St. Gereon in Köln‹, in: *Kölner Jahrbuch für Vor- und Frühgeschichte* 13 (1972/73), 140–171

Binding, Günther: *St. Pantaleon zu Köln*. Jahrbuch des Kölnischen Geschichtsvereins 48 (1977), 265–78

Binding, Günther, und Norbert Nussbaum: *Der mittelalterliche Baubetrieb nördlich der Alpen in zeitgenössischen Darstellungen*. Darmstadt 1978

Binding, Günther, u. Barbara Kahle: *2000 Jahre Baukunst in Köln*. Köln 1983

Binding, Günther: ›Baumeister und Handwerker im Baubetrieb‹, in : *Katalog Ornamenta Ecclesiae*, Bd. 1, Köln 1985, S. 171–186

Bony, Jean: *French Gothic Architecture of the 12th and 13th Centuries*. Berkeley 1983

Borger, Hugo: *Die Abbilder des Himmels in Köln*. Bd. 1. Köln 1979

Borger, Hugo, und Frank Günter Zehnder: *Köln. Die Stadt als Kunstwerk. Stadtansichten vom 15. bis 20. Jh*. Köln 1982

Brinken, Anna Dorothee von den: *Die Totenbücher der stadtkölnischen Stifte, Klöster und Pfarreien*. Jahrbuch des Kölnischen Geschichtsvereins 42 (1968), 137–75

Büttner, Richard: *Die Säkularisation der Kölner Geistlichen Institutionen*. Köln 1971

Clemen, Paul: *Die romanische Monumentalmalerei in den Rheinlanden*. Düsseldorf 1916

Deckers, Johannes: *St. Gereon in Köln. Ausgrabungen 1978/79*. Jahrbuch für Antike und Christentum 25 (1982), 102–31

Esser, Karl-Heinz: ›Zur Baugeschichte der Kirche Groß St. Martin in Köln‹, in: Wilhelm Neuss (Hg.), *Rheinische Kirchen im Wiederaufbau*. Mönchen-Gladbach 1951, S. 77–80

Ewig, Eugen: *Das Bistum Köln im Frühmittelalter*. Annalen des Historischen Vereins für den Niederrhein 155/56 (1954), 205–43

LITERATUR

Ewig, Eugen: *Frühes Mittelalter. Rheinische Geschichte*. Bd. 1, 2. Düsseldorf 1980

Freise, Eckhard: ›Roger von Helmarshausen in seiner monastischen Umwelt‹, in: *Frühmittelalterliche Studien* 15 (1981), 180–287

Führer zu vor- und frühgeschichtlichen Denkmälern. Bd. 37–39. Mainz 1980

Fußbroich, Helmut: *Die Ausgrabungen in St. Pantaleon zu Köln*. Mainz 1983

Fußbroich, Helmut: ›St. Pantaleon‹, in: H. Kier u. U. Krings, Bd. 1, S. 447–473

Gelenius, Aegidius: *De admiranda, sacra, et civili magnitudine Coloniae*... Köln 1645

Goettert, Klaus: *Zur Stadtbaukunst in Köln:* Düsseldorf 1960

Graf, Mechthild: *Der Ostchorbau der Stiftskirche St. Kunibert zu Köln*. Diss. Köln, Düsseldorf 1984

Greven, Joseph: ›Die Kölnfahrt Bernhards von Clairvaux‹, in: *Annalen des Historischen Vereins für den Niederrhein* 120 (1932), 1–48

Groten, Manfred: *Die Kölner Richerzeche im 12. Jahrhundert*. Rheinische Vierteljahresblätter 48 (1984), 34–85

Hlawitschka, Eduard: ›Zu den klösterlichen Anfängen von St. Maria im Kapitol‹, in: *Rheinische Vierteljahresblätter* 31 (1966/67), 1–16

Hellenkemper, Hansgerd: ›Köln – Ausgrabungen im Albansviertel‹, in: *Katalog: Das neue Bild der alten Welt*. Köln 1975, S. 266–68

Hirner, Roswitha: *Der Makkabäerschrein in St. Andreas zu Köln*. Diss. Bonn 1970

Herzog, Erich: *Die ottonische Stadt*. Berlin 1964

Johag, Helga: *Die Beziehungen zwischen Klerus und Bürgerschaft in Köln zwischen 1250 und 1350*. Bonn 1977

Kahle, Barbara u. Ulrich: ›St. Andreas‹, in: H. Kier u. U. Krings, Bd. 1, S. 154–182

Katalog: *Die Sammlungen des Baron von Hüpsch. Ein Kölner Kunstkabinett um 1800*. Köln 1964

Katalog: *Monumenta Annonis. Köln und Siegburg. Weltbild und Kunst im Hohen Mittelalter*. Köln 1975

Kern, Hermann: *Labyrinthe. Erscheinungsformen und Deutungen*. München 1982

Kier, Hiltrud: *Der mittelalterliche Schmuckfußboden unter besonderer Berücksichtigung des Rheinlandes*. Düsseldorf 1970

Kier, Hiltrud: ›Das Labyrinth von St. Severin‹, in: *Beiträge zur rheinischen Kunstgeschichte und Denkmalpflege*. Düsseldorf 1970, S. 123–128

Kier, Hiltrud: *Die großen romanischen Kirchen*. Köln 1983

Kirchen in Trümmern. Zwölf Vorträge zum Thema ›Was wird aus den Kölner Kirchen?‹. Köln 1948

Krings, Ulrich: ›Köln, St. Maria im Kapitol‹, in: *Deutsche Kunst und Denkmalpflege*, 1980, S. 25–40

Krings, Ulrich: *Der Wiederaufbau der Kirche St. Maria im Kapitol zu Köln*. Rheinische Heimatpflege 20 (1983), 97–107

Krings, Ulrich: ›St. Cäcilien‹, in: H. Kier u. U. Krings, Bd. 1, S. 235–255

Krings, Ulrich: ›St. Maria im Kapitol‹, in: H. Kier u. U. Krings, Bd. 1, S. 345–380

Kubach, Hans-Erich: *Rheinische Baukunst der Stauferzeit. Das Triforium und seine Parallelen in Frankreich*. Köln 1934

Künstler, Karen: ›St. Ursula‹, in: H. Kier u. U. Krings, Bd. 1, S. 518–545

Lauer, Rolf: ›Groß St. Martin‹, in: H. Kier u. U. Krings, Bd. 1, S. 410–446

Levison, Wilhelm: *Aus rheinischer und fränkischer Frühzeit*. Düsseldorf 1948

Lewald, Ursula: *Die Ezzonen. Das Schicksal eines rheinischen Fürstengeschlechtes*. Rheinische Vierteljahresblätter 43 (1979), 120–168

Machat, Christoph: ›St. Kunibert‹, in: H. Kier u. U. Krings, Bd. 1, S. 306–330

Masser, Achim: *Die Bezeichnungen für das christliche Gotteshaus in der deutschen Sprache des Mittelalters*. Berlin 1966

Mainzer, Udo: *Stadttore im Rheinland*. Köln 1973

Mann, Albrecht: *Kölns ottonische Kirchen*. Jahrbuch des Kölnischen Geschichtsvereins 29/30 (1957), 99–130

Meyer-Barkhauses, Werner: *Das große Jahrhundert kölnischer Kirchenbaukunst 1150–1250*. Köln 1952

Michel, Nicolaus: *Das alte freiherrliche Stift St. Caecilien in Köln*. Saarlouis 1914

Müller, Heribert: *Studien zu Erzbischof Everger von Köln (985–999)*. Jahrbuch des Kölnischen Geschichtsvereins 49 (1978), 1–18

Müller, Heribert: *Heribert, Kanzler Ottos III. und Erzbischof von Köln*. Köln 1977

Neu, Stefan: ›St. Maria im Kapitol. Die Ausgrabungen‹, in: H. Kier u. U. Krings, Bd. 1, S. 331–344

Oediger, Friedrich Wilhelm: *Geschichte des Erzbistums Köln*. Köln ²1972

Osten, Gert von der: *Hans Baldung Grien. Gemälde und Dokumente*. Berlin 1983

Paas, Th.: *Die Pfarre St. Maria Lyskirchen in Köln*. Köln 1932

Peters, Wolfgang: *Die Gründung des Benediktinerinnenklosters St. Mauritius*. Jahrbuch des Kölnischen Geschichtsvereins 54 (1983), 135–66

Rahtgens, Hugo: *Die Kirche St. Maria im Kapitol zu Köln*. Düsseldorf 1913

Rode, Herbert: *Kunstführer Köln. Führer zum alten und neuen Köln*. Köln 1966.

Rosenwick, Bruno: *Die Säkularisation von Benediktinerklöstern in der alten Erzdiözese Köln*. Diss. Bonn 1980

Royer, Katharina: *Verfassungsgeschichte des Stiftes St. Aposteln in Köln*. Diss. Bonn 1921

Scheuffelen, Gertrud Maria: *Die Glasfenster der Kirche St. Kunibert in Köln*. Diss. München 1951

Schmidt-Bleibtreu, Wilhelm: *Das Stift St. Severin in Köln*. Siegburg 1982

Schorn, Wilhelm, und Albert Verbeek: *Die Kirche St. Georg in Köln*. Berlin 1940

Spiegel, Elisabeth Maria: ›St. Cäcilien. Die Ausgrabungen. Ein Beitrag zur Baugeschichte‹, in: H. Kier u. U. Krings, Bd. 1, S. 209–234

Steuer, Heiko: *Die Franken in Köln*. Köln 1980

Stracke, Gottfried: ›St. Aposteln. Von den Anfängen bis zum spätstaufischen Ausbau um 1200‹, in: H. Kier u. U. Krings, Bd. 1, S. 183–193

Strait, Paul: *Cologne in the 12th Century*. Gainesville 1974

Strange, Joseph (Hg.): *Caesarius von Heisterbach: Dialogus miraculorum*. Köln 1851

Tholen, Peter Anton: *Neue baugeschichtliche Ergebnisse in den frühen Kirchen Kölns*. Wallraf-Richartz-Jahrbuch 12/13 (1943), 7–30

Untermann, Matthias: *Die ottonischen Skulpturenfragmente von St. Pantaleon*. Jahrbuch des Kölnischen Geschichtsvereins 48 (1977), 279 bis 90

Vogts, Hans: *Köln im Spiegel seiner Kunst*. Köln 1950

Vogts, Hans: *Die Kölner Patriziergeschlechter des Mittelalters als Bauherren und Förderer der Kunst*. Annalen des Historischen Vereins für den Niederrhein. 155/156 (1954), 501–25

Wegener, Gertrud: *Geschichte des Stiftes St. Ursula*. Köln 1971

Wesenberg, Rudolf: *Frühe mittelalterliche Bildwerke. Die Schulen rheinischer Skulptur und ihre Ausstrahlung*. Düsseldorf 1972

Wesenberg, Rudolf: ›Das Herimannkreuz‹, in: *Katalog Rhein und Maas*. Bd. 2. Köln 1973, S. 167–76

Westfehling, Uwe: ›St. Maria Lyskirchen‹, in: H. Kier u. U. Krings, Bd. 1, S. 392–409

Wiedenau, Anita: *Romanischer Wohnbau im Rheinland*. Köln 1979

Wiedenau, Anita: *Form, Funktion und Bedeutung romanischer Wohnhäuser in Köln und im Rheinland*. Wallraf-Richartz-Jahrbuch 41 (1980), 7–26

Wolff, Gerta: *Das Römisch-Germanische Köln*. Köln ²1984

Wolff, Gerta: ›St. Severin‹, in: H. Kier u. U. Krings, Bd. 1, S. 474–517

Woodman, Francis: *The Architectural History of Canterbury Cathedral*. London 1981

Zimmermann, Walther: ›Neue Beobachtungen zur Baugeschichte von Groß St. Martin‹. in: W. Zimmermann (Hrsg.): *Untersuchungen zur frühen Kölner Stadt-, Kunst- und Kirchengeschichte*. Essen 1950, S. 107–40

Nachweis der Abbildungen

Die Farbtafeln 6, 13, 24 und 33 sind Aufnahmen von Rudolf Barten, Köln. Alle übrigen Farbtafeln, auch die drei Umschlagbilder, sowie sämtliche Schwarzweißabbildungen im Kunstdruckteil des Buches stammen von Wolfgang F. Meier, Köln

Abbildungen im Text
(Die Ziffern bezeichnen die Seitenzahl)

Paul Clemen, *Die romanische Monumentalmalerei in den Rheinlanden* 21, 121, 161, 164, 203, 204, 205 (mit freundlicher Genehmigung des Verlages Schwann-Bagel, Düsseldorf)
Paul Clemen, *Kunstdenkmäler der Rheinprovinz* 171 links, 215, 250
Katalog der Sammlungen des Baron von Hüpsch 13
Katalog Monumenta Annonis 79
Kölnisches Stadtmuseum 10, 17, 25, 27, 28, 30, 52, 53, 55, 57, 58, 61, 65, 66, 69, 70, 73, 77, 78, 102, 105, 111, 116, 119, 123, 125, 158, 159, 167, 169, 175, 178, 179, 182, 183, 206, 208, 210, 217, 219, 223, 225, 230, 231, 251, 252, 256, 258, 260, 265, 267, 269, 270, 273
Rheinisches Bildarchiv Köln 31, 62, 74, 98, 112, 124, 126, 163, 180, 229, 253, 274
Herbert Rode, *Kunstführer Köln* 80
Otmar Schwab, Köln 172
Peter Anton Tholen, *Neue baugeschichtliche Ergebnisse in den frühen Kirchen Kölns* 227
Hans Vogts, *Die Kölner Patriziergeschlechter des Mittelalters als Bauherren und Förderer der Kunst* 212
Rudolf Wesenberg, *Frühe mittelalterliche Bildwerke* 173
Francis Woodman, *The Architectural History of Canterbury Cathedral* 171 rechts

Register

Personenregister

Adalrad, Abt 213
Adolf, Erzbischof 20
Adolf von Berg, Herzog 261
Aegidius, hl. 257
Aetherius (Etherius), Märtyrer
  264, 270, 276
Alanus de Rupe 32
Alban, hl. 228
Albermann, Wilhelm,
  Bildhauer 76
Albero 20, 60, 61
Albertus Magnus 25, 30, 49
Albertus, Goldschmied 16
Albinus, hl. 228, 229, 249, 250, 253
Alexander von Forlì 74
Amos 128
Andreas, Apostel 24, 128, 249
Angelmecher, Bruno,
  Bürgermeister 177
Anno I., Bischof 106, 256
Anno II., Erzbischof 13, 14, 18,
  70, 77, 78, 79, 80, 97, 98, 105, 106,
  107, 109, 110, 114, 115, 116, 153,
  157, 171, 174, 182, 212, 215, 232,
  251
Anselm von Canterbury 170
Arbogast 101
Arnold von Born, Propst 155
Arnold von Semgallen, Bischof 162
Arnold II. von Wied, Erzbi-
  schof 111, 112, 115, 214
Asclinus, Märtyrer 255, 256
Avenarius, Tony 126

Balderich von Semgallen, Bischof
  257, 259
Baldung Grien, Hans, Maler 179
Band, Karl, Architekt 25, 68, 207
Bandmann, Günter 116, 231
Barbara, hl. 128, 273
Bartholomäus, hl. 249, 261
Beckenkamp, Kaspar B.,
  Maler 207
Beitz, Egid 78
Benedikt VII., Papst 229

Bernhard von Clairvaux 216
Berno von der Reichenau, Abt 52
Bernold, Bischof 97
Bernward von Hildesheim, Bischof
  232
Bertammus von Metz, Bischof 114
Binding, Günther 102, 107, 230
Boisserée, Gebr. 262, 275
Bonifatius, Bischof 9
Bony, Jean 20
Borger, Hugo 10, 13, 77
Braun, Heinrich, Glasmaler 254
Brigida, hl. 213
Brunelleschi, Filippo 100
Bruno, Erzbischof 10, 11, 12, 24,
  51, 68, 69, 156, 167, 168, 170, 210,
  211, 212, 224 ff., 253, 268
Bruyn, Barthel d. Ä. 165
Bruyn, Barthel d. J. 30, 78, 99
Buschulte, Wilhelm 128

Caecilia, hl. 32, 72 f., 160
Caesarius von Heisterbach 16, 22,
  25, 26, 55, 56, 78, 271
Caesarius von Terracina, hl 77, 78
Cassius, Märtyrer 104
Christian, Abt 228
Christian, Bauleiter 26
Christian, Mönch 225
Christophorus, hl. 11, 32
Clematius 101, 264 ff., 276
Clemens, hl., Papst 156, 160
Constans, Kaiser 100
Constantin, Dekan 157
Constantius Chlorus, Kaiser 264
Contarini, Lodovico 275
Cordula, hl. 271
Cornelius, Märtyrer 257, 263
Cosmas, hl. 227
Crane, Johann, Hofrat, und Maria
  Verena von 275
Cyprian, Märtyrer 257, 263
Cyriakus, Papst 270

Dagobert I., König 9, 156, 160
Damian, hl. 227
Decker, Johannes 107

Dietrich I., Erzbischof 111, 115, 116
Diokletian, Kaiser 104
Dithey, Andreas 154
Dominikus, hl. 32
Doppelfeld, Otto 77, 167
Dorothea, hl. 32

Eberigisil, Bischof s. Evergislus
Elias, Abt 250
Eliphius, hl. 11, 211, 212
Elisabeth von Reichenstein, Äbtissin
  73, 74
Elisabeth von Schönau 271
Elisabeth und Constantin, Stifter-
  ehepaar 161
Engels, Jupp 223
Essenwein, August von 125, 207, 221
Esser, Karl Heinz 56
Etherius s. Aetherius
Everger, Erzbischof 156, 157, 212,
  213
Evergislus (Eberigisil), hl., Bischof
  11, 69, 70
Ewald von Bacharach, d. A.,
  Stifter 220
Ewald, Heilige (schwarzer und wei-
  ßer E.) 156, 157, 165
Ewald, Wilhelm 56
Ewig, Eugen 104, 167
Ezechiel 128
Ezzo, Pfalzgraf 168
Engelbert II., Erzbischof 20
Ensfried, Dekan 26
Euphrates, Bischof 261

Fabry, Heinrich 98
Fischer, Clemens 253
Florentius, Märtyrer 104
Folkmar, Erzbischof 226
Fontana, Carlo 154
Förster, Otto H. 209
Fredegar 107
Freise, Eckhard 232
Fremersdorf, Fritz 255
Fridericus 249
Friedrich I. Barbarossa, Kaiser 71,
  214

REGISTER: PERSONEN

Friedrich II., Kaiser 162
Friedrich III., Kaiser 32
Friedrich I., Erzbischof 14, 110
Froumond, Mönch 249
Fußbroich, Helmut 225, 228

Geldern, Herzog von 178
Gelenius, Aegidius, Historiker 8, 24, 63, 77, 111, 207, 257, 262
Georg, hl. 32, 78 ff.
Gereon, hl. 75, 103 ff., 184, 253
Gerhaert, Nikolaus 177
Gerkan, Armin von 100
Gerlach, Abt 270
Gero, Erzbischof 24, 157
Gertrud von Nivelles, hl. 276
Gisela, Königin 51
Giso, Bischof 106, 256
Gluwel, Konrad und Druda von, Stifter 219
Goar, hl. 106
Göbbels, Matthias 207
Goderamnus, Propst 232
Gottfried von Binsfeld, Dechant 60
Gottschalk, Abt 213
Gregor Maurus, hl. 110, 154, 226
Gregor von Tours 104, 106, 107, 255
Gunthar, Erzbischof 9, 69, 256, 224, 265, 268

Hackeney, Familie 64
– Georg und Nikasius 177 ff.
Hadamar von Fulda, Abt 224, 225
Hame, d' 107
Hans von Aachen 179
Hansen, Hans 154
Hardefust, Gobelin, Bürgermeister 259
Hardefust, Hildeger, Kanoniker 259
Hardenrath, Johann 177
Hartbern, Abt 271
Hartmann, Wilhelm 98
Hecker, Heinrich 154
Hecker, Peter 207
Heider, Hans 163
Heiermann, Theo 154, 276
Heinrich III., Kaiser 170
Heinrich IV., Kaiser 14
Heinrich V., Kaiser 14, 15, 269
Heinrich von Berchem 179
Heinrich von Horn, Abt 250
Heinrich von Molenark, Erzbischof 257

Helena, hl., Kaiserin 100, 107, 108, 122, 126, 153, 154, 155, 184
Helias, Abt 213
Helinandus 106, 109
Hellenkemper, Hansgerd 11, 102
Helmont, Johann Franz van 154
Herebrat, Steinmetz (?) 21, 80
Heribert, hl., Erzbischof 12, 51, 60, 75, 128, 229
Herlivus, Prior 249
Hermann I., Erzbischof 24, 268
Hermann II., Erzbischof 12, 171, 257
Hermann, Bürger 271
Hermann, Dekan 120
Hermann von Arka, Stiftsherr 164
Hermann Josef, hl. 176
Hermann vom Neumarkt 16
Hermann von Weinsberg 77, 177
Hermeling, Gabriel, Goldschmied 165, 276
Hildebold, Erzbischof 8, 9, 77, 106, 107, 213, 224, 265
Hildegard von Bingen, hl. 16, 216
Hillebrand, Elmar 128, 157, 165, 207, 253
Hirtze, Johann von 177, 274
Holzmeister, Clemens 98
Hugo, Domdekan 26
Hugo, Victor 221
Hülsmann, Johann, Maler 67, 153
Hürten, Sepp 65, 76, 227, 254

Ida, Äbtissin 12, 168, 170, 171, 172, 174
Imhof, Peter Josef, Bildhauer 223
Innozenz IV., Papst 232
Isfrid, Dekan 98
Iven, Alexander, Bildhauer 273

Jakob, hl. 98, 128
Jakob von Wachendorp 220
Johann von Aich 220
Johann Gebhard von Mansfeld, Erzbischof 78
Johannes der Evangelist 154, 249
Johannes der Täufer 154, 160, 249, 253, 259
Johannes von Stavburg, Priesterkanoniker 122
Julian, Kaiser 101
Joos van Cleve, Maler 207
Julius II., Papst 261
Justinian, Kaiser 169

Karl d. Gr., Kaiser 9, 104, 106, 166, 168, 224, 230, 232
Karl der Kühne, König 32, 74
Karl Martell 166
Karl, Zolleinnehmer 16, 56
Katharina von Alexandria, hl. 66, 128, 160, 206, 257, 273
Keutenbreuer, Hermann, Dekan 29
Klinkenberg, Joseph 264
Kochem, Konrad, Abt 254
Konrad II., König 51, 268
Konrad III., König 214
Konrad von Hochstaden, Erzbischof 73, 162
Konstantin, Kaiser 169, 181, 206, 264
Krings, Ulrich 22
Krytwyss, Johannes, Propst 153, 154
Kubach, Hans Erich 18
Kunibert, hl., Bischof 8, 69, 156 ff., 275
Kuyn, Konrad, Dombaumeister 164

Lampert von Hersfeld 14
Lauer, Rolf 211
Laurentius Surius 109
Legner, Anton 71
Leo III., Papst 77
Leo IX., Papst 12, 170
Leo X., Papst 261
Levison, Wilhelm 255, 265
Lisolph 182
Lochner, Stefan 73, 164, 276
Lothar II., König 9, 224
Ludwig der Fromme, Kaiser 106
Ludwig I., König 275
Lünink, Johannes, Abt 253

Macrinus, Diakon 264
Mainzer, Udo 15
Manessier, Alfred, Glasmaler 126
Mann, Albrecht 56
Margareta, Erzherzogin 178
Marianus Scotus 212
Martha, hl. 267
Martin von Tours, hl. 210, 255, 261
Masser, Achim 8
Mataré, Ewald 223
Maternus, hl., Bischof 24, 68, 128, 181, 184, 264
Matthäus, Evangelist 24, 174

282

Maurinus, hl. 226, 228, 249
Maximilian I., Kaiser 32, 175
Maximilian Heinrich, Erzbischof 254
Maximin, Abbas 106
Meister ES 32
Meister von St. Severin 261, 262
Meister der hl. Veronika 262
Meistermann, Georg 128, 153
Mengelberg, Otto, Maler 67
Mertz, Helias 49
Meyer, Adam, Abt 220
Meyer-Barkhausen, Werner 56, 215, 216
Minnborinus Scottus, Abt 212
Moers, Grafen von 254
Mühlberg, Fried 77

Naegeli, Harald 71 *(Abb. 13)*
Nagelschmidt, Heinrich 54, 221
Nikolaus, hl. 160, 205, 206
Nikolaus I., Papst 224
Nikolaus II., Papst 78
Norbert von Xanten, hl. 105, 110, 116, 270
Nyssen, Wilhelm 128

Ohoven, Gerhard Felix, Abt 221
Otger, Mönch 210
Ott, Manfred 65
Otto I. d. Gr., Kaiser 11, 225, 226
Otto II., Kaiser 228
Otto III., Kaiser 168, 229, 232
Otto von Freising, Bischof 8, 14
Otto, Joseph 104
Overstolz, Werner 184

Pampilus, Märtyrer 255, 256
Pantaleon, hl. 11, 225, 227, 249, 253
Patroklus, hl. 11
Paulinus, Märtyrer 73
Paulus, Apostel 54, 117, 128, 249, 253
Peter, von der Paffenpforte, Goldschmied 49
Peters, Wolfgang 16
Petrus, Apostel 11, 32, 78, 117, 128, 174, 249
Petrus Canisius, hl. 128
Petrus Martyr., hl. 32
Philipp von Heinsberg, Erzbischof 16, 213
Pieper, Vinzenz 30
Pilgrim, Erzbischof 12, 51, 53, 56, 60, 63, 257, 268

Pinnosa, hl. 267
Pippin der Mittlere, Hausmeier 156, 166, 210, 211
Plechelmus, Mönch 210
Plektrudis 9, 166, 167, 176, 210, 211 *(Farbt. 16, 17; vordere Um-schlagklappe)*
Pottgießer, Johann Wilhelm 66
Privatus, hl. 11, 226

Quirinus 165, 227, 253

Ragimbold, Domschulleiter 52
Rainald von Dassel, Erzbischof 18, 50
Raitze, Johannes, Stifter 259
Raitze, Rutger, Stifter 259
Ramboux, Johann, Maler 75
Rathgens, Hugo 170
Reinold, hl. 232, 251
Reiss, Johann 154
Remedius, Bischof 8
Rheindorf, Hanns 165, 276
Richmodis von Aducht 63 f.
Richeza, Königin 170
Riculph von Mainz, Erzbischof 77
Roger von Helmarshausen, Goldschmied (Theophilus Pres-byter) 232
Roome, Jan van 177
Rubens, Peter Paul 68
Rudengerus, Mönch 21, 220
Rudolf von St. Truiden, Abt 110
Ruotger, Biograph Erzbischof Bru-nos 12, 24, 51, 167, 224, 226, 227, 232
Rupert von der Pfalz 115
Ruprecht, Erzbischof 111

Samson-Meister 27
Saula, hl. 267
Savel, August, Pfarrer 64
Schäfer, Leo 56
Schallenberg, Erberhard, Abt 254
Schinnis, Wilhelm de, Dekan 122, 125
Schlössgin, Sibilla 177
Schmidthausen, Lambert 154
Schmitgen, Gobelinus 207
Schnitzler, Hermann 172
Schnütgen, Alexander 75
Schorn, Wilhelm 98
Schürmann, Joachim 209
Schürmann, Werner 154
Schwab, Otmar 101, 102, 170
Sebastian, hl. 153

Severin, hl., Bischof 255 ff.
Sigeboldus, Propst 257
Simon, Abt 20
Solatius, Bischof 8
Sophia, Äbtissin 20
Sophonias 128
Spichernagel, Heinrich, Abt 253
Sprenger, Jakob, Dominikaner 32, 49
Stall, Johann, Kanoniker 261
Stephan, Mönch 228
Stephanus, hl. 249
Suderland, Heinrich, Kanoniker 122, 154

Theoderich, Architekt 20
Theoderich, Küster 271
Theoderich von Trier, Erzbischof 157
Theophanu, Kaiserin 157, 171, 228, 229, 232, 250, 253, 254
Theophanu, Äbtissin 168
Theophilus Presbyter s. Roger von Helmarshausen
Theudebert II., König 103
Tholen, Peter Anton 266
Thorn-Prikker, Jan 98
Tiburtius, hl. 72
Tilman van der Burch, Bildhauer 32, 276
Tilmon, Mönch 210
Toussyn, Johann, Maler 153

Ulrich, Arbeiter 271
Untermann, Matthias 232
Ursula, hl. 32, 49, 75, 128, 153, 264 ff.
Usuard 265

Valerian, hl. 72
Verbeek, Albert 18, 97
Veronika, hl. 253, 262
Victor, hl. 75
Vilich, Äbtissin von 128
Vitruv 259
Vitus, hl. 212
Viventia, hl. 276
Vogelo, Subdiakon 20, 161
Vogts, Hans 17, 57, 183

Wallraf, Ferdinand Franz 104, 221, 223
Walter von Carlisle, Bischof 272
Wamser, Christoph, Architekt 253, 254
Wandalbert von Prüm 106, 265

283

REGISTER: ORTE

Warin, Erzbischof 51, 228, 268
Wegener, Gertrud 268
Wesenberg, Rudolf 172
Weyer, Johann Peter, Stadtbaumeister 71
Weyres, Willy 65
Wichfried, Erzbischof 69, 181, 182, 255, 268
Wilhelm, Kanoniker 26
Wilhelm von Berg, Herzog 261
Wilhelm von Holland 162
Wilhelm von Malmesbury, Benediktinermönch 8, 14
Willibert, Erzbischof 24, 68, 69
Winter, Karl Matthäus 273, 276
Wiro, Mönch 210
Woensam, Anton 72, 201, 208
Wolbero, Magister 20, 61
Wolff, Gerta 257
Wolff-Metternich, Freiherr Johann Adolph von 67

Zell, Ulrich, Buchdrucker 208
Zimmermann, Walther 56, 215

Ortsregister

Aachen 15, 29, 51, 104, 229, 231
– Pfalzkapelle 12, 80, 97, 168, 230
– Münster 168
Alexandria 206
Andernach 27
Arles 264
Avignon 259

Bacharach 24
Bamberg 25
Bari 205
Basel 276
Bethlehem
– Geburtskirche 12, 57, 169, 170 (Fig. S. 172)
Bonn 9, 27, 57, 104, 224, 254, 268
– Landesmuseum 72
– Münster 26, 29, 97, 111, 112, 258
Boppard 258, 267, 268
Bordeaux 262
Brauweiler 112, 170
Bursfeld 253
Byzanz 224 (s. a. Konstantinopel)

Canterbury
– Krypta 114, 170

Chartres
– Kathedrale 119, 176
Cluny 169, 251

Deutz 276
– Benediktinerkloster 12, 51, 271
Dormagen-Knechtsteden
– Kloster 26, 115
Dortmund 232, 251
Duisburg
– Salvatorkirche 261
Durham
– Kathedrale 114

Egisheim 170
Ely
– Kathedrale 217
Essen 97, 168, 267

Floreffe, Kloster 216
Florenz
– Dom 100
Frankfurt
– Städelsches Kunstinstitut 207
Fruttuaria 251
Fulda 224

Gerresheim, Stift 26, 268
Golsar 25

Haithabu 69
Hildesheim 232
Hirsau 16

Ile-de-France 118

Jerusalem 128, 214
Junkersdorf 51

Klosterneuburg 202
Klosterrath
– Abteikirche 114
Knechtsteden s. Dormagen
Koblenz 18
– St. Kastor 111

Köln
– Benediktinerinnenkloster zu den Hl. Makkabäern 49
– Diözesan-Museum 73
– Dom 9, 11, 13, 18, 19, 20, 21, 24, 53, 68, 100, 108, 122, 153, 156, 170, 177, 215, 224, 267
– – Alter Dom 68, 72, 106, 256
– – Dreikönigenschrein Farbt. 1
– – Gero-Kreuz 98, 248

– – Klarenaltar 66
– Dominikanerkloster 21
– Gereonstor 15
– **Groß St. Martin** 11, 13, 18, 19, 20, 21, 29, 54, 56, 58, 72, 97, 109, 112, 114, 115, 119, 163, 174, 175, 209 ff., 250 (Farbt. 23; Abb. 36, 37, 38, 39; Fig. S. 210, 212, 215, 217, 219, 222)
– Kahlenhausener Tor 15
– Minoritenkirche 21, 273
– Nothelferkapelle 66
– Overstolzenhaus 184
– Pantaleonstor 15
– Prätorium unter dem Rathaus 256
– Römisch-Germanisches Museum 264
– **Schnütgen-Museum** 15, 19, 68 ff., 98 (Farbt. 5, 20)
– St. Alban 11, 209
– **St. Andreas** 8, 11, 19, 21, 22, 24 ff., 66, 97, 162, 163, 167, 202, 207, 210, 225, 258 (Abb. 1, 2, 3, 4, 5, 6, 8; Fig. S. 25, 27, 28, 30, 31)
– **St. Aposteln** 12, 17, 18, 19, 20, 25, 29, 51 ff., 72, 80, 97, 112, 114, 115, 119, 174, 175, 176, 212, 216, 217, 220, 268, 272 (Farbt. 2, 3, 4 u. Umschlagvorderseite; Abb. 7, 9, 10, 11, 12; Fig. S. 52, 53, 55, 57, 58, 61, 62, 65, 66)
– St. Brigiden 213, 218, 221
– **St. Caecilien** 11, 19, 21, 54, 68 ff., 170, 212, 252 (Farbt. 22; Abb. 13, 14, 15, 16, 17; Fig. S. 70, 73, 74, 167)
– St. Christoph 122
– **St. Georg** 13, 21, 75, 76 ff., 114, 176, 182, 201, 253, 258 (Abb. 18, 19, 20, 21, 22, 23; Fig. S. 77, 78, 79, 98)
– **St. Gereon** 8, 9, 12, 13, 18, 19, 20, 21, 52, 58, 59, 75, 100 ff., 212, 267, 270 (Farbt. 6, 7, 8, 9, 21; Abb. 24, 25, 26, 27, 28, 29, 30, 31, 32, 33, 34, 35; Fig. S. 102, 105, 108, 111, 113, 116, 119, 121, 123, 124, 125, 126)
– St. Jakob 76, 77, 78, 99
– St. Johann Baptist 184
– St. Kolumba 10, 153, 184, 209
– **St. Kunibert** 8, 9, 17, 18, 19, 20, 29, 61, 97, 112, 115, 156 ff., 201, 258, 270 (Farbt. 26, 27, 28, 29, 30; Abb. 40, 41, 42, 43, 44; Fig. S. 158, 159, 161, 163, 164)
– St. Laurentius 115

- St. Lupus, Armenhospital 156
- St. Maria ad Gradus 13, 114, 153
- St. Mariae Himmelfahrt 67, 253
- **St. Maria im Kapitol** 9, 10, 11, 12, 18, 22, 23, 24, 56, 57, 68, 72, 78, 99, **166 ff.**, 210, 214, 225, 228, 253 *(Farbt. 13, 14, 16, 17, 18 u. vordere Umschlagklappe; Abb. 45, 46, 47, 48, 49; Fig. S. 167, 169, 171, 172, 173, 175, 178, 179, 180)*
- **St. Maria Lyskirchen** 18, 49, 75, 115, 120, 165, **181 ff.**, 271 *(Farbt. 31, 32; Abb. 50, 51; Fig. S. 182, 183, 203, 204, 205, 206, 208)*
- St. Matthäus in fossa 24
- St. Mauritius 16, 271 *(Fig. S. 17)*
- **St. Pantaleon** 9, 11, 19, 23, 53, 70, 72, 78, 79, 80, 168, 174, 210, 213, **224 ff.**, 256, 258 *(Farbt. 10, 11, 12, 15, 19 u. Umschlagrückseite; Abb. 52, 53, 54, 55, 56, 57, 58, 59; Fig. S, 225, 227, 229, 230, 231, 250, 251, 253)*
- St. Peter 68, 184 *(Abb. 16)*
- **St. Severin** 8, 9, 11, 12, 18, 21, 25, 32, 97, 106, 182, **255 ff.**, 267 *(Abb. 60, 61, 62, 63, 64, 65, 66, 67, 68; Fig. S. 256, 258, 260)*
- **St. Ursula** 8, 9, 19, 21, 25, 51, 72, 75, 101, 153, 160, 184, **264 ff.** *(Farbt. 24, 25; Abb. 69, 70, 71, 72, 73, 74; Fig. S. 265, 267, 269, 270, 273, 274)*
- Stadtmuseum 69
- Ulrepforte 15
- Wallraf-Richartz-Museum 261

Königsdorf 104
Konstantinopel 51
- Hagia Sophia 100

Lantswind, Stift 268
Lechfeld 268
Leon, San Isidoro 29

Limburg an der Hardt, Kloster 18, 53, 179
London 274, 275
- Westminster Abbey 217
Lorsch 210, 211, 231
- Klosterkirche 11, 230
Lüttich 52, 122

Maastricht
- St. Servatius 111
Mainz 9, 213, 228, 276
- Dom 56
Marburg
- Elisabethkirche 120, 273
Maria Laach, 27, 107, 111
Mecheln 177, 178
Metz 25
Molsheim 254
Mönchen-Gladbach 202, 213
- St. Vitus 212
München
- Alte Pinakothek 262, 274, 275
Münstereifel 254
- St. Chrysanthus und Daria 232
Myra 205

Neuss 32, 57, 61, 74, 264
- St. Quirin 20, 216
Nonnenwerth, Kloster 16
Noyon
- Kathedrale 119
Nymwegen 71, 229

Osnabrück 275

Paderborn 272
Paris 104
Poitiers
- Baptisterium St. Jean 97

Regensburg 275
Reims 51
- Kathedrale 120

Remiremont, Kloster 167
Rodenkirchen 181
Rom 51, 74, 77, 78, 224, 225, 228, 229, 230, 264, 270, 276
- Alt St. Peter 53, 56, 170
- Colonna Santa 114
- S. Maria Traspontina 154
- S. Sabina 172

St-Denis 176
Santiago de Compostela 29, 207
Schwarz-Rheindorf
- Doppelkirche 201, 214 *(Fig. S. 21)*
Siegburg 109, 251
- Abtei 213
- Anno-Schrein 65, 250
Sinai 206
Soest
- St. Patroklus 168, 231
Speyer
- Dom 18, 170

Termogne 69
Tongern 181
Toul 211
Tours 210
Trier 9, 100, 101, 181, 267
- Liebfrauenkirche 120
- Spätroman. Basilika 103
- St. Maximin 225, 250

Utrecht 97
- St. Peter 114

Walberberg 207
Werden 97
- St. Stephan 168
Wien
- Schatzkammer 171
Worringen 162

Xanten 9, 104, 114, 214, 224, 268

Köln
Stadt am Rhein zwischen Tradition und Fortschritt
Von Paul Willehad Eckert. 360 Seiten mit 19 farbigen und 184 einfarbigen Abbildungen, 45 Zeichnungen und Karten, 13 Seiten praktischen Reisehinweisen, Namen-, Orts- und Sachregister, Zeittafeln, kartoniert (DuMont Kunst-Reiseführer)
»Dieser Prachtband geht allein schon in der sorgfältigen Auswahl der Bilder weit über das übliche sonstiger Reiseführer hinaus.« *Frankfurter Allgemeine Zeitung*
»Selten trifft man auf einen derart kenntnisreich, gut geschriebenen Reiseführer wie auf den vorliegenden. Nicht nur die Geschichte und die überaus reichen Kunstdenkmäler Kölns werden aufgrund eines bemerkenswert intensiven Wissens behandelt, sondern auch die bekanntesten Persönlichkeiten Kölns aus Vergangenheit und Gegenwart, seine Sprache und seine Spezialitäten. Daß der Autor, ein geborener Kölner, seine Vaterstadt liebt und sie durch und durch kennt, spürt man auf jeder Seite des Buches.« *Die Kunst*

Farbdiaserien: Romanische Kirchen in Köln

Romanische Kirchen in Köln I

von Ulrich Krings und Celia Körber-Leupold

Die Diaserie zeigt den gesamten „Kranz" der romanischen Kirchen Kölns mit je einer Innen- und Außenaufnahme. Sie erläutert kunstgeschichtliche Aspekte ebenso wie denkmalpflegerische Bemühungen um die Erhaltung dieser Bauten. – 24 Farbdias, Sachtext, Legenden, Literatur.
Best.-Nr. 83 126

Romanische Kirchen in Köln II

von Ulrich Krings und Celia Körber-Leupold

Diese Fortsetzungsserie erläutert weitere Aspekte der differenzierten Bau- und Raumgestaltung der romanischen Kirchen Kölns. Die künstlerisch hochrangige Ausstattung wird in ausgesuchten Beispielen vorgestellt. – 24 Farbdias, Sachtexte, Legenden, Literatur.
Best.-Nr. 84 127

Romanische Kirchen in Köln III
„aus der Luft"

von Ulrich Krings und Rudolf Barten

Die Serie stellt Luftaufnahmen der 12 Kirchen vor, die 1983 aufgenommen wurden. Der begleitende Text geht auf die Gestalt der Kirchen sowie auf ihr städtebauliches Umfeld ein. Durch die Beifügung von jeweils einem Grundriß wird die individuelle Gestaltung der romanischen Kirchen Kölns anschaulich hervorgehoben. – 24 Dias, Sachtext, Legenden, Literatur.
Best.-Nr. 84 128

Romanische Kirchen in Köln IV

von Ulrich Krings und Celia Körber-Leupold

Der Schwerpunkt dieser Serie liegt bei Aufnahmen der Kirchen Groß St. Martin, St. Gereon und St. Maria im Kapitol, deren Fertigstellung erst zum Jahresende 1984 erfolgte. Eine Fülle reizvoller und charakteristischer Totalen und Details soll den baulichen Reichtum dieser Kirchen veranschaulichen. – 24 Farbdias, Begleittext.
Best.-Nr. 85 129

Romanische Kirchen in Köln V

von Paul v. Naredi-Rainer, nach Vorlagen des Rheinischen Bildarchivs, Köln

Die Diaserie zeigt ausgewählte Kunstwerke der „Ornamenta Ecclesiae" aus den romanischen Kirchen Kölns. – 24 Farbdias, Begleittext. (Erscheint Herbst 1985)

VISTA POINT VERLAG – GEREONSHOF 30 – 5000 KÖLN 1 – 02 21 / 13 34 02

DuMont Kunst-Reiseführer

- Ägypten und Sinai
- Algerien
- Belgien
- Bulgarien
- Bundesrepublik Deutschland
- Das Bergische Land
- Bodensee und Oberschwaben
- Die Eifel
- Franken
- Hessen
- Köln
- Kölns romanische Kirchen
- Die Mosel
- München
- Münster und das Münsterland
- Zwischen Neckar und Donau
- Der Niederrhein
- Oberbayern
- Oberpfalz, Bayerischer Wald, Niederbayern
- Ostfriesland
- Die Pfalz
- Der Rhein von Mainz bis Köln
- Das Ruhrgebiet
- Schleswig-Holstein
- Der Schwarzwald und das Oberrheinland
- Sylt, Helgoland, Amrum, Föhr
- Der Westerwald
- Östliches Westfalen
- Württemberg-Hohenzollern

- DDR
- Dänemark
- Frankreich
- Auvergne und Zentralmassiv
- Die Bretagne
- Burgund
- Côte d'Azur
- Das Elsaß
- Frankreich für Pferdefreunde
- Frankreichs gotische Kathedralen
- Korsika
- Languedoc-Roussillon
- Das Tal der Loire
- Die Normandie
- Paris und die Ile de France
- Périgord und Atlantikküste
- Das Poitou
- Drei Jahrtausende Provence
- Savoyen
- Südwest-Frankreich
- Griechenland
- Athen
- Die griechischen Inseln
- Alte Kirchen und Klöster Griechenlands
- Tempel und Stätten der Götter Griechenlands
- Kreta
- Rhodos

- Großbritannien
- Englische Kathedralen
- Die Kanalinseln und die Insel Wight
- Schottland
- Süd-England
- Wales
- Guatemala
- Das Heilige Land
- Holland
- Indien
- Ladakh und Zanskar
- Indonesien
- Bali
- Iran
- Irland
- Italien
- Elba
- Das etruskische Italien
- Florenz
- Ober-Italien
- Die italienische Riviera
- Von Pavia nach Rom
- Das antike Rom
- Rom
- Sardinien
- Sizilien
- Südtirol
- Toscana
- Venedig
- Japan
- Der Jemen
- Jordanien
- Jugoslawien
- Kenya
- Luxemburg
- Malta und Gozo

- Marokko
- Mexiko
- Unbekanntes Mexiko
- Nepal
- Österreich
- Kärnten und Steiermark
- Salzburg, Salzkammergut, Oberösterreich
- Tirol
- Wien und Umgebung
- Pakistan
- Papua-Neuguinea
- Portugal
- Rumänien
- Die Sahara
- Sahel: Senegal, Mauretanien, Mali, Niger
- Die Schweiz
- Skandinavien
- Sowjetunion
- Rußland
- Sowjetischer Orient
- Spanien
- Die Kanarischen Inseln
- Katalonien
- Mallorca – Menorca
- Südspanien für Pferdefreunde
- Zentral-Spanien
- Sudan
- Südamerika
- Syrien
- Thailand und Burma
- Tunesien
- Türkei
- USA – Der Südwesten

»Richtig reisen«

- Algerische Sahara
- Amsterdam
- Arabische Halbinsel
- Australien
- Bahamas
- Bangkok
- Von Bangkok nach Bali
- Berlin
- Budapest
- Cuba
- Florida
- Friaul-Triest-Venetien
- Griechenland
- Griechische Inseln

- Großbritannien
- Hawaii
- Holland
- Hongkong
- Ibiza/Formentera
- Irland
- Istanbul
- Kairo
- Kalifornien
- Kanada/Alaska
- West-Kanada und Alaska
- Kopenhagen
- Kreta
- London

- Los Angeles
- Malediven
- Marokko
- Mauritius
- Mexiko und Zentralamerika
- Moskau
- München
- Nepal
- Neu-England
- New Mexico
- New Orleans
- New York
- Nord-Indien
- Norwegen

- Paris
- Peking/Shanghai
- Rom
- San Francisco
- Die Schweiz und ihre Städte
- Seychellen
- Südamerika 1, 2, 3
- Süd-Indien
- Texas
- Tunesien
- Venedig
- Wallis
- Wien

In der hinteren Umschlagklappe: Erläuterungen architektonischer Begriffe